高等学校经济与管理类专业"十三五"系列规划教材·应用型

政府与非营利组织会计

主　编　胡　霞　姚　欢

副主编　朱运敏　罗仁风

图书在版编目(CIP)数据

政府与非营利组织会计/胡霞,姚欢主编. —武汉: 武汉大学出版社,2018.1

高等学校经济与管理类专业“十三五”系列规划教材. 应用型

ISBN 978-7-307-19614-8

Ⅰ.政…　Ⅱ.①胡…　②姚…　Ⅲ.①单位预算会计—高等学校—教材　②非营利组织—会计—高等学校—教材　Ⅳ.F810.6

中国版本图书馆 CIP 数据核字(2017)第 200354 号

责任编辑:邓　瑶　　　责任校对:李　晶　　　装帧设计:张希玉

出版发行: **武汉大学出版社**　(430072　武昌　珞珈山)

(电子邮件: whu_publish@163.com　网址:www.stmpress.cn)

印刷: 武汉市江城印务有限公司

开本:720×1000　1/16　印张:19　字数:340 千字

版次:2018 年 1 月第 1 版　　2018 年 1 月第 1 次印刷

ISBN 978-7-307-19614-8　　定价:45.00 元

前　言

随着社会经济的发展，政府与非营利组织在社会经济中发挥着重要作用。政府与非营利组织会计在会计学专业课程体系中是一门重要的专业课程。本教材根据 2015 年 1 月 1 日起新施行的《中华人民共和国预算法》，依据最新修订的《财政总预算会计制度》《行政单位会计制度》《事业单位会计制度》《民间非营利组织会计制度》《政府会计准则》《行政事业单位内部控制规范（暂行）》等相关法律制度规定，对政府与非营利组织会计理论和实务进行修订和更新，系统介绍了政府与非营利组织的基本理论，基本方法及业务处理实务。

本教材分为五编，共十三章，以政府与非营利组织会计的管理与核算方法为主线来展开，包括财政总预算会计、行政单位会计、事业单位会计和民间非营利组织会计等四类会计主体的管理与核算。一方面，从会计系统的管理着眼，详细讲述了政府与非营利组织各会计要素的管理要求；另一方面，从会计信息的需求出发，系统阐述了政府与非营利组织会计确认、计量、记录与报告的全过程。同时穿插大量案例，使理论、准则、制度和实务融为一体。

本教材适用于高等院校会计学专业和其他经济管理类专业的本科和专科学生，以及具有一定会计基础的会计理论和实务界的人士，同时，可作为在职财会人员尤其是预算会计在职人员业余时间进修使用的参考资料。

本教材由四川大学锦江学院会计学院胡霞、姚欢担任主编，并由其负责全书框架设计及修改、总撰，由四川大学锦江学院会计学院朱运敏、罗仁风担任副主编。其中，胡霞编写第二、三、四章，朱运敏编写第五、六、七章，罗仁风编写第八、九、十章，姚欢编写第一、十一、十二、十三章。

本教材配有二维码链接和教材课件，对教材的主要内容提供学习指导，并为教材中的思考题提供参考答案。任课老师可发邮件至 doudou1983715@sohu. com 联系索取。

由于编者的学识和时间限制，本书难免存在不足与疏漏，恳请读者批评指正。

编　者

2017 年 11 月

目　录

第一编　总论

第二编　财政总预算会计

第三编　行政单位会计

第四编　事业单位会计

第五编　民间非营利组织会计

数字资源目录

第一编

总　　论

第一章　政府与非营利组织会计概述

【内容提要】

本章主要内容包括政府与非营利组织会计的概念、组成体系、目标、核算特点、要素、平衡等式。本章的教学重点是政府与非营利组织会计的概念、特点及组成体系，教学难点是政府与非营利组织会计的核算特点。

【能力要求】

通过本章的学习，学生应形成对政府与非营利组织会计的整体认识，了解民间非营利组织会计的核算特点，理解政府与非营利组织会计、企业会计的区别，为本书后续学习奠定基础。

第一节　政府与非营利组织会计的概念及组成体系

一、政府与非营利组织会计的概念

（一）政府与非营利组织

政府是指制定和实施公共决策，实现有序统治的机构。它泛指各类国家公共权力机关，包括一切依法享有制定、执行和贯彻法律，以及解释和应用法律的公共权力机构，即通常所谓的立法机构、行政机构和司法机构等。本书中的"政府"包含两个层次：一是政权政府，指为辖区公民承担广泛受托责任的一级政权的政府，包括中央政府、各省（直辖市、自治区及特别行政区）政府、各地市政府、各县（市、区）政府以及各乡镇政府，这一层次反映了国家政府的垂直构成；二是行政单位，具体为辖区公民履行受托责任的政府办事机构或行政单位，即管理国家事务、组织经济建设和文化建设、维护社会公共秩序的国家机关及其派出机构，包括国家立法机关、行政机关、司法机关等。

非营利组织是指在政府部门(第一部门)和以营利为目的的企业(第二部门)之外的一切志愿团体、社会组织或民间协会,是介于政府与营利性企业之间的"第三部门"。非营利组织不以营利为目的,不具有物质产品生产和国家事务管理职能,主要以精神产品或各种服务形式向社会公众提供服务。这类组织机构包括公立非营利组织(事业单位)和民间非营利组织两大类。

立法机关、行政机关和司法机关

(二)政府与非营利组织会计

政府与非营利组织会计是会计学基本原理在政府与非营利组织中的运用,是以货币为主要计量单位,对政府和非营利组织的经济业务活动或会计事项进行记录、核算、反映和监督的一种专门技术方法和专门管理活动,借以加强预算管理和财务管理,提高资金的使用效益,是与营利性企业会计相并列的会计学两大分支之一。

非营利组织的分类

二、政府与非营利组织会计的组成体系

(一)政府与非营利组织会计的组成与划分

政府与非营利组织会计主要由财政总预算会计、行政单位会计、事业单位会计、民间非营利组织会计组成(图 1-1)。目前,对于政府与非营利组织会计主要有两种划分方法。

会计学两大分支

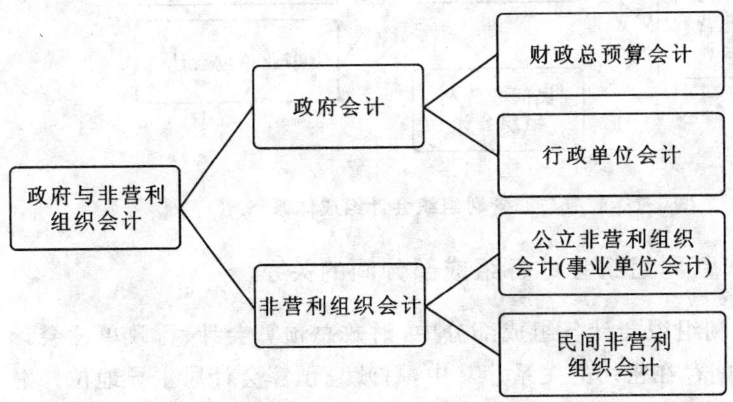

图 1-1　政府与非营利组织会计组成体系

1. 政府会计与非营利组织会计

一般情况下，将政府及非营利组织会计分为政府会计和非营利组织会计两个部分。

政府会计一般是指财政总预算会计和行政单位会计。在我国推行国库单一账户制度后，财政部门对财政收支资金实施全过程管理，各行政单位只是政府的组成部分，其所有资金都是财政资金，都要通过国库单一账户收付，其资金活动已通过财政总预算会计反映，因此财政总预算会计和行政单位会计是总括和明细的关系，二者共同构成政府会计。非营利组织会计一般是指公立非营利组织会计（事业单位会计）和民间非营利组织会计。

2. 预算会计与民间非营利组织会计

我国是以公有制为主体的社会主义市场经济国家，财政预算实行“统一领导、分级管理”的体制。我国现行预算会计体系，主要包括财政总预算会计、行政单位会计、事业单位会计，并将三者合称为“预算会计”。预算会计是政府与非营利组织会计的最主要组成部分，与民间非营利组织会计一起构成政府与非营利组织会计（图 1-2）。

预算会计

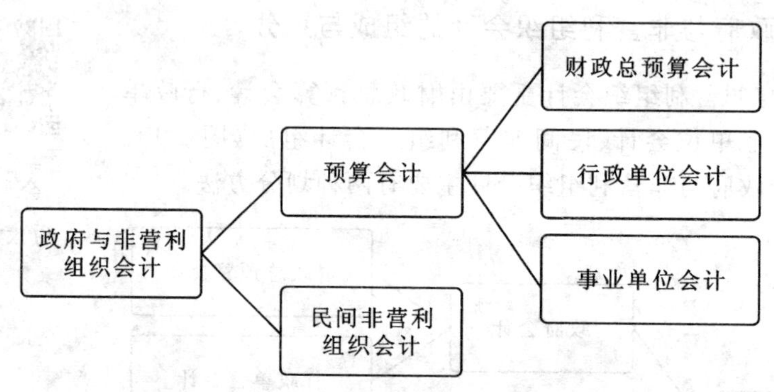

图 1-2　政府与非营利组织会计组成体系

（二）政府与非营利组织会计各组成部分间的关系

在政府与非营利组织会计各组成部分中，财政总预算会计、行政单位会计和事业单位会计之间存在密切的关系。其中，财政总预算会计居主导地位。财政总预算会计在业务上指导行政单位会计和事业单位会计。同时，财政总预算会计信息与行政单位会计信息、事业单位会计信息存在密切关系。财政总预算会计向行政单位或事业单位拨款，财政总预算会计形成预算支出，行政单位会计和事业单位会计形成预算收入。民间非营利组织会计相对较独立。尽管如此，民间非营利组织会计在接受政府补助时，财政总预算会计信息和民间非营利组织会计信息也会相互联系。

第二节　政府与非营利组织会计的目标与核算特点

一、政府与非营利组织会计的目标

政府与非营利组织会计的目标是人们通过会计实践活动期望达到的结果，是向与组织的利益相关者提供有用的会计信息。为了分析政府与非营利组织会计目标，首先要了解会计信息的使用对象，即谁需要会计信息；其次需要了解会计信息的内容与质量，即信息使用者需要哪些方面的会计信息以及可以提供怎样的会计信息。

（一）政府与非营利组织会计信息的使用者

政府与非营利组织会计信息的使用者非常广泛，主要包括以下几类：

(1)政府及非营利组织服务的使用对象。政府的服务对象是社会公众、企业组织；非营利组织的服务对象相对比较固定，如各类学校的服务对象主要是受教育者，医院的服务对象主要是病人。

(2)资源提供者。如纳税人、服务费付款人、捐赠人等。纳税人依法纳税，服务对象交纳服务费，捐赠人无偿捐赠。他们虽不求回报，但都关心财务资源使用的效果、效益以及税务负担的合理性。

(3)立法及监督机构。如我国的各级人民代表大会及其代表（国外为议会及议员）、各级审计机关、非营利组织的董事会及其他监督机构等。他们代表全体人民或利益关系者的利益，了解、监督政府及非营利组织财务资源的使用情况及管理当局的廉政、勤政等情况，以便做出各种相关的经济、政治决策。

(4)上级主管部门，包括上级政府、非营利组织主管部门等。它们代表政府对所属下级政府及非营利组织受托责任的履行情况及财务业绩等做出评价，并据此制定有关的宏观政策和措施。

(5)其他使用者。如经济和财务分析师、媒体、工会组织、职工（政府机构的公务员）等。

(二)政府与非营利组织会计的两种主要目标

政府与非营利组织会计主要是为了实现受托责任性目标和决策有用性目标。

1.受托责任性目标

受托责任性目标即受托责任观的会计目标。政府及非营利组织会计主体的管理当局与资源提供者、其他财务报告使用者之间存在着广泛的受托与委托关系,承担着政治的、经济的和社会的受托责任。从资源提供者的角度来说,他们将资源委托给受托人,总是希望受托人按照其预期的目标有效地管理和使用这些资源,受托人(或代理人)就负有按委托人的意愿有效利用资源的责任。

政府与非营利组织会计的具体目标

2.决策有用性目标

决策有用性目标即决策有用观的会计目标。政府与非营利组织不以营利为目的,他们的受托责任和受托业绩主要反映为资源保管和资源使用效率、效果等。由于政府与非营利组织的资源必须按照预算、法律规章、行政法令、合同协议限定的用途或目的使用,其受托责任就具体化为对具有专门用途的资源进行保管,并用于特定的目的或活动,以产生一定的效率或效果。

二、政府与非营利组织会计的核算特点

相对于营利性企业会计而言,政府与非营利组织会计的主要特点如下:

(一)政府与非营利组织会计具有公共性、非营利性

公共性是指作为政府与非营利组织的会计主体,如政府财政部门、行政单位、事业单位、民间非营利组织属于公共部门,它们以实现公共职能为目的,以公共资金为核算对象,以公共义务为核算依据,以公共业务成果为主要考核指标。

非营利性是指政府与非营利组织的会计主体是不以营利为目的的。由于政府与非营利组织的资金主要直接或间接来自纳税人及其他出资者,资源提供者向政府及非营利组织提供的资源不属于投资范畴,其目的也不是获得提供资源的回报,所以,这些为政府与非营利组织提供资金的组织就没有需要支付股利的股东,也就没有获利动机。况且,大部分政府与非营利组织以服务于社会、服务于公众为宗旨,他们提供的精神产品或社会福利服务都是人民生活或社会发展必不可少的,大部分的业务活动都是非营利性的。

(二)政府与非营利组织会计的会计核算方法与预算管理要求紧密结合

政府与非营利组织的财务资源主要来源于税收、捐赠等非交换交易,政府与非营利组织的接受者与政府与非营利组织本身之间的交易也属于非交换交易,因而,政府与非营利组织在使用财务资源时需要受到来自纳税人、捐赠人等财务资源提供者的约束。这种约束主要表现为政府与非营利组织需要编制预算,编制的预算需要经过诸如人民大会、捐赠者等批准。对于经批准后的预算,政府与非营利组织需要严格执行。政府与非营利组织会计需要如实反映经批准的预算的执行情况,以满足纳税人、捐赠者、社会公众及其代表等政府与非营利会计信息使用者对会计信息的要求。

(三)政府与非营利组织会计一般不进行盈亏核算,着重核算资金的收支结余

政府与非营利组织会计不以营利为目的,政府财政部门和行政单位预算的收入和支出,一般没有直接的相互配比关系,其收支差额不能反映单位的经营状况,只能反映单位资金使用的余缺,所以一般不核算成本,不计算盈亏;在事业单位和民间非营利组织中的收入和支出,有的有较紧密的配比关系,有的则无严格的配比关系,而且大多数的事业单位和民间非营利组织的业务支出还不能足额补偿,只能在一定意义上实现收支相抵,因此,在事业单位和民间非营利组织中也不进行盈亏核算,只进行收支结余的核算。这里需要指出,在某些事业单位与民间非营利组织中,为了考核经济效益,促进增收节支,改善事业管理,也可以进行成本核算,如科研课题成本核算、医疗成本核算、人才成本核算等,但是仅有少数单位实行。

(四)政府与非营利组织会计采用双重核算基础

在财政总预算会计和行政单位会计中,为了如实反映当期预算收入和预算支出的货币金额,平衡当期的货币收入,一般采用收付实现制这种核算基础;在事业单位会计中,非营利业务部分原则上采用收付实现制,营利业务部分原则上采用权责发生制;而民间非营利组织会计为了对收入、支出进行配比核算,考核业务成果,同时也为了充分反映单位财务活动中的权利和义务,原则上采用权责发生制。

(五)政府与非营利组织会计的部分业务采用双分录的会计处理方法

在财政总预算会计、行政单位会计、事业单位会计中,为达到反映单位财务状况和预算执行情况的双重要求,对于同时涉及财务状况变化和预算执行情况

变化，并且两者的变化情况存在差异的经济业务或事项，采用双分录的会计处理方法，即在为涉及预算执行情况变化的经济业务或事项编制相应的会计分录的同时，为涉及财务状况变化的相同经济业务或事项编制相应的会计分录。另外，双分录的会计处理方法还表现为只涉及财务状况表变化、不涉及预算执行情况变化的经济业务或事项，以及只涉及预算执行情况变化、不涉及财务状况变化的经济业务或事项，也需要为此类经济业务或事项编制反映财务状况变化的会计分录，或编制反映预算执行情况变化的会计分录。

第三节 政府与非营利组织会计的要素和平衡等式

一、政府与非营利组织会计的要素

政府与非营利组织会计的要素主要包括资产、负债、净资产、收入、支出（费用）。其中，资产、负债、净资产、收入是共同的要素。财政总预算会计和行政单位会计由于一般实行收付实现制，因而使用支出要素。民间非营利组织会计使用权责发生制，因此使用费用要素。事业单位采用权责发生制和收付实现制两种核算基础。其中，公立医院实行权责发生制，使用费用要素；其他事业单位一般实行收付实现制，使用支出要素。

政府与非营利组织会计的资产、负债、收入、支出（费用）都有特定的内涵。但净资产没有特定的内涵，净资产是指资产减去负债的差额。政府与非营利组织财务资源的提供者不能对政府与非营利组织的净资产提出进行分配的要求。政府与非营利组织没有明确的所有者权益，因而无所有者权益要素。

由于政府与非营利组织不以营利为目的，政府与非营利组织会计没有利润要素。政府与非营利组织会计也不设收支结余要素，因为收支结余通常不作为考核政府与非营利组织财务业绩的重要指标。

二、政府与非营利组织会计的平衡等式

政府与非营利组织会计的平衡等式包括：

1.静态会计要素的平衡等式

资产＝负债＋净资产

2.动态会计要素的平衡等式

收入－支出（费用）＝结余（结转）

3.会计要素的综合平衡等式

政府与非营利组织的收入减去费用后的差额为结转或结余。结转或结余

是净资产的组成部分。民间非营利组织会计的收入减去费用后的差额直接作为净资产处理。因而将静态会计要素的平衡等式和动态会计要素的平衡等式综合起来，得到此时的各会计要素的综合平衡等式为：

资产＝负债＋净资产＋收入－支出(费用)

整理为：

资产＋支出(费用)＝负债＋净资产＋收入

知识归纳

(1)政府与非营利组织会计是以货币为主要计量单位，对政府和非营利组织的经济业务活动或会计事项进行记录、核算、反映和监督的一种专门技术方法和专门管理活动。

(2)政府与非营利组织会计的组成体系可以划分为两种，即政府会计和非营利组织会计、预算会计和民间非营利组织会计。

(3)政府与非营利组织会计的信息使用者主要包括政府及非营利组织服务的使用对象、资源提供者、立法及监督机构、上级主管部门、其他使用者等。政府与非营利组织会计的目标主要是实现受托责任性目标和决策有用性目标。

(4)政府与非营利组织会计主要有以下特点：具有公共性、非营利性；会计核算方法与预算管理要求紧密结合；一般不进行盈亏核算，着重核算资金的收支结余；采用双重核算基础；部分业务采用双分录的会计处理方法。

(5)政府与非营利组织会计的要素主要包括资产、负债、净资产、收入、支出(费用)。政府与非营利组织会计的平衡等式：静态平衡等式为“资产＝负债＋净资产”，动态平衡等式为“收入－支出(费用)＝结余(结转)”，综合平衡等式为“资产＋支出(费用)＝负债＋净资产＋收入”。

独立思考

(1)什么是政府与非营利组织会计？它由哪几个部分组成？

(2)政府与非营利组织会计和企业会计的区别是什么？

(3)政府与非营利组织会计的会计要素有哪几个？与营利性企业相比，有什么特点？

参考文献

[1] 刘红梅.政府与非营利组织会计.上海:复旦大学出版社,2011.
[2] 赵建勇.政府与非营利组织会计.北京:中国人民大学出版社,2012.
[3] 罗朝晖,牟涛.政府与非营利组织会计.2版.成都:西南财经大学出版社,2016.
[4] 中华人民共和国财政部网站,http://www.mof.gov.cn/index.htm.

第二编

财政总预算会计

第二章　财政总预算会计概述

【内容提要】

本章主要内容包括财政总预算的概念与编制，财政总预算会计的概念、特点以及财政总预算会计信息质量要求。本章的教学重点为财政总预算会计的概念及特点，教学难点为财政总预算的编制。

【能力要求】

通过本章的学习，学生应形成对财政总预算会计的理性认识，理解财政总预算会计与企业会计的区别与联系。

第一节　财政总预算会计的概念

一、财政总预算的概念与编制形式

(一)政府预算的概念

政府预算是政府的年度财务收支计划，为政府履行职责、提供公共产品与公共服务提供财力保障。政府预算由财政总预算和行政事业单位预算两大类组成。二者既有区别，也有联系。财政总预算以一级政府作为预算主体，如以某省政府、市政府等作为预算主体，预算收入可以有税收收入、非税收入、债务收入等，预算支出可以有一般公共服务支出、公共安全支出、教育支出、医疗卫生支出、国债还本付息支出等。行政事业单位预算以行政事业单位作为预算主体，如以工商行政管理局、财政局、教育局、高等学校、医院、图书馆等作为预算主体，预算收入可以有财政拨款收入、事业收入等种类，预算支出可以有基本支出、项目支

2017 年
国家账本

出、财政拨款支出、非财政拨款支出等。

(二)财政总预算的分级

我国财政总预算按照“统一领导，分级管理，分工负责”的原则，实行一级政府、一级财政、一级财政总预算，设立中央、省、市、县、乡等五级财政总预算。其中，省、市、县、乡级财政总预算可统称地方财政总预算。所以，财政总预算由中央财政总预算和地方财政总预算组成。

(三)财政总预算的编制形式

财政总预算分为一般公共财政预算、政府性基金预算、国有资本经营预算和社会保险基金预算四个种类。一般公共财政预算是指政府凭借国家政治权力，以社会管理者的身份筹集以税收为主体的财政收入，用于维持国家行政职能正常运转，保障和改善民生、维护国家安全等方面的财政收支预算。政府性基金预算是指政府通过向社会征收基金、收费，以及出让土地、发行彩票等方式取得收入，并专项用于支持特定基础设施建设和社会事业发展的财政收支预算。国有资本经营预算是指国家以所有者身份依法取得国有资本收益，并将其用于国有企业改革、国有经济结构调整等方面的财政收支预算。社会保险基金预算是指依据有关社会保险和预算管理法律法规建立的各项社会保险基金的财政收支预算。

现代财政制度的一个基本前提就是实行全口径预算，政府的全部收支都应当纳入预算。根据2014年第十二届全国人民代表大会常务委员会第十次会议通过的《中华人民共和国预算法》相关规定，各级预算应当遵循统筹兼顾、勤俭节约、量力而行、讲求绩效和收支平衡的原则；各级政府应当建立跨年度预算平衡机制；经人民代表大会批准的预算，非经法定程序不得调整；各级政府、各部门、各单位的支出必须以经批准的预算为依据，未列入预算则不得支出等。

政府全口径预算

(四)财政总预算的收支分类

财政总预算按预算内容来分，可分为收入预算和支出预算。其具体分类可参见每年财政部颁布的《政府收支分类科目》，它是政府财政总预算编制、执行、决算以及会计核算、财政统计分析的基础。其中，收入科目按照来源渠道设置，分设“类”“款”“项”“目”四级。支出的功能分类科目分

收支分类科目简表

设“类”“款”“项”三级。以公共财政预算收支科目为例，见表 2-1～表 2-2。

表 2-1　　公共财政预算收入科目——以增值税和消费税为例

科目编码				科目名称
类	款	项	目	
101				税收收入
	01			增值税
		01		国内增值税
			01	国有企业增值税
			02	集体企业增值税
			03	股份制企业增值税
				…
	02			消费税
		01		国内消费税
			01	国有企业消费税
			02	集体企业消费税
				…

表 2-2　　公共财政预算支出科目——以教育支出为例

科目编码			科目名称
类	款	项	
205			教育支出
	01		教育管理事务
		01	行政运行
			…
	02		普通教育
		01	学前教育
		02	小学教育
		03	初中教育
		04	高中教育
		05	高等教育

续表

科目编码			科目名称
类	款	项	
			…
	03		职业教育
		01	初等职业教育
			…

二、财政总预算会计的含义

财政总预算会计，简称总会计，是各级政府财政部门核算、反映和监督政府预算执行情况及财务状况的专业会计。

总会计的会计主体是各级政府，由中央和地方各级政府的财政机关具体履行政府会计职责。财政机关是组织国家财政收支、办理政府预算、决算的专职管理机关，其主要任务是将物质生产部门创造的国民收入集中起来，形成政府的财政资金，再根据国家经济社会发展规划有计划地分配，为国家的行政管理、国民经济建设、国防建设以及教科文卫体等公共事业的发展服务。尚未使用的财政资金形成各项资金结转结余，是一级政府财政预算执行的结果。

第二节 财政总预算会计的特点

一、财政总预算会计的核算特点

(一)核算目标和核算方法具有双重性

财政总预算会计的核算目标是向会计信息使用者提供政府财政预算执行情况、财务状况等会计信息，同时反映政府财政受托责任履行情况。财政总预算会计的会计信息使用者主要包括人民代表大会、政府及其有关部门、政府财政部门自身和其他会计信息使用者等。总会计核算目标的双重性决定了其既要反映预算执行情况又要反映资产负债等财务状况，因此会计核算广泛采用“双分录”核算方法。比如，本级政府财政借入主权外债，且贷款资金由本级政府财政同级部门使用的，一方面，根据贷款资金支付相关资料，借记“一般公共预算本级支出”等账户，贷记“债务收入”账户，反映预算执行情况；另一方面，根据债务管理部门转来的相关资料，按照实际承担的债务金额，借记“待偿债净资产——借入款项”账户，贷记借入款项，以反映本级政府真实的财务状况。

（二）核算对象是执行财政总预算过程中所发生的各项资金运动

财政总预算会计的核算对象是各级政府总预算执行过程中的财政收入、支出和结转结余，以及在财政资金运动中所形成的资产、负债和净资产。它既反映物质生产部门财政资金的集中和分配（来源）情况，也反映非物质生产部门财政资金的分配和使用（去向）情况，即一级政府的财政资金运动过程及其结果。

（三）核算内容与预算管理有着最直接而密切的联系

作为财政总预算会计，其核算的内容要反映预算资金的运动情况，受预算管理制度的约束，并直接为各级政府预算的执行和管理服务。具体来讲，财政总预算会计要核算、反映和监督各级政府一般公共预算资金、政府性基金预算资金、国有资本经营预算资金、财政专户管理资金、专用基金以及社保基金预算资金等资金活动。但应特别指出，社保基金会计不适用财政总预算会计制度，由财政部另行规定。

（四）核算业务具有宏观性

与企业会计相比，财政总预算会计属于宏观会计，核算、反映和监督预算资金的集中、分配和执行情况，不经手现金，没有现金收付结算业务，同时也没有材料、固定资产等实物资产的核算业务，因而不设“库存现金”“固定资产”“存货”等资产类账户。

（五）核算基础主要采用收付实现制

财政总预算会计的核算基础主要是收付实现制。除明确规定的事项外，财政总预算会计一般以收付实现制为记账基础。

二、财政总预算会计信息质量要求

为规范会计核算行为，保证会计信息质量，使预算管理科学化、规范化和可理解化，财政总预算会计制度对财政总预算会计核算质量要求作了明确规定。总的来说，总会计的核算质量要求具有客观性、相关性、及时性、可比性及可理解性。

第三节　财政总预算会计科目设置

财政总预算会计科目是对会计要素进一步细化核算的一种方法。根据现行财政总预算会计制度的规定，财政总预算会计要素包括资产、负债、净资产、收入和支出五类。财政总预算会计科目也相应分为资产、负债、净资产、收入和支出五类。各级财政总预算会计统一适用的科目及核算内容如表 2-3 所示。

表 2-3　**财政总预算会计科目及核算内容**

序号	科目编号	科目名称
		一、资产类
1	1001	国库存款
2	1003	国库现金管理存款
3	1004	其他财政存款
4	1005	财政零余额账户存款
5	1006	有价证券
6	1007	在途款
7	1011	预拨经费
8	1021	借出款项
9	1022	应收股利
10	1031	与下级往来
11	1036	其他应收款
12	1041	应收地方政府债券转贷款
13	1045	应收主权外债转贷款
14	1071	股权投资
15	1081	待发国债
		二、负债类
16	2001	应付短期政府债券
17	2011	应付国库集中支付结余
18	2012	与上级往来
19	2015	其他应付款
20	2017	应付代管资金

续表

序号	科目编号	科目名称
		二、负债类
21	2021	应付长期政府债券
22	2022	借入款项
23	2026	应付地方政府债券转贷款
24	2027	应付主权外债转贷款
25	2045	其他负债
26	2091	已结报支出
		三、净资产类
27	3001	一般公共预算结转结余
28	3002	政府性基金预算结转结余
29	3003	国有资本经营预算结转结余
30	3005	财政专户管理资金结余
31	3007	专用基金结余
32	3031	预算稳定调节基金
33	3033	预算周转金
34	3081	资产基金
35	3082	待偿债净资产
		四、收入类
36	4001	一般公共预算本级收入
37	4002	政府性基金预算本级收入
38	4003	国有资本经营预算本级收入
39	4005	财政专户管理资金收入
40	4007	专用基金收入
41	4011	补助收入
42	4012	上解收入
43	4013	地区间援助收入
44	4021	调入资金
45	4031	动用预算稳定调节基金

续表

序号	科目编号	科目名称
		四、收入类
46	4041	债务收入
47	4042	债务转贷收入
		五、支出类
48	5001	一般公共预算本级支出
49	5002	政府性基金预算本级支出
50	5003	国有资本经营预算本级支出
51	5005	财政专户管理资金支出
52	5007	专用基金支出
53	5011	补助支出
54	5012	上解支出
55	5013	地区间援助支出
56	5021	调出资金
57	5031	安排预算稳定调节基金
58	5041	债务还本支出
59	5042	债务转贷支出

知识归纳

(1)财政总预算是以一级政府作为主体来编制的政府预算。我国政府财政总预算按照“统一领导,分级管理,分工负责”的原则,实行一级政府、一级财政、一级财政总预算,设立中央、省、市、县、乡等五级财政总预算。

(2)财政总预算会计,是各级政府财政部门核算、反映和监督政府预算执行情况及财务状况的专业会计。财政总预算会计主体是各级政府,由中央和地方各级政府的财政机关具体履行政府会计职责。

(3)财政总预算会计有其自身的特点,不仅与预算管理有着最直接而密切的联系,受预算管理制度的约束,在核算、反映、监督的基本内容上也以核算收入、支出、结余为中心,侧重预算资金的绩效考评,属于宏观会计。在会计核算上,遵循“双目标”与“双分录”要求,既要反映预算执行情况又要反映资产负债等财务状况。一般来讲，主要业务以收付实现制为记账基础。

独立思考

(1)什么是财政总预算？财政总预算的组成体系是怎样的？

(2)如何理解财政总预算会计的内涵？它具有哪些特点？

参考文献

[1] 赵建勇.政府与非营利组织会计.3版.北京：中国人民大学出版社，2017.

[2] 罗朝晖，牟涛.政府与非营利组织会计.2版.成都：西南财经大学出版社，2016.

第三章 财政总预算会计管理与核算

【内容提要】

本章主要内容包括财政总预算会计对资产、负债、净资产、收入、支出等会计要素的管理与核算要求。本章教学重点为财政总预算会计资产的管理与核算，特别是财政性存款的管理与核算，以及收入与支出的管理与核算；教学难点为财政总预算会计净资产的管理与核算。

【能力要求】

通过本章的学习，学生应掌握财政总预算会计核算和账务处理基本流程，熟悉、了解财政总预算会计与企业会计在账务处理上的区别与联系。

第一节 财政总预算会计资产的管理与核算

财政总预算会计的资产是指一级财政掌管或控制的能以货币计量的经济资源。具体而言，包括财政性存款、有价证券、借出款项、暂付及应收款项、应收股利、应收转贷款、预拨经费和股权投资等。财政总预算会计只对所取得的财政资金进行分配，因此财政总预算会计的资产中没有实物形态的财产物资，其所核算的资产表现形态主要是货币资金和债权两种。

一、财政性存款的管理与核算

(一)财政性存款的管理

1. 财政性存款管理的含义及管理原则

财政性存款是指财政部门代表政府所掌管的财政资金。其支配权属于同级政府财政部门，由财政总预算会计负责管理、统一收付。财政性存款主要包括国库存款、其他财政存款、国库现金管理存款等。国库存款是指在国库的财政预算资金存款。其他财政存款是指财政周转金、未设国库的乡镇财政在商业银行的预算资金存款以及部分由财政部指定的存入商业银行的专用基金存款等。国库现金管理存款是指政府财政实行国库现金管理业务而存放在商业银行的款项。

财政总预算会计在管理财政性存款时,应遵循以下管理原则。

(1)集中资金,统一调度。各种应由财政部门掌管的资金,包括一般预算资金、基金预算资金、专用资金等,均要纳入总预算会计的存款账户,根据各项事业进度拨付资金,以保证满足计划内各项正常支出的需要。

(2)按规定开立财政资金存款户。财政总预算会计可按规定在中国人民银行开设"国库存款"户,在商业银行开设"国库现金管理存款"户、"其他财政存款"户。不得将预算资金或其他财政性资金任意转存其他金融机构。

(3)执行预算,计划支拨。财政总预算会计要严格执行预算和用款计划,不得办理超预算、无用款计划的拨款。

(4)转账结算,不提现金。由于财政部门代表政府分配资金,其对象主要是预算单位,为保障财政资金安全,财政总预算会计的各种支付凭证(如财政直接、授权支付凭证等)都只能转账结算,不得提取现金。

(5)在存款余额内支付,不得透支。财政存款的支配权属于同级政府财政部门,统一收付,不得透支,让其更好地进行预算资金调度,确保财政收支平衡。

2.财政性存款账户的管理要求——国库集中收付制度

我国对财政性存款的管理已基本实行国库集中收付制度。国库集中收付制度也称国库单一账户制度,是指财政部门以国库单一账户体系为基础,以财政支付信息系统和银行间实时清算系统为依托,对政府所有的财政性资金均在国库或指定的代理银行集中开设账户,然后将所有财政收入直接缴入这一账户,并将所有财政支出通过这一账户进行拨付的财政资金管理制度。国库集中收付制度主要包括以下三个方面内容。

什么是国库

国库单一账户体系构成图

(1)建立国库单一账户体系。一是由财政部门为财政总预算会计开设的银行账户,包括国库单一账户、财政零余额账户和预算外资金专户。二是由财政部门为预算单位开设的银行账户,包括预算单位零余额账户和特设专用存款账户。

国库单一账户即"国库存款"账户。该账户在中国人民银行开设,用以核算纳入预算管理的财政收支活动,并用于与在商业银行开设的财政零余额账户以及预算单位零余额账户进行清算，实现财政资金的支付。

财政零余额账户在商业银行（代理银行）开设，由财政总预算会计使用。它是临时结算的过渡性账户，用以进行财政直接支付以及与国库单一账户进行清算。代理银行在根据财政部门开具的支付指令向有关货品或劳务供应商支付款项，并按日向国库单一账户申请清算后，该账户余额为零。

预算外资金专户在商业银行开设。该账户用以核算预算外资金的收支活动，并用以进行预算外资金日常收支的清算。应当指出，随着我国预算管理体制的改革，财政预算外资金将逐步纳入预算内统一管理，预算外资金专户也将逐步取消。

预算单位零余额账户由财政部门在商业银行（代理银行）为预算单位开设，并由预算单位会计使用。该账户用于财政授权支付以及与国库单一账户进行清算。其内容是预算单位的授权支付用款额度，属于过渡性质的账户。代理银行应根据预算单位开具的支付令向有关货品或劳务供应商支付款项，并向国库单一账户申请清算。清算之后，该账户的余额为零。

特设银行账户是指经国务院和省级人民政府批准或授权，财政部门在商业银行为预算单位开设的特殊过渡性账户。该账户仅在预算单位有特殊需要时开设，专门用于核算预算单位的特殊专项支出活动，并用于与国库单一账户进行清算。

(2)确立财政资金的收缴方式与程序。在国库集中收付制度下，财政资金的收缴方式有两种，即直接缴库方式和集中汇缴方式。

直接缴库方式是指缴款单位或个人直接将应缴财政资金缴入国库单一账户。具体而言，对直接缴入国库的税收收入，应由纳税人提出纳税申报，经征收机关审核无误后，由纳税人通过其开户银行将税款直接缴入国库单一账户。

集中汇缴方式是指征收机关将应征收的财政资金汇总之后缴入国库单一账户。具体而言，对于小额零散税收和法律另有规定的应缴收入，应由征收机关在收缴收入的当日汇总之后集中缴入国库单一账户。对于非税收入中的现金缴款，也应比照上述程序集中缴入国库单一账户。

应当指出，在尚未实行国库集中收付制度的地区，财政资金的收缴采用部门或单位自收汇缴方式。在这种传统的收缴方式下，征税、行政收费等部门或单位需将收取的财政资金先存入各自的开户银行账户，然后再汇入财政国库存款账户。显然，这种收缴方式容易导致截留、挪用或延迟上缴财政资金，影响其周转和使用。

(3)确定财政资金的支付方式和程序。国库集中收付制度下,财政资金的支付方式有两种,即财政直接支付和财政授权支付。财政直接支付与财政授权支付的业务流程差别很大,具体可参见图 3-1 和图 3-2。

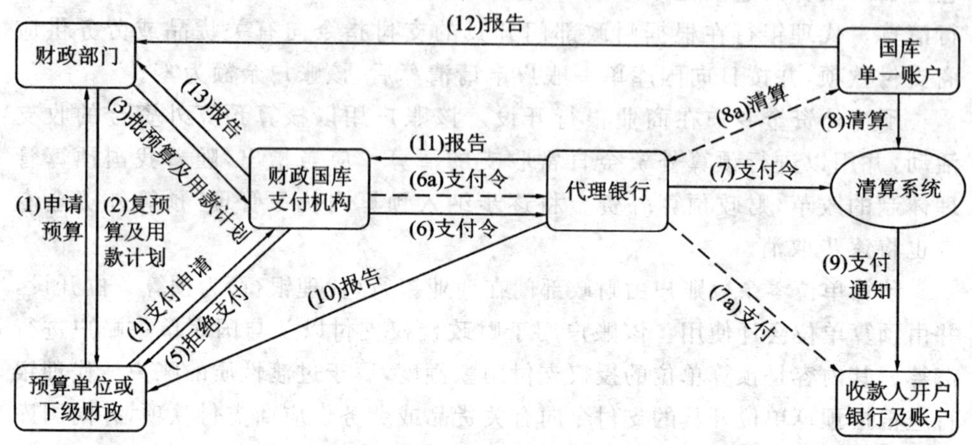

说明：1. 步骤（1）、（2）系指预算及用款计划的编制、申请及批复过程；
2. 实线部分是以电子化的银行清算系统为基础的支付流程；
3. 虚线部分（6a）、（7a）、（8a）表示实现电子化的银行清算系统之前的支付流程。

图 3-1　财政直接支付流程图

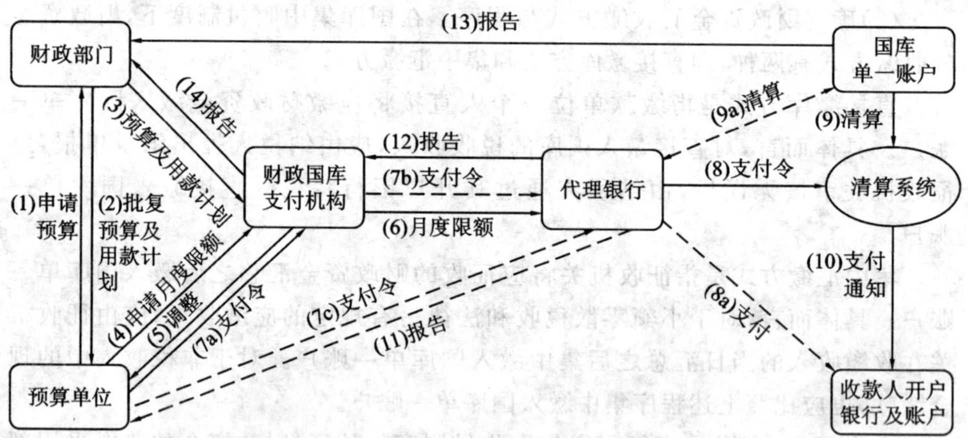

说明：1. 预算单位支付信息通过代理银行向支付机构报告，必要时可增加预算单位向支付机构的直接报告；
2. 虚线部分（7a）、（8a）、（9a）、（11）表示实现电子化的银行清算系统之前的支付流程。

图 3-2　财政授权支付流程图

财政直接支付是由财政部门向代理银行开具支付令，通过国库单一账户体系将财政资金直接支付到收款人账户。通常，实行财政直接支付方式的支出主要包括预算单位的工资支出、货物采购和劳务支出以及中央对地方的专项转移支出、拨付企业大型工程项目或大型设备采购的资金等。在财政直接支付方式下，预算单位应按照批准的预算和资金使用计划，向财政国库支付执行机构提出支付申请，该机构对其申请审核无误后向代理银行发出支付令，由代理银行通过财政零余额账户将资金直接划拨至收款人的银行账户。同时，代理银行需在资金支付当日与国库单一账户办理资金清算手续。财政国库支付执行机构按日填写并报送预算支出结算清单，列明财政直接支付的内容和数额。财政总预算会计收到该预算支出结算清单并与中国人民银行报来的财政直接支付申请划款凭证核对无误后，应进行相应的会计处理。财政直接支付方式下，由财政国库支付执行机构的代理银行与国库单一账户办理资金清算。因此，财政总预算会计需使用财政零余额账户，但该账户只是一个用于临时结算的过渡性账户，每日终了，其余额应为零。

财政授权支付是由预算单位根据财政部门的授权自行向代理银行开具支付令，通过国库单一账户体系将财政资金直接支付到收款人账户。通常，实行财政授权支付方式的支出主要包括预算单位未纳入财政直接支付的购买支出和零星支出。在财政授权支付方式下，预算单位应按照批准的预算和资金使用计划向财政国库支付执行机构申请授权支付的月度用款额度，由该机构审核并将批准的限额通知代理银行、预算单位和中国人民银行国库部门。然后由预算单位在月度用款额度内，自行向代理银行开具支付令，由代理银行向收款人支付款项并与国库单一账户进行清算。财政总预算会计根据财政国库支付执行机构报来的预算支出结算清单经与中国人民银行报来的财政授权支付申请划款凭证核对无误后，应进行相应的会计处理。在财政授权支付方式下，由预算单位的代理银行与国库单一账户办理资金清算，因此，财政总预算会计无须使用财政零余额账户，但对预算单位而言，则应使用预算单位零余额账户。该账户也只是一个用于临时结算的过渡性账户，每日终了，其余额应为零。

应当指出，在尚未实行国库集中收付制度的地区，财政资金的支付采用实拨资金支付方式。在这种传统支付方式下，各预算单位应首先在商业银行开设基本存款账户，然后由财政部门根据各预算单位的预算情况和使用进度，将财政资金拨付到各预算单位的基本存款账户。各预算单位实际使用财政资金时，再由其账户划转给供应商或劳务提供者。这种方式虽然有利于预算单位自由调度资金，但随着政府职能的转变，很容易因账户分散、拨款环节多而出现预算执行监管不严、预算执行透明度不高、财政资金运行效率和效益低下等弊端。

(二)财政性存款的核算

1.国库存款的核算

为核算政府财政存放在国库单一账户的款项,总会计设置“国库存款”总账科目,反映国库预算资金存款增减变动及其结存情况。为防止基金预算资金与一般预算资金相互挪用,按一般公共预算本级存款、政府性基金预算本级存款及国有资本经营预算本级存款设置明细账。本科目期末借方余额,反映国库存款的结存数。主要账务处理如下:

(1)收到预算收入时,根据国库报来的预算收入日报表入账。借记本科目,贷记“一般公共预算本级收入”“政府性基金预算本级收入”或“国有资本经营预算本级收入”科目。

(2)收到上级预算补助时,根据国库转来有关结算凭证入账。借记本科目,贷记“补助收入”“与上级往来”等有关科目。

(3)办理库款支付时,根据支付凭证回单入账。借记“一般公共预算本级支出”“政府性基金预算本级支出”或“国有资本经营预算本级支出”等科目,贷记本科目。

【例 3-1】 某市财政局收到本级国库报来的“预算收入日报表”,所列一般公共预算本级收入 600 000 元,政府性基金预算本级收入 400 000 元,国有资本经营预算本级收入 300 000 元。应编制如下会计分录:

借:国库存款——一般公共预算本级存款 600 000
——政府性基金预算本级存款 400 000
——国有资本经营预算本级存款 300 000
贷:一般公共预算本级收入 600 000
政府性基金预算本级收入 400 000
国有资本经营预算本级收入 300 000

【例 3-2】 某市财政局支付本级交通局发展基金收入安排的铁路建设支出 800 000 元。应编制如下会计分录:

借:政府性基金预算本级支出 800 000
贷:国库存款——政府性基金预算本级存款 800 000

2.其他财政存款的核算

为核算未列入“国库存款”“国库现金管理存款”科目反映的各项存款,总会计设置“其他财政存款”总账科目，并按照资金性质和存款银行等进行明细核算。本科目期末借方余额反映政府财政持有的其他财政存款。主要账务处理如下：

(1)财政专户收到款项时，按照实际收到的金额，借记本科目，贷记有关科目。

(2)其他财政存款产生的利息收入，除规定作为专户资金收入外，其他利息收入都应缴入国库纳入，一般计入公共预算管理。取得其他财政存款利息收入时，按照实际获得的利息金额，根据以下情况分别处理：

按规定作为专户资金收入的，借记本科目，贷记“应付代管资金”或有关收入科目；按规定应缴入国库的，借记本科目，贷记“其他应付款”科目。将其他财政存款利息收入缴入国库时，借记“其他应付款”科目，贷记本科目；同时，借记“国库存款”科目，贷记“一般公共预算本级收入”科目。

(3)其他财政存款减少时，按照实际支付的金额，借记有关科目，贷记本科目。

【例 3-3】 某市财政局收到上级安排的粮食风险基金 2 000 000 元，根据银行报来的收款通知入账。应编制如下会计分录：

借：其他财政存款	2 000 000	
贷：专用基金收入		2 000 000

3. 国库现金管理存款的核算

为核算存放在商业银行的国库现金管理存款增减变动及其结存情况，总会计设置“国库现金管理存款”总账科目。本科目期末借方余额反映政府财政国库现金管理业务持有的存款数。主要账务处理如下：

(1)按照国库现金管理有关规定将库款转存商业银行时，借记本科目，贷记“国库存款”科目。

(2)当国库现金管理存款收回国库时，按照实际收回的金额，借记“国库存款”科目，按照原存入商业银行的存款本金金额，贷记本科目，按照两者的差额，贷记“一般公共预算本级收入”科目。

【例 3-4】 中央国库做国库现金管理业务，将 200 亿元库款转存某商业银行。应编制如下会计分录：

借：国库现金管理存款	20 000 000 000	
贷：国库存款		20 000 000 000

【例 3-5】 某省国库现金管理存款到期收回 50 亿元，利息 0.5 亿元。应编制如下分录：

借：国库存款　　5 050 000 000
　贷：国库现金管理存款　　5 000 000 000
　　　一般公共预算本级收入　　50 000 000

4. 财政零余额账户存款的核算

为核算财政直接支付业务，财政国库支付执行机构设置"财政零余额账户存款"和"已结报支出"科目（注意：财政支付执行机构未单设的地区不使用上述科目）。其中，"财政零余额账户存款"每日发生的支付金额，于当日营业终了前由代理银行与国库单一账户进行清算，本科目当日资金清算后一般应无余额。主要账务处理如下：

（1）财政国库支付执行机构为预算单位直接支付款项时，借记有关预算支出科目，贷记本科目。

（2）财政国库支付执行机构每日将按部门分"类""款""项"汇总的预算支出结算清单等结算单与中国人民银行国库划款凭证核对无误后，送总会计结算资金，按照结算的金额，借记本科目，贷记"已结报支出"科目。

【例 3-6】 市财政国库支付中心接到市财政总预算的支付指令，根据用款单位申请，从财政零余额账户中支付基金预算安排的资金 600 000 元用于市属某展览馆采购大型展览设备、一般公共预算资金安排的文化活动费用 60 000 元。应编制如下会计分录：

借：政府性基金预算本级支出——财政直接支付　　600 000
　　一般公共预算本级支出——财政直接支付　　60 000
　贷：财政零余额账户存款　　660 000

【例 3-7】 接例 3-6，国库支付中心根据代理银行报来的"财政支出日报表"，经与中国人民银行国库划款凭证核对无误后记账。应编制如下会计分录：

借：财政零余额账户存款　　660 000
　贷：已结报支出——财政直接支付　　660 000

二、有价证券的管理与核算

（一）有价证券的管理

有价证券，是指中央政府以信用方式发行的国家公债。发行有价证券，是政府调节宏观经济、平衡预算、集中财力、筹集国家重点建设项目资金的手段。

对有价证券的管理遵循以下具体要求：

(1)各级财政只能用结余资金购买国家指定的有价证券；

(2)当期购买有价证券的资金不得列为支出；

(3)当期有价证券兑付的利息及转让有价证券取得的收入与账面成本的差额,应按购入有价证券时的资金来源作为一般公共预算本级收入或政府性基金预算本级收入等入账；

(4)购入的有价证券要同货币一样妥善保管,防止遗失。

(二)有价证券的核算

为核算有价证券金额,总会计应设置"有价证券"总账科目,并按照有价证券种类和资金性质进行明细核算。本科目期末借方余额反映政府财政持有的有价证券金额。主要账务处理如下：

(1)购入有价证券时,按照实际支付的金额,借记本科目,贷记"国库存款""其他财政存款"等科目。

(2)转让或到期兑付有价证券时,按照实际收到的金额,借记"国库存款""其他财政存款"等科目,按照本有价证券的账面余额,贷记本科目,按其差额,贷记"一般公共预算本级收入"等科目。

【例 3-8】 某市财政局用上年政府性基金预算结余购买三年期国库券 400 000 元,提前一年转让,取得转让净收入 430 000 元。应编制如下会计分录：

分录	借方	贷方
借:国库存款	430 000	
贷:有价证券		400 000
政府性基金预算本级收入		30 000

三、股权投资的管理与核算

股权投资是指政府持有的各类股权性的投资,包括国际金融组织股权投资、投资基金股权投资和企业股权投资等。总预算会计核算的股权投资一般采用权益法核算。

为核算政府持有的各类股权投资,总会计应设置"股权投资"总账科目,并按照"国际金融组织股权投资""投资基金股权投资""企业股权投资"设置一级明细科目,还可根据管理需要按被投资主体设"投资成本""收益转增投资""损益调整”“其他权益变动”等二级科目进行明细核算。本科目期末借方余额反映政府持有的各种股权投资金额。主要账务处理如下：

1.国际金融组织股权投资

(1)政府财政代表政府认缴国际金融组织股本时，按照实际支付的金额，借记“一般公共预算本级支出”等科目，贷记“国库存款”科目；根据股权投资确认相关资料，按照确定的股权投资成本，借记本科目，贷记“资产基金——股权投资”科目。

(2)从国际金融组织撤出股本时，按照收回的金额，借记“国库存款”科目，贷记“一般公共预算本级支出”科目；根据股权投资清算相关资料，按照实际撤出的股本，借记“资产基金——股权投资”科目，贷记本科目。

2.投资基金股权投资

(1)政府财政对投资基金进行股权投资时，按照实际支付的金额，借记“一般公共预算本级支出”等科目，贷记“国库存款”等科目；根据股权投资确认相关资料，按照实际支付的金额，借记本科目(投资成本)，按照确定的在被投资基金中占有的权益金额与实际支付金额的差额，借记或贷记本科目(其他权益变动)，按照确定的在被投资基金中占有的权益金额，贷记“资产基金——股权投资”科目。

(2)年末，根据政府财政在被投资基金当期净利润或净亏损中占有的份额，借记或贷记本科目(损益调整)，贷记或借记“资产基金——股权投资”科目。

(3)政府财政将归属财政的收益留作基金滚动使用时，借记本科目(收益转增投资)，贷记本科目(损益调整)。

(4)被投资基金宣告发放现金股利或利润时，按照应上缴政府财政的部分，借记“应收股利”科目，贷记“资产基金——应收股利”科目；同时按照相同的金额，借记“资产基金——股权投资”科目，贷记本科目(损益调整)。

(5)被投资基金发生除净损益以外的其他权益变动时，按照政府财政持股比例计算应享有的部分，借记或贷记本科目(其他权益变动)，贷记或借记“资产基金——股权投资”科目。

(6)投资基金存续期满、清算或政府财政从投资基金退出需收回出资时，政府财政按照实际收回的资金，借记“国库存款”等科目，按照收回的原实际出资部分，贷记“一般公共预算本级支出”等科目，按照超出原实际出资的部分，贷记“一般公共预算本级收入”等科目；根据股权投资清算相关资料，按照因收回股权投资而减少在被投资基金中占有的权益金额，借记“资产基金——股权投资”科目，贷记本科目。

下面以投资基金股权投资为例来看股权投资的核算业务。

【例 3-9】　某市政府财政对某投资基金进行股权投资，实际支付金额 400 000 元，在被投资基金中占有权益金额为 300 000 元。应编制如下会计分录：

(1)实际支付时：

借：一般公共预算本级支出　　400 000

　贷：国库存款　　400 000

同时，

借：股权投资——投资基金股权投资——投资成本　　400 000

　贷：资产基金——股权投资　　300 000

　　股权投资——投资基金股权投资——其他权益变动　　100 000

(2)年末，政府财政在被投资基金当期净利润占有份额为 150 000 元

借：股权投资——投资基金股权投资——损益调整　　150 000

　贷：资产基金——股权投资　　150 000

(3)政府财政将归属财政的收益 130 000 元留作基金滚动使用时

借：股权投资——投资基金股权投资——收益转增投资　　130 000

　贷：股权投资——投资基金股权投资——损益调整　　130 000

(4)被投资基金宣告发放现金股利或利润，应上缴财政 180 000 元

借：应收股利　　180 000

　贷：资产基金——应收股利　　180 000

借：资产基金——股权投资　　180 000

　贷：股权投资——投资基金股权投资——损益调整　　180 000

(5)收到股利时

借：国库存款　　180 000

　贷：一般公共预算本级收入　　180 000

借：资产基金——应收股利　　180 000

　贷：应收股利　　180 000

(6)被投资基金发生除净损益以外的其他权益增加，政府财政享有的部分为 40 000 元

借：股权投资——投资基金股权投资——其他权益变动　　40 000

　贷：资产基金——股权投资　　40 000

(7)政府财政从投资基金退出，实际收回资金 600 000 元

借：国库存款　　600 000

　贷：一般公共预算本级支出　　400 000

一般公共预算本级收入　　200 000

同时，

借：资产基金——股权投资　　310 000

股权投资——投资基金股权投资——损益调整　　160 000

股权投资——投资基金股权投资——其他权益变动　　60 000

贷：股权投资——投资基金股权投资——投资成本　　400 000

股权投资——投资基金股权投资——损益转增投资　　130 000

3. 企业股权投资

企业股权投资的账务可参照投资基金股权投资的账务处理。

四、其他各类资产的管理与核算

(一)借出款项的管理与核算

借出款项是指政府财政按照对外借款管理相关规定借给预算单位临时急需，并需按期收回的款项。

为核算各级政府财政借给预算单位的款项，总会计设置“借出款项”总账科目，并按照借款单位等进行明细核算。本科目期末借方余额反映政府财政借给预算单位尚未收回的款项。主要账务处理如下：

(1)借出款项时，按照实际支付的金额，借记本科目，贷记“国库存款”等科目。

(2)收回时，借记“国库存款”，贷记本科目。

【例 3-10】 某市财政局用一般公共预算存款向市教育局发放临时借款 300 000 元，用于项目研究。应编制如下会计分录：

借：借出款项——市教育局　　300 000

贷：国库存款——一般公共预算本级存款　　300 000

(二)暂付及应收款项的管理与核算

暂付及应收款项是指政府财政业务活动中形成的债权，包括与下级往来和其他应收款等。暂付及应收款项应当及时清理结算，不得长期挂账。

1. 与下级往来的管理与核算

与下级往来的待结算款项是指本级政府财政与下级政府财政之间的往来

待结算款项。其产生的原因可能有:财政总预算在执行预算过程中出现收不抵支时,下级财政可以向上级财政申请短期借款,形成暂时的待结算的债权与债务关系;此外,在年终决算时,上、下级财政的实际上解或补助款,与应上解或应补助款之间也不完全一致,形成上、下级财政之间暂时借垫款项。

为核算与下级财政之间的往来待结算款项,总会计应设置"与下级往来"科目。本科目具有双重性质,本科目借方余额,反映下级财政应归还本级财政的款项;本科目贷方余额,应视为负债,反映本级财政欠下级财政的款项或本级财政多收到下级财政归还的借款数。主要账务处理如下:

(1)借给下级财政款项时或体制结算下级财政应上解款项时,借记本科目,贷记"国库存款""上解收入"科目。

(2)借款收回、转作补助支出或体制结算应补助下级财政时,借记"国库存款""补助支出"等有关科目,贷记本科目。

【例 3-11】 某省财政局借给下属某市财政局临时周转金 400 000 元。应编制如下会计分录:

借:与下级往来——某市　　400 000

　贷:国库存款　　400 000

【例 3-12】 接例 3-11,某省财政局收到下属某市偿还的临时借款 400 000 元。应编制如下会计分录:

借:国库存款　　400 000

　贷:与下级往来——某市　　400 000

2. 其他应收款的管理与核算

其他应收款是指政府财政临时发生的其他应收、暂付、垫付款项。

为核算其他应收款项,总会计应设置"其他应收款"总账科目,并应当按照资金性质、债务单位等进行明细核算。本科目应及时清理结算,年终原则上应无余额。主要账务处理如下:

(1)发生其他应收款项时,借记本科目,贷记"国库存款""其他财政存款"等科目。

(2)收回或转作预算支出时,借记"国库存款""其他财政存款"或有关支出科目,贷记本科目。

(3)政府财政对使用外国政府和国际金融组织贷款资金的项目单位履行担保责任,代偿贷款本息费时,借记本科目,贷记"国库存款""其他财政存款"等科目。政府财政行使追索权,收回项目单位贷款本息费时,借记"国库存款""其他财政存款”等科目，贷记本科目。政府财政最终未收回项目单位贷款本息费，经核准列支时，借记“一般公共预算本级支出”等科目，贷记本科目。

(三)其他各类应收款项的管理与核算

为加强政府预算会计的绩效管理和内部控制，总会计对其他各类应收款项应严格按照《财政总预算会计制度》相关规定办理，其他各类应收款项主要包括应收股利、应收地方政府债券转贷款、应收主权外债转贷款、预拨经费等。

1.应收股利的管理与核算

应收股利是指政府因持有股权投资应当收取的现金股利或利润。

为核算政府因持有股权投资应当收取的现金股利或利润，总会计应设置“应收股利”总账科目，并按照被投资主体进行明细核算。本科目期末借方余额反映政府尚未收回的现金股利或利润。主要账务处理如下：

(1)持有股权投资期间被投资主体宣告发放现金股利或利润的，按应上缴政府财政的部分，借记本科目，贷记“资产基金——应收股利”科目；按照相同的金额，借记“资产基金——股权投资”科目，贷记“股权投资(损益调整)”科目。

(2)实际收到现金股利或利润，借记“国库存款”等科目，贷记有关收入科目；按照相同的金额，借记“资产基金——应收股利”科目，贷记本科目。

2.应收地方政府债券转贷款的管理与核算

应收地方政府债券转贷款是指本级政府财政转贷给下级政府财政的地方政府债券资金的本金及利息。

为核算应收地方政府债券转贷款，总会计应设置“应收地方政府债券转贷款”总账科目，并应当设置“应收地方政府一般债券转贷款”和“应收地方政府专项债券转贷款”明细科目，其下分别设置“应收本金”和“应收利息”两个明细科目，并按照转贷对象进行明细核算。本科目期末借方余额反映政府财政应收未收的地方政府债券转贷款本金和利息。主要账务处理如下：

(1)向下级政府财政转贷地方政府债券资金时，按照转贷的金额，借记“债务转贷支出”科目，贷记“国库存款”科目；根据债务管理部门转来的相关资料，按照到期应收回的转贷本金金额，借记本科目，贷记“资产基金——应收地方政府债券转贷款”科目。

(2)期末确认地方政府债券转贷款的应收利息时，根据债务管理部门计算出的转贷款本期应收未收利息金额，借记本科目，贷记“资产基金——应收地方政府债券转贷款”科目。

(3)收回下级政府财政偿还的转贷款本息时,按照收回的金额,借记“国库存款”等科目,贷记“其他应付款”或“其他应收款”科目;根据债务管理部门转来的相关资料,按照收回的转贷款本金及已确认的应收利息金额,借记“资产基金——应收地方政府债券转贷款”科目,贷记本科目。

(4)扣缴下级政府财政的转贷款本息时,按照扣缴的金额,借记“与下级往来”科目,贷记“其他应付款”或“其他应收款”科目;根据债务管理部门转来的相关资料,按照扣缴的转贷款本金及已确认的应收利息金额,借记“资产基金——应收地方政府债券转贷款”科目,贷记本科目。

3.应收主权外债转贷款的管理与核算

应收主权外债转贷款是指本级政府财政转贷给下级政府财政的外国政府和国际金融组织贷款等主权外债资金的本金及利息。

为核算应收主权外债转贷款,总会计应设置“应收主权外债转贷款”总账科目,并按照转贷对象设置“应收本金”和“应收利息”明细科目进行核算。本科目期末借方余额反映政府财政应收未收的主权外债转贷款本金和利息。主要账务处理如下:

(1)本级政府财政向下级政府财政转贷主权外债资金,且主权外债最终还款责任由下级政府财政承担的,相关账务处理如下:

① 本级政府财政支付转贷资金时,根据转贷资金支付相关资料,借记“债务转贷支出”科目,贷记“其他财政存款”科目;根据债务管理部门转来的相关资料,按照实际持有的债权金额,借记本科目,贷记“资产基金——应收主权外债转贷款”科目。

② 外方将贷款资金直接支付给用款单位或供应商时,本级政府财政根据转贷资金支付相关资料,借记“债务转贷支出”科目,贷记“债务收入”或“债务转贷收入”科目;根据债务管理部门转来的相关资料,按照实际持有的债权金额,借记本科目,贷记“资产基金——应收主权外债转贷款”科目;同时,借记“待偿债净资产”科目,贷记“借入款项”或“应付主权外债转贷款”科目。

(2)期末确认主权外债转贷款的应收利息时,根据债务管理部门计算出转贷款的本期应收未收利息金额,借记本科目,贷记“资产基金——应收主权外债转贷款”科目。

(3)收回转贷给下级政府财政主权外债的本息时,按照收回的金额,借记“其他财政存款”科目,贷记“其他应付款”或“其他应收款”科目;根据债务管理部门转来的相关资料,按照实际收回的转贷款本金及已确认的应收利息金额,借记“资产基金——应收主权外债转贷款”科目,贷记本科目。

(4)扣缴下级政府财政的转贷款本息时，按照扣缴的金额，借记“与下级往来”科目，贷记“其他应付款”或“其他应收款”科目；根据债务管理部门转来的相关资料，按照扣缴的转贷款本金及已确认的应收利息金额，借记“资产基金——应收主权外债转贷款”科目，贷记本科目。

4. 预拨经费的管理与核算

(1)预拨经费的管理。

预拨经费是财政部门用预算资金预拨给行政事业单位的、不在当期内列入预算支出的经费。发生预拨经费主要有两种特殊情况：一是交通不便的边远地区，当期汇款不能及时到达，影响单位按时支付，需要上级单位提前在上一个月拨付下一个月的经费；二是上年预拨属于下年预算的经费，如今冬明春水利经费，已列入下年的农田水利计划，但须在今年抓紧准备或施工。在此情况下，往往需要提前拨付，但又不能在本年度列为支出。

预拨经费管理的具体要求如下：

① 预拨经费应掌握个别、特殊的原则，并控制在计划规定的额度之内，不能办理超预算、无计划的拨款；

② 预拨经费应按照部门预算、用款单位经费领报关系预拨；

③ 预拨经费应严格审批，一般应按项目进度和资金使用情况拨款，既要保证资金的充足，又要防止资金的积压和浪费，以便促进各单位合理、节约、有效地使用预算资金；

④ 预拨经费应在规定的列支期限内及时列作支出，不能长期挂账。

(2)预拨经费的核算。

为核算财政部门预拨经费业务，总会计设置“预拨经费”总账科目，并应按拨款单位设置明细账。本科目借方余额反映政府财政年末尚未转列支出或尚待收回的预拨经费数。主要账务处理如下：

① 拨出款项时，借记本科目，贷记“国库存款”科目。

② 转列支出或收回预拨款项时，借记“一般公共预算本级支出”“政府性基金预算本级支出”“国库存款”等科目，贷记本科目。

需要说明的是，随着我国财政国库集中支付制度“横向到边，纵向到底”改革的深入推进，各级政府财政部门都将实行国库集中支付制度。上述预拨经费的业务和核算方法将逐步被国库集中支付方式取代，各级财政部门可通过向预算单位下达零余额账户用款额度等方式满足其使用财政资金的需求。

第二节　财政总预算会计负债的管理与核算

财政总预算会计的负债是指一级政府财政所承担的能以货币计量、需以资产偿付的债务。财政总预算会计核算的负债按照流动性，分为流动负债和非流动负债。流动负债是指预计在1年内(含1年)偿还的负债。非流动负债是指流动负债以外的负债。财政总预算会计核算的负债具体包括应付国库集中支付结余、暂收及应付款项、应付政府债券、借入款项、应付转贷款、其他负债、应付代管资金等。

一、应付国库集中支付结余与已结报支出的管理与核算

(一)应付国库集中支付结余的管理与核算

应付国库集中支付结余是指政府财政采用权责发生制列支、预算单位尚未使用的国库集中支付结余资金。在国库集中支付制度下，预算单位在年末可能存在尚未使用的财政直接支付结余资金、尚未下达或尚未使用的财政授权支付结余资金。

为核算国库集中支付中政府财政已列支而预算单位实际未使用的结余资金，总会计应设置“应付国库集中支付结余”总账科目。本科目期末贷方余额反映政府财政尚未支付的国库集中支付结余。其主要账务处理如下：

(1)年末，对当年形成的国库集中支付结余采用权责发生制列支时，借记有关科目，贷记本科目。

(2)以后年度实际支付国库集中支付结余资金时，分以下情况处理：

① 按原结转预算科目支出的，借记本科目，贷记“国库存款”科目。

② 调整支出预算科目的，应当按原结转预算科目作冲销处理，借记本科目，贷记有关支出科目。同时，按实际支出预算科目作列支账务处理，借记有关支出科目，贷记“国库存款”科目。

【例3-13】　年终，某市财政确定一项已经安排预算的资金400 000元，由于该预算单位用款进度的原因，市财政对其未能实现财政直接支付。该项支出属于“一般公共服务——人口与计划生育事务——人口规划与发展战略研究”科目反映内容。应编制如下会计分录：

借：一般公共预算本级支出　　400 000

　贷：应付国库集中支付结余　　400 000

下一预算年度，该项预算资金根据项目进度完成了财政直接支付，应编制如下会计分录：

借：应付国库集中支付结余　　400 000

　贷：国库存款　　400 000

(二)已结报支出的管理与核算

已结报支出是指政府财政国库支付执行机构已清算的国库集中支付支出数额。“已结报支出”是财政国库支付执行机构专用的负债类科目。

为核算财政国库支付执行机构办理的财政直接支付业务，财政国库支付执行机构设置“财政零余额账户存款”和“已结报支出”总账科目。其中，已结报支出的主要账务处理如下：

(1)每日汇总清算后，财政国库支付执行机构会计根据有关划款凭证和按部门分“类”“款”“项”汇总的“预算支出结算清单”，对于财政直接支付，借记“财政零余额科目存款”科目，贷记本科目；对于财政授权支付，借记“一般公共预算本级支出”“政府性基金预算本级支出”“国有资本经营预算本级支出”等科目，贷记本科目。

(2)年终财政国库支付执行机构按照累计结清的支出金额，与有关方面核对一致后转账时，借记本科目，贷记“一般公共预算本级支出”“政府性基金预算本级支出”“国有资本经营预算本级支出”等科目。本科目年终转账后无余额。

【例 3-14】 年末，某市财政局国库处与预算处核对本年支出一致无误后，冲销国库已结报支出科目的“已结报支出”科目、本年一般公共预算支出 8 000 万元，基金预算支出 8 500 万。应编制如下会计分录：

借：已结报支出——财政直接支付　　165 000 000

　贷：一般公共预算支出　　80 000 000

　　　政府性基金预算支出　　85 000 000

二、应付政府债券的管理与核算

应付政府债券是指政府财政采用发行政府债券方式筹集资金而形成的负债，包括应付短期政府债券和应付长期政府债券。由于政府资金具有公共性，各级政府按法定程序和核定的预算数额所举借的债务必须遵循《中华人民共和国预算法》的相关规定与要求。

本书以应付长期政府债券的管理与核算为例进行讲解。

应付长期政府债券是指政府财政部门以政府名义发行的期限超过1年的国债和地方政府债券。

为核算长期政府债券业务，总会计应设置“应付长期政府债券”总账科目，并应当设置“应付国债”“应付地方政府一般债券”“应付地方政府专项债券”等一级明细科目，同时再分别设置“应付本金”“应付利息”明细科目，分别核算政府债券的应付本金和利息；债务管理部门还应当设置相应的辅助账，详细记录每期政府债券金额、种类、期限、发行日、到期日、票面利率、偿还本金及付息情况等。本科目期末贷方余额，反映政府财政尚未偿还的长期政府债券本金和利息。主要账务处理如下：

(1)实际收到长期政府债券发行收入时，按照实际收到的金额，借记“国库存款”科目，按照长期政府债券实际发行额，贷记“债务收入”科目，按照发行收入和发行额的差额，借记或贷记有关支出科目；根据债券发行确认文件等相关债券管理资料，按照到期应付的长期政府债券本金金额，借记“待偿债净资产——应付长期政府债券”科目，贷记本科目。

(2)期末确认长期政府债券的应付利息时，根据债务管理部门计算出的本期应付未付利息金额，借记“待偿债净资产——应付长期政府债券”科目，贷记本科目。

(3)实际支付本级政府财政承担的长期政府债券利息时，借记“一般公共预算本级支出”或“政府性基金预算本级支出”科目，贷记“国库存款”等科目；实际支付利息金额中属于已确认的应付利息部分，还应根据债券兑付确认文件等相关债券管理资料，借记本科目，贷记“待偿债净资产——应付长期政府债券”科目。

(4)实际偿还本级政府财政承担的长期政府债券本金时，借记“债务还本支出”科目，贷记“国库存款”等科目；根据债券兑付确认文件等相关债券管理资料，借记本科目，贷记“待偿债净资产——应付长期政府债券”科目。

(5)本级政府财政偿还下级政府财政承担的地方政府债券本息时，借记“其他应付款”或“其他应收款”科目，贷记“国库存款”科目；根据债券兑付确认文件等相关债券管理资料，按照实际偿还的长期政府债券本金及已确认的应付利息金额，借记本科目，贷记“待偿债净资产——应付长期政府债券”科目。

(6)省级财政部门采用定向承销方式发行长期地方政府债券置换存量债务时，根据债权债务确认相关资料，按照置换本级政府存量债务的额度，借记“债务还本支出”科目，按照置换下级政府存量债务的额度，借记“债务转贷支出”科目，按照置换存量债务的总额度，贷记“债务收入”科目；根据债务管理部门转来的相关资料，按照置换存量债务的总额度，借记"待偿债净资产——应付长期政府债券"科目，贷记本科目。同时，按照置换下级政府存量债务额度，借记"应收地方政府债券转贷款"科目，贷记"资产基金——应收地方政府债券转贷款"科目。

【例 3-15】 某省级政府发行一般长期政府债券，发行额 25 000 000 元，发行收入 24 000 000 元。应编制如下会计分录：

(1)实际收到长期政府债券发行收入时

借：国库存款　　24 000 000
　有关支出科目　　1 000 000
　贷：债务收入　　25 000 000

同时，

借：待偿债净资产　　25 000 000
　贷：应付长期政府债券　　25 000 000

(2)期末确认长期政府债券应付利息 800 000 元

借：待偿债净资产　　800 000
　贷：应付长期政府债券　　800 000

(3)实际支付本级政府财政承担的长期政府债券利息 800 000 元

借：一般公共预算本级支出　　800 000
　贷：国库存款　　800 000

同时，

借：应付长期政府债券　　800 000
　贷：待偿债净资产　　800 000

(4)偿还本级政府财政承担的长期政府债券本金 25 000 000 元

借：债务还本支出　　25 000 000
　贷：国库存款　　25 000 000

同时，

借：应付长期政府债券　　25 000 000
　贷：待偿债净资产　　25 000 000

三、其他各类负债的管理与核算

(一)借入款项的管理与核算

借入款项是指政府财政部门以政府名义向外国政府和国际金融组织等借

入的款项，以及通过国务院批准的其他方式借款形成的负债。

为核算借入款项业务，总会计应设置“借入款项”总账科目，并设置“应付本金”“应付利息”明细科目，分别对借入款项的应付本金和利息进行明细核算，同时应当按照债权人进行明细核算；债务管理部门还应设置辅助账，详细记录每笔借入款项的期限、借入日期、偿还及付息情况等。本科目期末贷方余额反映本级政府财政尚未偿还的借入款项本金和利息。

(二)暂收及应付款项的管理与核算

1. 与上级往来的管理与核算

与上级往来是指本级财政政府与上级财政政府的往来待结算款项。

为核算与上级政府财政之间的往来待结算款项，总会计应设置“与上级往来”科目。本科目同“与下级往来”科目，具有双重性质。本科目期末贷方余额反映本级财政欠上级财政的款项，本科目期末借方余额应视为资产，反映上级财政欠本级财政的款项。主要账务处理如下：

(1)本级政府财政从上级政府财政借入款或体制结算中发生应上交上级政府财政款项时，借记“国库存款”“上解支出”等科目，贷记本科目。

(2)本级政府财政归还借款、转作上级补助收入或体制结算中应由上级补给款项时，借记本科目，贷记“国库存款”“补助收入”等科目。

【例 3-16】 A 市财政局向省财政借入款项 600 000 元用于临时周转需要，款项已划入市中心支库。

(1)市财政总预算会计应编制如下会计分录：

借：国库存款　600 000

　贷：与上级往来　600 000

(2)省财政总预算会计应编制如下会计分录：

借：与下级往来——A 市　600 000

　贷：国库存款　600 000

【例 3-17】 接例 3-16，A 市财政归还省财政 500 000 元借款。

(1)市财政总预算会计应编制如下会计分录：

借：与上级往来　600 000

　贷：国库存款　600 000

(2)省财政总预算会计应编制如下会计分录：

借：国库存款　600 000

　贷：与下级往来——A 市　600 000

【例 3-18】 接例 3-16，经批准省财政将 A 市欠款转作对该市的补助。

(1)市财政总预算会计应编制如下会计分录：

借：与上级往来　　600 000

　贷：补助收入　　600 000

(2)省财政总预算会计应编制如下会计分录：

借：补助支出　　600 000

　贷：与下级往来——A 市　　600 000

2. 其他应付款的管理与核算

其他应付款是指政府财政临时发生的暂收、应付和收到的不明性质款项。

为核算政府财政其他应付款项，总会计应设置“其他应付款”总账科目，并按照债权单位或资金来源等进行明细核算。本科目期末贷方余额反映政府财政尚未结清的其他应付款项。应特别指出：税务机关代征入库的社会保险费、项目单位使用并承担还款责任的外国政府和国际金融组织贷款，也通过本科目核算。主要账务处理如下：

(1)社会保险费代征入库时，借记“国库存款”科目，贷记本科目；社会保险费国库缴存社保基金财政专户时，借记本科目，贷记“国库存款”科目。

(2)收到项目单位承担还款责任的外国政府和国际金融组织贷款资金时，借记“其他财政存款”科目，贷记本科目；付给项目单位时，借记本科目，贷记“其他财政存款”科目；收到项目单位偿还贷款资金时，借记“其他财政存款”科目，贷记本科目；付给外国政府和国际金融组织项目单位还款资金时，借记本科目，贷记“其他财政存款”科目。

其他各类应付款项的管理与核算

(三)其他各类应付款项的管理与核算

其他各类应付款项主要包括应付地方政府债券转贷款、应付主权外债转贷款、应付代管资金和其他负债等。为加强政府预算会计的绩效管理和内部控制，财政总预算会计对其他各类应付款项应严格按照《财政总预算会计制度》的相关规定办理。

第三节　财政总预算会计收入的管理与核算

财政总预算会计收入是指一级政府为实现其职能，根据法律、法规所取得的非偿还性资金，是一级财政的主要资金来源。财政总预算会计核算的收入包括公共财政预算收入、政府性资金预算收入、国有资本经营预算收入、专用基金收入、财政专户管理资金收入以及补助收入、上解收入、地区性援助收入、调入资金等种类。其中，补助收入、上解收入、地区性援助收入、调入资金等合称转移性收入。此外，债务收入和债务转贷收入尽管不符合收入的非偿还性资金特征，但它们也可以用来安排预算支出，因此也作为收入进行核算。

对财政预算收入的管理要求

政府设立了专门的组织机构来监督和管理预算收入的收纳、划分与报解。其中，预算收入的组织机构包括征收机关和出纳机关，预算收入收纳入库的方式有直接缴库和集中汇缴两种，各级财政预算收入款项的划分与报解由各级国库具体负责办理。

一、全口径政府预算本级收入的管理与核算

全口径政府预算本级收入主要包括一般公共预算本级收入、政府性资金预算收入、国有资本经营预算收入等。

(一)一般公共预算本级收入的管理与核算

一般公共预算本级收入是指政府财政筹集的纳入本级一般公共预算管理的税收收入和非税收入。它是通过一定程序和形式有计划地组织征收的非偿还性资金，是中央和地方政府最主要的财力保障。

为核算政府一般公共预算本级收入业务，总会计应设置“一般公共预算本级收入”总账科目，并根据政府收支分类科目中“一般公共预算收入”科目规定进行明细核算。本科目期末贷方余额反映一般公共预算本级收入累计数。主要账务处理如下：

(1)收到款项时，财政部门根据国库报来的预算收入日报表所列的当日预算收入数，借记“国库存款”等科目，贷记本科目。

(2)年终转账时，本科目贷方余额全数转入“一般公共预算结转结余”科目，借记本科目，贷记“一般公共预算结转结余”科目。结转后，本科目无余额。

【例 3-19】 某市财政局收到国库报来的“预算收入日报表”所列当日一般公共预算收入合计 208 000 元，其中，专项收入（排污费收入）150 000 元，行政事业性收费收入（工商行政事业性收费收入）8 000 元，一般罚没收入 50 000 元。应编制如下会计分录：

借：国库存款　　208 000

　贷：一般公共预算本级收入　　208 000

【例 3-20】 某市财政局年终将“一般公共预算本级收入”科目贷方余额 39 000 000 元转入“一般公共预算结转结余”科目。应编制会计分录：

借：一般公共预算本级收入　　39 000 000

　贷：一般公共预算结转结余　　39 000 000

（二）政府性基金预算本级收入管理与核算

1. 政府性基金预算本级收入的管理

政府性基金预算本级收入是指政府财政筹集的纳入本级政府性基金预算管理的非税收入。

基金是专用性很强的资金，基金预算收入是按规定收取、转入或通过当年财政安排，由财政管理并具有专门用途的政府性基金和附加及专项收费等收入。对基金预算收入的管理应遵循如下基本要求：

（1）先收后支，自求平衡。财政总预算会计应当在规定的时间范围内和已有基金预算收入数额的范围内办理基金预算支出，做到收支平衡。

（2）专款专用，分项核算。基金预算收入应当用于相应的基金预算支出，各项基金预算收入与支出之间不能相互调剂。各项目基金预算的收入、支出和结余情况应分项核算，不得相互混淆。

2. 政府性基金预算本级收入的核算

为核算政府性基金本级预算收入业务，总会计应设置“政府性基金预算本级收入”总账科目，并根据《政府收支分类科目》中“政府性基金预算收入”科目规定进行明细核算。本科目贷方余额反映当期政府性基金预算本级收入累计数。主要账务处理如下：

（1）收到款项时，根据当日预算收入日报表所列政府性基金预算本级收入数，借记“国库存款”等科目，贷记本科目。

（2）年终转账时，本科目贷方余额全数转入“政府性基金预算结转结余”科目，借记本科目，贷记“政府性基金预算结转结余”科目。结转后，本科目无余额。

【例3-21】 某市财政局收到国库报来的“政府性基金预算收入日报表”。其中，政府性基金预算本级收入合计1 179 000元，具体为：“地方教育附加收入”37 000元，“烟草商业专营利润收入”1 110 000元，“政府住房基金收入——计提廉租住房资金”32 000元。应编制如下会计分录：

借：国库存款——政府性基金预算存款　　1 179 000
　贷：政府性基金预算本级收入——地方教育附加收入　　37 000
　　——烟草商业专营利润收入　　1 110 000
　　——政府住房基金收入　　32 000

【例3-22】 某市财政局年末将“政府性基金预算本级收入”科目贷方余额1 060 000元转入“政府性基金预算结转结余”科目。应编制如下会计分录：

借：政府性基金预算本级收入　　1 060 000
　贷：政府性基金预算结转结余　　1 060 000

(三)国有资本经营预算本级收入管理与核算

国有资本经营预算本级收入是指各级人民政府及其部门机构履行出资人职责的企业上交的国有资本收益，主要包括国有独资企业按规定上交国家的利润；国有控股、参股企业国有股权(股份)获得的股利、股息；企业国有产权(含国有股份)转让收入；国有独资企业清算收入(扣除清算费用)，国有控股、参股企业国有股权(股份)分享的公司清算收入(扣除清算费用)以及其他收入等。

为核算政府国有资本经营预算本级收入业务，总会计应设置“国有资本经营预算本级收入”总账科目，并根据《政府收支分类科目》中“国有资本经营预算收入”科目规定进行明细核算。本科目期末贷方余额反映国有资本经营预算本级收入的累计数。主要账务处理如下：

(1)收到款项时，根据当日预算收入日报表所列国有资本经营预算本级收入数，借记“国库存款”等科目，贷记本科目。

(2)年终转账时，本科目贷方余额全数转入“国有资本经营预算结转结余”科目，借记本科目，贷记“国有资本经营预算结转结余”科目。结转后，本科目无余额。

二、专用基金收入与财政专户管理资金收入的管理与核算

(一)专用基金收入的管理与核算

1. 专用基金收入的管理

专用基金收入是指财政总预算会计管理的各项具有专门用途的资金收入，

如粮食风险基金收入等。

专用基金收入与基金预算收入在管理要求上有相同之处：它们都需要"专款专用"，不能随意改变用途，做到"先收后支、量入为出"。不同之处：基金预算收入是财政部门按规定收取的纳入预算管理的资金收入，而专用基金收入是财政部门按规定设置或取得的在基金预算收入之外单独管理的资金收入。此外，基金预算收入一般需要缴入国库，而专用基金收入一般要求开立专户。

2. 专用基金收入的核算

为核算政府专用基金收入业务，总会计设置"专用基金收入"总账科目。本科目年终结账后无余额。主要账务处理如下：

(1)通过预算支出安排取得专用基金收入转入财政专户的，借记"其他财政存款"科目，贷记本科目；同时，借记"一般公共预算本级支出"等科目，贷记"国库存款""补助收入"等科目。退回专用基金收入时，借记本科目，贷记"其他财政存款"科目。

(2)通过预算支出安排取得专用基金收入仍存在国库的，借记"一般公共预算本级支出"等科目，贷记"专用基金收入"科目。

(3)年终转账时，本科目贷方余额全数转入"专用基金结余"科目，借记本科目，贷记"专用基金结余"科目。结转后，本科目无余额。

【例 3-23】 某市财政局收到省财政拨入的粮食风险基金 300 000 元。应编制如下会计分录：

借：其他财政存款　　300 000

　贷：专用基金收入　　300 000

【例 3-24】 年末，某市财政局将本年"专用基金收入"贷方余额11 000 000 元转入"专用基金结余"科目。应编制如下会计分录：

借：专用基金收入　　11 000 000

　贷：专用基金结余　　11 000 000

(二)财政专户管理资金收入的管理与核算

财政专户管理资金收入是指未纳入预算并实行财政专户管理的资金收入，目前主要是各种教育收费收入。教育部门收取的各种教育收费属于教育行政事业性收费收入，相应款项缴入财政专户，实行财政专户管理。

为核算政府财政专户管理资金收入业务，总会计应设置"财政专户管理资金收入"总账科目，并应当按照《政府收支分类科目》规定进行明细核算，还应根据管理需要，按部门(单位)等进行明细核算。本科目贷方余额反映财政专户管理资金收入的累计数。主要账务处理如下：

(1)收到财政专户管理资金时，借记"其他财政存款"科目，贷记本科目。

(2)年终转账时，本科目贷方余额全数转入"财政专户管理资金结余"科目，借记本科目，贷记"财政专户管理资金结余"科目。结转后，本科目无余额。

【例 3-25】 某市财政局收到财政专户管理的资金收入共计 300 000 元。其中，由教育部门收取的学费 200 000 元，住宿费 100 000 元。应编制如下会计分录：

借：其他财政存款	300 000	
贷：财政专户管理资金收入		300 000

三、转移性收入的管理与核算

转移性收入是指根据财政体制规定，在上下级财政之间纵向资金转移，以及在本级财政不同预算资金之间横向调剂所形成的收入。具体包括补助收入、上解收入、调入资金、地区间援助收入等。

(一)补助收入的管理与核算

补助收入是指上级财政按财政管理体制规定或因专项需要转移支付补助给本级财政而形成的收入。按具体内容可分为体制补助收入和专项补助收入。下级财政的"补助收入"合计数应与上级财政的"补助支出"数额相等。

为核算本级政府补助收入业务，总会计应设置"补助收入"总账科目。本科目期末贷方余额表示上级补助收入的累计数。主要账务处理如下：

(1)收到上级政府财政拨入的补助款时，借记"国库存款""其他财政存款"等科目，贷记本科目。

(2)专项转移支付资金实行特设专户管理的，政府财政应当根据上级政府财政下达的预算文件确认补助收入。年度当中收到资金时，借记"其他财政存款"科目，贷记"与上级往来"等科目；年度终了，根据专项转移支付资金预算文件，借记"与上级往来"科目，贷记本科目。

(3)从"与上级往来"科目转入本科目时，借记"与上级往来"科目，贷记本科目。

(4)有主权外债业务的财政部门，贷款资金由本级政府财政同级部门(单位)使用，且贷款的最终还款责任由上级政府财政承担的，本级政府财政部门收到贷款资金时，借记“其他财政存款”科目，贷记本科目；外方将贷款资金直接支付给供应商或用款单位时，借记“一般公共预算本级支出”，贷记本科目。

(5)年终与上级政府财政结算时，根据预算文件，按照尚未收到的补助款金额，借记“与上级往来”科目，贷记本科目。退还或核减补助收入时，借记本科目，贷记“国库存款”“与上级往来”等科目。

(6)年终转账时，本科目贷方余额应根据不同资金性质分别转入对应的结转结余科目，借记本科目，贷记“一般公共预算结转结余”“政府性基金预算结转结余”等科目。结转后，本科目无余额。

【例3-26】 某市财政局收到上级拨入的一般预算补助款500 000元。应编制如下会计分录：

借：国库存款	500 000	
贷：补助收入		500 000

【例3-27】 某市财政局年终将“补助收入”科目的贷方余额720 000元(其中，一般预算补助500 000元，基金预算补助220 000元)进行结转。应编制如下会计分录：

借：补助收入——一般公共预算补助收入	500 000	
——政府性基金预算补助收入	220 000	
贷：一般公共预算结转结余		500 000
政府性基金预算结转结余		220 000

(二)上解收入的管理与核算

上解收入是指按财政体制规定由下级财政上交给本级财政的收入。按其具体内容可分为体制上解收入和专项上解收入。本级财政的“上解收入”应与所属下级财政的“上解支出”之和相等。

为核算本级政府上解收入业务，总会计设置“上解收入”总账科目。本科目贷方余额反映下级上解收入的累计数。主要账务处理如下：

(1)收到下级政府财政的上解款时，借记“国库存款”等科目，贷记本科目。

(2)年终与下级政府财政结算时，根据预算文件，按照尚未收到的上解款金额，借记“与下级往来”科目，贷记本科目。退还或核减上解收入时，借记本科目，贷记“国库存款”“与下级往来”等科目。

(3)年终转账时，本科目贷方余额应根据不同资金性质分别转入对应的结转结余科目，借记本科目，贷记“一般公共预算结转结余”“政府性基金预算结转结余”等科目。结转后，本科目无余额。

【例 3-28】 某市财政局收到国库报来的“预算收入日报表”。其中，一般预算上解收入合计 600 000 元，具体为：所属甲县上解收入 300 000 元，所属乙县上解收入 300 000 元。应编制如下会计分录：

借：国库存款——一般预算存款　　600 000

　贷：上解收入——一般公共预算上解收入——甲县　　300 000

　　　　　　——一般公共预算上解收入——乙县　　300 000

(三)调入资金的管理与核算

调入资金是指为平衡一般预算收支，从基金预算收入、国有资本经营收入中以及按规定从其他渠道调入的资金。

为核算本级政府调入资金业务，总会计应设置“调入资金”总账科目，并按照不同资金性质设置“一般公共预算调入资金”“政府性基金预算调入资金”等明细科目。本科目贷方余额反映调入资金的累计数，年终结账后无余额。主要账务处理如下：

(1)从其他类型预算资金及其他渠道调入一般公共预算时，按照调入的资金金额，借记“调出资金——政府性基金预算调出资金”“调出资金——国有资本经营预算调出资金”“国库存款”等科目，贷记本科目(一般公共预算调入资金)。

(2)从其他类型预算资金及其他渠道调入政府性基金预算时，按照调入的资金金额，借记“调出资金——一般公共预算调出资金”“国库存款”等科目，贷记本科目(政府性基金预算调入资金)。

(3)年终转账时，本科目贷方余额分别转入相应的结转结余科目，借记本科目，贷记“一般公共预算结转结余”“政府性基金预算结转结余”等科目。结转后，本科目无余额。

【例 3-29】 年终，市财政局将“调入资金——一般公共预算调入资金”科目余额 1 600 000 元转入“预算结余”科目。应编制如下会计分录：

借：调入资金——一般公共预算调入资金　　1 600 000

　贷：一般公共预算结转结余　　1 600 000

(四)地区间援助收入的管理与核算

地区间援助收入是指受援方政府财政收到援助方政府财政转来的可统筹使用的各类援助、捐赠等资金收入。

为核算本级政府收到的地区间援助资金,总会计应设置"地区间援助收入"科目,并应按援助地区进行明细核算。本科目贷方余额反映地区间援助收入累计数,年终本科目结转后无余额。主要账务处理如下:

(1)收到援助方政府财政转来的资金时,借记"国库存款"科目,贷记本科目。

(2)年终转账时,本科目贷方余额全数转入"一般公共预算结转结余"科目,借记本科目,贷记"一般公共预算结转结余"科目。

四、债务收入及债务转贷收入的管理与核算

(一)债务收入的管理与核算

债务收入是指政府财政按规定以发行债券等方式取得的,以及向外国政府、国际金融组织等机构借款取得的纳入预算管理的债务收入。

为核算政府财政依法取得并纳入预算管理的债务收入业务,总会计应设置"债务收入"总账科目,并应当按照《政府收支分类科目》中"债务收入"科目规定进行明细核算。本科目平时贷方余额反映债务收入的累计数,年终本科目结转后无余额。主要账务处理如下:

(1)省级以上政府财政收到政府债券发行收入时,按照实际收到的金额,借记"国库存款"科目,按照政府债券实际发行额,贷记本科目,按照发行收入和发行额的差额,借记或贷记有关支出科目;根据债务管理部门转来的债券发行确认文件等相关资料,按照到期应付的政府债券本金金额,借记"待偿债净资产——应付短期政府债券/应付长期政府债券"科目,贷记"应付短期政府债券""应付长期政府债券"等科目。

(2)政府财政向外国政府、国际金融组织等机构借款时,按照借入的金额,借记"国库存款""其他财政存款"等科目,贷记本科目;根据债务管理部门转来的相关资料,按照实际承担的债务金额,借记"待偿债净资产——借入款项"科目,贷记"借入款项"科目。

(3)本级政府财政借入主权外债,且由外方将贷款资金直接支付给用款单位或供应商时,应根据以下情况分别处理:

① 本级政府财政承担还款责任,贷款资金由本级政府财政同级部门(单位)使用的,本级政府财政根据贷款资金支付相关资料,借记"一般公共预算本级支

出”科目，贷记本科目；根据债务管理部门转来的相关资料，按照实际承担的债务金额，借记“待偿债净资产——借入款项”科目，贷记“借入款项”科目。

② 本级政府财政承担还款责任，贷款资金由下级政府财政同级部门（单位）使用的，本级政府财政根据贷款资金支付相关资料及预算指标文件，借记“补助支出”科目，贷记本科目；根据债务管理部门转来的相关资料，按照实际承担的债务金额，借记“待偿债净资产——借入款项”科目，贷记“借入款项”科目。

③ 下级政府财政承担还款责任，贷款资金由下级政府财政同级部门（单位）使用的，本级政府财政根据贷款资金支付相关资料，借记“债务转贷支出”科目，贷记本科目；根据债务管理部门转来的相关资料，按照实际承担的债务金额，借记“待偿债净资产——借入款项”科目，贷记“借入款项”科目；同时，借记“应收主权外债转贷款”科目，贷记“资产基金—应收主权外债转贷款”科目。

(4)年终转账时，本科目下“专项债务收入”明细科目的贷方余额应按照对应的政府性基金种类分别转入“政府性基金预算结转结余”相应明细科目，借记本科目（专项债务收入明细科目），贷记“政府性基金预算结转结余”科目；本科目下其他明细科目的贷方余额全数转入“一般公共预算结转结余”科目，借记本科目（其他明细科目），贷记“一般公共预算结转结余”科目。

（二）债务转贷收入的管理与核算

债务转贷收入是指省级以下（不含省级）政府财政收到上级政府财政转贷的债务收入。

为核算本级政府收到的债务转贷收入业务，总会计应设置“债务转贷收入”总账科目，并应当设置“地方政府一般债务转贷收入”“地方政府专项债务转贷收入”明细科目。本科目平时贷方余额反映债务转贷收入的累计数。主要账务处理如下。

(1)省级以下（不含省级）政府财政收到债务转贷收入时，按照实际收到的金额，借记“国库存款”科目，贷记本科目；根据债务管理部门转来的相关资料，按照到期应偿还的转贷款本金金额，借记“待偿债净资产——应付地方政府债券转贷款”科目，贷记“应付地方政府债券转贷款”科目。

(2)省级以下（不含省级）政府财政收到主权外债转贷收入的具体账务处理如下：

① 本级财政收到主权外债转贷资金时，借记“其他财政存款”科目，贷记本科目；根据债务管理部门转来的相关资料，按照实际承担的债务金额，借记“待偿债净资产——应付主权外债转贷款”科目，贷记“应付主权外债转贷款”科目。

② 从上级政府财政借入主权外债转贷款，且由外方将贷款资金直接支付给用款单位或供应商时，应根据以下情况分别处理：

a. 本级政府财政承担还款责任，贷款资金由本级政府财政同级部门（单位）使用的，本级政府财政根据贷款资金支付相关资料，借记“一般公共预算本级支出”科目，贷记本科目；根据债务管理部门转来的相关资料，按照实际承担的债务金额，借记“待偿债净资产——应付主权外债转贷款”科目，贷记“应付主权外债转贷款”科目。

b. 本级政府财政承担还款责任，贷款资金由下级政府财政同级部门（单位）使用的，本级政府财政根据贷款资金支付相关资料及预算文件，借记“补助支出”科目，贷记本科目；根据债务管理部门转来的相关资料，按照实际承担的债务金额，借记“待偿债净资产——应付主权外债转贷款”科目，贷记“应付主权外债转贷款”科目。

c. 下级政府财政承担还款责任，贷款资金由下级政府财政同级部门（单位）使用的，本级政府财政根据转贷资金支付相关资料，借记“债务转贷支出”科目，贷记本科目；根据债务管理部门转来的相关资料，按照实际承担的债务金额，借记“待偿债净资产——应付主权外债转贷款”科目，贷记“应付主权外债转贷款”科目；同时，借记“应收主权外债转贷款”科目，贷记“资产基金——应收主权外债转贷款”科目。下级政府财政根据贷款资金支付相关资料，借记“一般公共预算本级支出”科目，贷记本科目；根据债务管理部门转来的相关资料，按照实际承担的债务金额，借记“待偿债净资产——应付主权外债转贷款”科目，贷记“应付主权外债转贷款”科目。

（3）年终转账时，本科目下“地方政府一般债务转贷收入”明细科目的贷方余额全数转入“一般公共预算结转结余”科目，借记本科目，贷记“一般公共预算结转结余”科目。本科目下“地方政府专项债务转贷收入”明细科目的贷方余额按照对应的政府性基金种类分别转入“政府性基金预算结转结余”相应明细科目，借记本科目，贷记“政府性基金预算结转结余”科目。结转后，本科目无余额。

五、动用预算稳定调节基金的管理与核算

动用预算稳定调节基金是指政府财政为弥补本年度预算资金的不足而调用的预算稳定调节基金。

为核算本级政府预算稳定调节基金业务，总会计应设置“动用预算稳定调节基金”总账科目，本科目贷方余额反映动用预算稳定调节基金的累计数。主

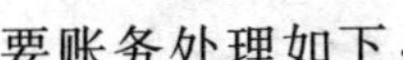

要账务处理如下：

(1)使用超收收入或一般公共预算结余补充预算稳定调节基金时，借记“安排预算稳定调节基金”科目，贷记本科目。

(2)将预算周转金调入预算稳定调节基金时，借记“预算周转金”科目，贷记本科目。

(3)调用预算稳定调节基金时，借记本科目，贷记“动用预算稳定调节基金”科目。

【例 3-30】 年终，市财政局一般公共预算收入短收 9 700 000 元，动用 9 700 000 元预算稳定调节基金弥补财政赤字；年终结账时全额转入“一般公共预算结转结余”科目。应编制如下会计分录：

借：预算稳定调节基金　　9 700 000

　贷：动用预算稳定调节基金　　9 700 000

借：动用预算稳定调节基金　　9 700 000

　贷：一般公共预算结转结余　　9 700 000

第四节　财政总预算会计支出的管理与核算

财政总预算会计支出是一级政府为实现其职能，对取得的财政资金进行分配和使用。财政总预算会计核算的支出包括一般公共预算本级支出、政府性基金预算本级支出、国有资本经营预算本级支出、财政专户管理资金支出、专用基金支出以及补助支出、上解支出、地区间援助支出、调出资金等。其中，补助支出、上解支出、地区间援助支出、调出资金等称为转移性支出。此外，债务还本支出和债务转贷支出等虽然具有债权债务性质，但应作为一级政府安排的预算支出来进行核算。

为保证预算顺利执行，财政预算支出应严格遵照《中华人民共和国预算法》进行。各级财政部门的预算支付，必须控制在年度预算和季度用款计划范围内，不得办理无预算、无计划、超预算、超计划的支付。

一、全口径政府预算本级支出的管理与核算

全口径政府预算本级支出主要包括一般公共预算本级支出、政府性资金预算支出、国有资本经营预算支出等。

按照《政府收支分类科目》规定，一般公共预算本级支出主要包括一般公共服务支出，外交支出，国防与公共安全支出，科、教、文、卫支出，医疗、社保和就业支出，节能环保和交通运输支出等；政府性基金预算本级支出主要包括教育附加及基金支出、残疾人事业支出、政府住房基金支出、政府性基金转移支付支出等；国有资本经营预算支出主要包括国有经济结构调整支出、国有企业重点项目支出、产业升级与发展支出等。

(一)一般公共预算本级支出的管理与核算

1. 一般公共预算本级支出的管理

一般公共预算本级支出是指一级政府通过法定的预算程序对集中的一般预算收入有计划地进行分配和使用而发生的各项支出，是各级政府最重要的财政资金支出。其管理有如下具体要求：

(1)严格执行《中华人民共和国预算法》，办理财政支出必须以预算为准，总会计不得列报无预算、超预算的支出。

(2)认真审核各预算单位“季度分月用款计划”及分“款”“项”填制的“预算经费请拨单”，并根据库款余存情况按时向用款单位支付。

(3)应根据预算管理要求和支付的实际情况，分“类”“款”“项”核算，列报当期预算支出。对于未拨付的经费，原则上不得列报当年支出。

(4)应按计划控制用款，不得随意改变资金用途。总会计和行政事业单位会计都不得任意调整预算支出科目。

2. 一般公共预算本级支出的核算

为核算本级政府列入一般公共预算的支出，总会计应设置“一般公共预算本级支出”总账科目，并根据《政府收支分类科目》中支出功能分类科目设置明细科目。本科目借方余额反映一般公共预算本级支出的累计数。主要账务处理如下：

(1)实际发生一般公共预算本级支出时，借记本科目，贷记“国库存款”“其他财政存款”等科目。

(2)年度终了，对纳入国库集中支付管理的、当年未支而需结转下一年度支付的款项(国库集中支付结余)，采用权责发生制确认支出时，借记本科目，贷记“应付国库集中支付结余”科目。

(3)年终转账时，本科目借方余额应全数转入“一般公共预算结转结余”科目，借记“一般公共预算结转结余”科目，贷记本科目。结转后，本科目无余额。

【例 3-31】 某市财政局收到国库支付中心报来的“预算支出日报表”，列示当日拨付一般预算资金 420 000 元。应编制如下会计分录：

借：一般公共预算本级支出　　420 000

　贷：国库存款　　420 000

【例 3-32】 某市财政局支付中小学教育支出 100 000 元。应编制如下会计分录：

借：一般公共预算本级支出　　100 000

　贷：国库存款　　100 000

【例 3-33】 年终，某市财政局汇总全年预算支出 700 000 000 元，转入“一般公共预算结转结余”科目。应编制如下会计分录：

借：一般公共预算结转结余　　700 000000

　贷：一般公共预算本级支出　　700 000000

(二)政府性基金预算本级支出的管理与核算

政府性基金预算本级支出是指用政府性基金预算收入安排的支出。

为核算本级政府列入政府性基金预算的支出，总会计应设置“政府性基金预算本级支出”总账科目，并按照《政府收支分类科目》中支出功能分类科目设置明细科目。本科目借方余额反映当期政府性基金预算本级支出的累计数，年末结转后无余额。主要账务处理如下：

(1)实际发生政府性基金预算本级支出时，借记本科目，贷记“国库存款”科目。

(2)年度终了，对纳入国库集中支付管理的、当年未支付而需结转下一年度支付的款项(国库集中支付结余)，采用权责发生制确认支出时，借记本科目，贷记“应付国库集中支付结余”科目。

(3)年终转账时，本科目借方余额应全数转入“政府性基金预算结转结余”科目，借记“政府性基金预算结转结余”科目，贷记本科目。结转后，本科目无余额。

【例 3-34】 某市财政局支付教育发展基金支出 2 000 000 元。应编制如下会计分录：

借：政府性基金预算本级支出　　2 000 000

　贷：国库存款　　2000 000

(三)国有资本经营预算本级支出的管理与核算

国有资本经营预算本级支出是指用国有资本经营预算收入安排的支出。国有资本经营预算单独编制，预算支出按照当年预算收入规模安排，不列赤字。

为核算本级政府列入国有资本经营预算的支出，总会计应设置"国有资本经营预算本级支出"总账科目，并按照《政府收支分类科目》中支出功能分类科目设置明细科目。本科目借方余额反映国有资本经营预算本级支出的累计数。主要账务处理如下：

(1)实际发生国有资本经营预算本级支出时，借记本科目，贷记"国库存款"科目。

(2)年度终了，对纳入国库集中支付管理的、当年未支付而需结转下一年度支付的款项(国库集中支付结余)，采用权责发生制确认支出时，借记本科目，贷记"应付国库集中支付结余"科目。

(3)年终转账时，本科目借方余额应全数转入"国有资本经营预算结转结余"科目，借记"国有资本经营预算结转结余"科目，贷记本科目。结转后，本科目无余额。

二、专用基金支出与财政专户管理资金支出的管理与核算

(一)专用基金支出的管理与核算

专用基金支出是指用专用基金收入安排的支出。目前主要是粮食风险基金支出。专用基金是财政部门按规定设置和取得的单独管理的资金，一般要求实行专户管理。专用基金的拨付应做到先收后支、量入为出，按规定用途拨付。

为核算专用基金支出业务，总会计应设置"专用基金支出"总账科目。本科目借方余额反映专用基金支出累计数。主要账务处理如下：

(1)发生专用基金支出时，借记本科目，贷记"其他财政存款"等有关科目。退回专用基金支出时，做相反的会计分录。

(2)年终转账时，本科目借方余额全数转入"专用基金结余"科目，借记"专用基金结余"科目，贷记本科目。结转后，本科目无余额。

【例 3-35】 某市财政局将存在农业银行的粮食风险基金 1 100 000 元拨付给市粮食部门用于秋粮收购。应编制如下会计分录：

借：专用基金支出——粮食风险基金　　1 100 000

　贷：其他财政存款——专用基金存款　　1 100 000

【例 3-36】 市财政局年末将“专用基金支出——粮食风险基金”科目借方余额 1 100 000 元转入“专用基金结余”科目。应编制如下会计分录：

借：专用基金结余——粮食风险基金　　1 100 000

　贷：专用基金支出——粮食风险基金　　1 100 000

(二)财政专户管理资金支出的管理与核算

财政专户管理资金支出是指用未纳入预算并实行财政专户管理的资金而安排的支出，目前主要是各种教育收费安排的支出。

为核算财政专户管理资金支出业务，总会计应设置“财政专户管理资金支出”总账科目，并按照《政府收支分类科目》中支出功能分类科目设置相应明细科目。本科目借方余额反映财政专户管理资金支出的累计数。主要账务处理如下：

(1)发生财政专户管理资金支出时，借记本科目，贷记“其他财政存款”等有关科目。

(2)年终转账时，本科目借方余额全数转入“财政专户管理资金结余”科目，借记“财政专户管理资金结余”科目，贷记本科目。结转后，本科目无余额。

【例 3-37】 某市财政局通过财政专户向某教育单位拨付教育收费共计 1 000 000 元。应编制如下会计分录：

借：财政专户管理资金支出　　1 000 000

　贷：其他财政存款　　1 000 000

【例 3-38】 年末，市财政局将“财政专户管理资金支出”科目借方余额 1 000 000 元转入“专用基金结余”科目。应编制如下会计分录：

借：财政专户管理资金结余　　1 000 000

　贷：财政专户管理资金支出　　1 000 000

三、转移性支出的管理与核算

转移性支出是指根据财政管理体制规定在各级财政间进行资金调拨以及在本级财政各项资金间进行调剂所形成的支出，包括补助支出、上解支出、调出资金、地区间援助支出等。

(一)补助支出的管理与核算

补助支出是指本级财政按财政管理体制规定或因专项需要补助给下级财

政的款项，包括税收返还支出、体制补助支出、专项补助支出等。上级财政的“补助支出”与下级财政的“补助收入”数额应相等。

为核算补助支出业务，总会计应设置“补助支出”总账科目，并按照不同资金性质设置“一般公共预算补助支出”“政府性基金预算补助支出”等明细科目。本科目借方余额反映补助支出的累计数。主要账务处理如下：

(1)发生补助支出或从“与下级往来”科目转入时，借记本科目，贷记“国库存款”“其他财政存款”“与下级往来”等科目。

(2)专项转移支付资金实行特设专户管理的，本级政府财政应当根据本级政府财政下达的预算文件确认补助支出，借记本科目，贷记“国库存款”“与下级往来”等科目。

(3)有主权外债业务的财政部门，贷款资金由下级政府财政同级部门(单位)使用，且贷款最终还款责任由本级政府财政承担的，本级政府财政部门支付贷款资金时，借记本科目，贷记“其他财政存款”科目；外方将贷款资金直接支付给用款单位或供应商时，借记本科目，贷记“债务收入”“债务转贷收入”等科目；根据债务管理部门转来的相关外债转贷管理资料，按照实际支付的金额，借记“待偿债净资产”科目，贷记“借入款项”“应付主权外债转贷款”等科目。

(4)年终与下级政府财政结算时，按照尚未拨付的补助金额，借记本科目，贷记“与下级往来”科目。退还或核减补助支出时，借记“国库存款”“与下级往来”等科目，贷记本科目。

(5)年终转账时，本科目借方余额应根据不同资金性质分别转入对应的结转结余科目，借记“一般公共预算结转结余”“政府性基金预算结转结余”等科目，贷记本科目。结转后，本科目无余额。

【例 3-39】 某市财政局向所属某县拨付贫困专项补助 100 000 元。应编制如下会计分录：

借：补助支出	100 000	
贷：国库存款		100 000

【例 3-40】 某市财政局将原借给某县的临时性财政资金 400 000 元转作对该县的一般公共预算补助支出。应编制如下会计分录：

借：补助支出	400 000	
贷：与下级往来——某县		400 000

【例 3-41】 年终，某市财政局将补助支出进行结转，其中“一般公共预算补助支出”借方余额 45 880 000 元，“政府性基金预算补助支出”借方余额 22 600 000 元。应编制如下会计分录：

借:一般公共预算结转结余 45 880 000
　贷:补助支出——一般公共预算补助支出 45 880 000
借:政府性基金预算结转结余 22 600 000
　贷:补助支出——政府性基金预算补助支出 22 600 000

(二)上解支出的管理与核算

上解支出是指按财政管理体制规定由本级财政上缴给上级财政的款项。本级财政“上解支出”与上级财政“上解收入”的数额应相等。

为核算上解支出业务,总会计应设置“上解支出”总账科目,并按照不同资金性质设置“一般公共预算上解支出”“政府性基金预算上解支出”等明细科目。本科目借方余额反映上解支出的累计数。主要账务处理如下:

(1)发生上解支出时,借记本科目,贷记“国库存款”“与上级往来”等科目。

(2)年终与上级政府财政结算时,按照尚未支付的上解金额,借记本科目,贷记“与上级往来”科目。退还或核减上解支出时,借记“国库存款”“与上级往来”等科目,贷记本科目。

(3)年终转账时,本科目借方余额应根据不同资金性质分别转入对应的结转结余科目,借记“一般公共预算结转结余”“政府性基金预算结转结余”等科目,贷记本科目。结转后,本科目无余额。

【例 3-42】 某市财政局按财政管理体制规定,上解省财政一般公共预算款项 4 500 000 元。应编制如下会计分录:

借:上解支出——一般公共预算上解支出 4 500 000
　贷:国库存款——一般预算存款 4 500 000

【例 3-43】 按体制结算,某县财政局应补解给上级财政一般公共预算上解款 220 000 元,因库款不足,暂作往来处理。应编制如下会计分录:

借:上解支出 220 000
　贷:与上级往来 220 000

【例 3-44】 年终,某市财政局将“上解支出——一般公共预算上解支出”借方余额 3 000 000 元进行年终转账。应编制如下会计分录:

借:一般公共预算结转结余 3 000 000
　贷:上解支出 3 000 000

(三)调出资金的管理与核算

调出资金是指各级财政部门从基金预算结余以及按规定从其他渠道调出,用于平衡一般预算收支的资金。

为核算调出资金业务,总会计应设置"调出资金"总账科目,并应设置"一般公共预算调出资金""政府性基金预算调出资金"和"国有资本经营预算调出资金"等明细科目。本科目借方余额反映调出资金的累计数。主要账务处理如下:

(1)一般公共预算调出资金时,按照调出的金额,借记本科目(一般公共预算调出资金),贷记"调入资金"相关明细科目。

(2)从政府性基金预算调出资金时,按照调出的金额,借记本科目(政府性基金预算调出资金),贷记"调入资金"相关明细科目。

(3)从国有资本经营预算调出资金时,按照调出的金额,借记本科目(国有资本经营预算调出资金),贷记"调入资金"相关明细科目。

(4)年终转账时,本科目借方余额分别转入相应的结转结余科目,借记"一般公共预算结转结余""政府性基金预算结转结余"和"国有资本经营预算结转结余"等科目,贷记本科目。结转后,本科目无余额。

【例 3-45】 年终,市财政局将"调出资金——政府性基金预算调出资金"借方余额 580 000 元转入"政府性基金预算结转结余"。应编制如下会计分录:

借:政府性基金预算结转结余　　580 000

　贷:调出资金——政府性基金预算调出资金　　580 000

(四)地区间援助支出的管理与核算

地区间援助支出是指援助方政府财政安排用于受援方政府财政统筹使用的各类援助、捐赠等资金支出。

为核算本级政府安排用于地区间援助的资金支出,总会计应设置"地区间援助支出"总账科目。本科目借方余额反映地区间援助支出的累计数。主要账务处理如下:

(1)发生地区间援助支出时,借记本科目,贷记"国库存款"科目;

(2)年终转账时,本科目借方余额转入"一般公共预算结转结余"科目,借记"一般公共预算结转结余"科目,贷记本科目。结转后本科目无余额。

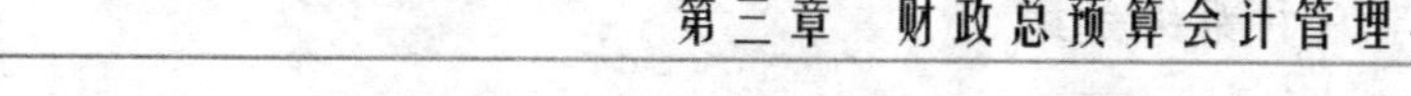

四、债务还本支出及债务转贷支出的管理与核算

(一)债务还本支出的管理与核算

债务还本支出是指政府财政偿还本级政府承担的债务本金支出。

为核算本级政府承担的纳入预算管理的债务本金,总会计应设置"债务还本支出"总账科目,并根据《政府收支分类科目》中"债务还本支出"有关规定设置明细科目。本科目借方余额反映本级政府财政债务还本支出的累计数。主要账务处理如下:

(1)偿还本级政府财政承担的政府债券、主权外债等纳入预算管理的债务本金时,借记本科目,贷记"国库存款""其他财政存款"等科目;根据债务管理部门转来的相关资料,按照实际偿还的本金金额,借记"应付短期政府债券""应付长期政府债券""借入款项""应付地方政府债券转贷款""应付主权外债转贷款"等科目,贷记"待偿债净资产"科目。

(2)偿还截至年终本级政府财政承担的存量债务本金时,借记本科目,贷记"国库存款""其他财政存款"等科目。

(3)年终转账时,本科目下"专项债务还本支出"明细科目的借方余额应按照对应的政府性基金种类分别转入"政府性基金预算结转结余"相应明细科目,借记"政府性基金预算结转结余"科目,贷记本科目("专项债务还本支出")。本科目下其他明细科目的借方余额全数转入"一般公共预算结转结余"科目,借记"一般公共预算结转结余"科目,贷记本科目(其他明细科目)。结转后,本科目无余额。

(二)债务转贷支出的管理与核算

债务转贷支出是指本级政府财政向下级政府财政转贷的债务支出。

为核算本级政府向下级政府转贷的债务支出,总会计设置"债务转贷支出"总账科目,并设置"地方政府一般债务转贷支出""地方政府专项债务转贷支出"明细科目。本科目平时借方余额反映债务转贷支出的累计数。主要账务处理如下:

(1)本级政府财政向下级政府财政转贷地方政府债券资金时,借记本科目,贷记"国库存款"科目;根据债务管理部门转来的相关资料,按照到期应收回的转贷款本金金额,借记"应收地方政府债券转贷款"科目,贷记"资产基金——应收地方政府债券转贷款"科目。

(2)本级政府财政向下级政府财政转贷主权外债资金,且主权外债最终还款责任由下级政府财政承担的,相关账务处理如下:

① 本级政府财政支付转贷资金时,根据转贷资金支付相关资料,借记“债务转贷支出”科目,贷记“其他财政存款”科目;根据债务管理部门转来的相关资料,按照实际持有的债权金额,借记“应收主权外债转贷款”科目,贷记“资产基金——应收主权外债转贷款”科目。

② 外方将贷款资金直接支付给用款单位或供应商时,本级政府财政根据转贷资金支付相关资料,借记本科目,贷记“债务收入”“债务转贷收入”科目;根据债务管理部门转来的相关资料,按照实际持有的债权金额,借记“应收主权外债转贷款”科目,贷记“资产基金——应收主权外债转贷款”科目;同时,借记“待偿债净资产”科目,贷记“借入款项”“应付主权外债转贷款”等科目。

③ 年终转账时,本科目下“地方政府一般债务转贷支出”明细科目的借方余额全数转入“一般公共预算结转结余”科目,借记“一般公共预算结转结余”科目,贷记“债务转贷支出(地方政府一般债务转贷支出)”科目。本科目下“地方政府专项债务转贷支出”明细科目的借方余额全数转入“政府性基金预算结转结余”科目,借记“政府性基金预算结转结余”科目,贷记“债务转贷支出(地方政府专项债务转贷支出)”科目。结转后,本科目无余额。

五、安排预算稳定调节基金的核算

为核算政府财政按照有关规定安排的预算稳定调节基金,总会计应设置“安排预算稳定调节基金”总账科目。本科目借方余额反映安排预算稳定调节基金的累计数。主要账务处理如下:

(1)补充预算稳定调节基金时,借记本科目,贷记“预算稳定调节基金”科目。

(2)年终转账时,本科目借方余额全数转入“一般公共预算结转结余”科目,借记“一般公共预算结转结余”科目,贷记本科目;结转后,本科目无余额。

第五节　财政总预算会计净资产的管理与核算

财政总预算会计净资产是指资产减去负债的差额,是各级政府所掌管的资产净值。财政总预算会计所核算的净资产包括各项结(转)余、预算周转金、预算稳定调节基金、资产基金、待偿债净资产等。

值得注意的是,为实现政府公共管理与服务职能,政府财政部门组织财政收入是为了安排财政支出的需要,而不是作为各项财政结余存储起来。

一、各项结转与结余的管理与核算

(一)各项结转与结余的管理

各项结转与结余是收入减去支出后的差额。它是各级财政执行政府预算的结果,是下年度可以结转使用或重新安排使用的资金,包括一般公共预算结转结余、政府性基金预算结转结余、国有资本经营预算结转结余、财政专户管理资金结余和专用基金预算结余等。

各项资金结转与结余的计算过程

各项结转与结余的管理要求如下:

(1)各项结转与结余每年年终结算一次,平时不结算。当年结转与结余加上年年末滚存结转与结余为本年年末滚存结(转)余。

(2)各项结转与结余应分别核算,分别结转,不得混淆。

(二)各项结转与结余的核算

1.一般公共预算结转结余的核算

一般公共预算结转结余是各级财政执行政府一般公共预算本级收支的结果。

为核算一般公共预算执行结果,总会计设置"一般公共预算结转结余"总账科目。本科目年终贷方余额反映一般公共预算收支相抵后的滚存结转结余,转入下年主要账务处理如下:

(1)年终转账时,将一般公共预算的有关收入科目贷方余额转入本科目的贷方,借记"一般公共预算本级收入""补助收入——一般公共预算补助收入""上解收入——一般公共预算上解收入""地区间援助收入""调入资金——一般公共预算调入资金""债务收入(一般债务收入)""债务转贷收入(地方政府一般债务转贷收入)""动用预算稳定调节基金"等科目,贷记本科目;将一般公共预算的有关支出科目借方余额转入本科目的借方,借记本科目,贷记"一般公共预算本级支出""上解支出——一般公共预算上解支出""补助支出——一般公共预算补助支出""地区间援助支出""调出资金——一般公共预算调出资金""安排预算稳定调节基金""债务转贷支出(地方政府一般债务转贷支出)""债务还本支出(一般债务还本支出)"等科目。

(2)设置和补充预算周转金时,借记本科目,贷记"预算周转金"科目。

【例 3-46】 某市财政局 2015 年 12 月 31 日进行年终转账时，一般公共预算本级各项收入和支出的科目余额如表 3-1 所示。

表 3-1 科目余额表

科目	余额/元	方向(借或贷)
一般公共预算本级收入	325 000 000	贷
补助收入——一般公共预算补助	6 200 000	贷
上解收入——一般公共预算上解	5 100 000	贷
调入资金——一般公共预算调入资金	900 000	贷
一般公共预算本级支出	325 500 000	借
补助支出——一般公共预算补助	7 150 000	借
上解支出——一般公共预算上解	4 080 000	借

市财政总预算会计根据以上资料做如下会计分录：

(1)将收入类科目贷方余额转入"一般公共预算结转结余"科目。

借：一般公共预算本级收入　325 000 000
　　补助收入——一般公共预算补助　6 200 000
　　上解收入——一般公共预算上解　5 100 000
　　调入资金——一般公共预算调入资金　900 000
　贷：一般公共预算结转结余　337 200 000

(2)将支出类科目借方余额转入"一般公共预算结转结余"科目。

借：一般公共预算结转结余　336 730 000
　贷：一般公共预算本级支出　325 500 000
　　　补助支出——一般公共预算补助　7 150 000
　　　上解支出——一般公共预算上解　4 080 000

2. 政府性基金预算结转结余的核算

政府性基金预算结转结余是本级政府财政执行政府性基金预算收支的结果。

为核算政府性基金预算执行结果，总会计应设置"政府性基金预算结转结余"总账科目；本科目年终贷方余额反映本年政府性基金预算滚存结转结余。年终转账时。主要账务处理如下：

(1)将政府性基金预算有关收入科目贷方余额按政府性基金种类分别转入本科目下相应明细科目的贷方，借记"政府性基金预算本级收入""补助收入——政府性基金预算补助收入”“上解收入——政府性基金预算上解收入”“调入资金——政府性基金预算调入资金”“债务收入——专项债务收入”“债务转贷收入——地方政府专项债务转贷收入”等科目,贷记本科目。

(2)将政府性基金预算有关支出科目借方余额按政府性基金种类分别转入本科目下相应明细科目的借方,借记本科目,贷记“政府性基金预算本级支出”“上解支出——政府性基金预算上解支出”“补助支出——政府性基金预算补助支出”“调出资金——政府性基金预算调出资金”“债务还本支出——专项债务还本支出”“债务转贷支出——地方政府专项债务转贷支出”等科目。

3. 国有资本经营预算结转结余的核算

国有资本经营预算结转结余,是指政府财政纳入国有资本经营预算管理的收支相抵形成的结转结余。

为核算国有资本经营预算执行结果,总会计设置“国有资本经营预算结转结余”总账科目。本科目年终贷方余额反映国有资本经营预算收支相抵后的滚存结转结余。年终转账时主要账务处理如下:

(1)将国有资本经营预算有关收入科目贷方余额转入“国有资本经营预算结转结余”,借记“国有资本经营预算本级收入”等科目,贷记“国有资本经营预算结转结余”科目。

(2)将国有资本经营预算有关支出科目借方余额转入“国有资本经营预算结转结余”,借记“国有资本经营预算结转结余”科目,贷记“国有资本经营预算本级支出”“调出资金—国有资本经营预算调出资金”等科目。

4. 专用基金结余的核算

专用基金结余是指专用基金收入与支出相抵后的差额。

为核算专用基金收支执行结果,总会计应设置“专用基金结余”总账科目,并根据专用基金的种类进行明细核算。专用基金结余每年年终结算一次,平时不结算。本科目年终贷方余额反映政府财政管理的专用基金收支相抵后的滚存结余。年终转账时主要账务处理如下:

(1)将“专用基金收入”科目贷方余额转入本科目,借记“专用基金收入”科目,贷记“专用基金结余”科目。

(2)将“专用基金支出”科目借方余额转入本科目,借记“专用基金结余”科目,贷记“专用基金支出”科目。

5. 财政专户管理资金结余的核算

财政专户管理资金结余是指财政专户管理资金收支相抵后的差额。

为核算财政专户管理资金执行结果，总会计应设置“财政专户管理资金结余”总账科目。财政专户管理资金结余每年年终结算一次，平时不结算。本科目年终贷方余额，反映当年财政专户管理资金的滚存结余。主要账务处理如下：

(1)年终结账时，将“财政专户管理资金收入”科目贷方余额转入本科目，借记“财政专户管理资金收入”科目，贷记本科目。

(2)将“财政专户管理资金支出”科目借方余额转入本科目，借记本科目，贷记“财政专户管理资金支出”科目。

二、预算周转金与预算稳定调节基金的管理与核算

(一)预算周转金的管理与核算

预算周转金是指各级财政为调剂预算年度内季节性收支差异，保证按支出预算及时用款而设置的周转资金。

为核算预算周转金业务，需设置“预算周转金”科目，本科目期末贷方余额反映预算周转金的规模。主要账务处理如下：

(1)设置和补充预算周转金时，借记“一般公共预算结转结余”科目，贷记本科目。

(2)将预算周转金调入预算稳定调节基金时，借记本科目，贷记“预算稳定调节基金”科目。

(二)预算稳定调节基金的管理与核算

预算稳定调节基金是各级财政为平衡各预算年度之间预算收支差异，保障各年度预算资金的收支平衡和预算稳定而设置的调节基金。预算稳定调节基金发挥着“以丰补歉，以盈填亏”的蓄水池功能。

为核算政府预算稳定调节基金，总会计应设置“预算稳定调节基金”总账科目，本科目期末贷方余额反映预算稳定调节基金的累计规模。主要账务处理如下：

(1)使用超收收入或一般公共预算结余补充预算稳定调节基金时，借记“安排预算稳定调节基金”科目，贷记“预算稳定调节基金”科目。

(2)将预算周转金调入预算稳定调节基金时，借记“预算周转金”科目，贷记“预算稳定调节基金”科目。

(3)调用预算稳定调节基金时，借记“预算稳定调节基金”科目，贷记“动用预算稳定调节基金”科目。

【例 3-47】 2015 年年末，某市一般公共预算收入超收 3 亿元，全部用于补充预算稳定调节基金，应编制如下会计分录：

借：安排预算稳定调节基金　　300 000 000

　贷：预算稳定调节基金　　300 000 000

三、资产基金与待偿债净资产的管理与核算

(一)资产基金的管理与核算

资产基金是指政府财政持有的债权和股权投资等资产在净资产中占用的金额。

为核算政府的资产基金，总会计应设置“资产基金”总账科目，并应当设置“应收地方政府债券转贷款”“应收主权外债转贷款”“股权投资”“应收股利”等明细科目；本科目期末贷方余额，反映政府财政持有应收地方政府债券转贷款、应收主权外债转贷款、股权投资和应收股利等资产在净资产中占用的金额。主要账务处理参见“股权投资”等科目核算。

(二)待偿债净资产的管理与核算

待偿债净资产是指政府财政因发生应付政府债券、借入款项、应付地方政府债券转贷款、应付主权外债转贷款、其他负债等负债相应需在净资产中冲减的金额。

为了核算政府的待偿债净资产，总会计应设置“待偿债净资产”总账科目，并应设置“应付短期政府债券”“应付长期政府债券”“借入款项”“应付地方政府债券转贷款”“应付主权外债转贷款”“其他负债”等明细科目核算。本科目期末借方余额，反映政府财政承担应付政府债券、借入款项、应付地方政府债券转贷款、应付主权外债转贷款和其他负债等负债而相应需在净资产中冲减的金额。主要账务处理参见“应付长期政府债券”等科目核算。

知识归纳

(1)财政总预算会计核算的资产是一级财政掌管或控制的能以货币计量的经济资源。总会计核算的资产表现形态主要是货币资金和债权两种。

(2)财政总预算会计核算的负债是一级财政所承担的能以货币计量、需以资产偿付的债务。总会计核算的负债按照流动性可分为流动负债和非流动负债。

(3)财政总预算会计核算的收入是国家为实现其职能,根据法令和法规取得的非偿还性资金,它是一级财政的资金来源。它包括公共财政预算收入、政府性资金预算收入、国有资本经营预算收入、专用基金收入、财政专户管理资金收入以及补助收入、上解收入、地区性援助收入、调入资金等。

(4)财政总预算会计核算的支出是政府财政为实现其职能,对资金的使用和分配。它包括一般公共预算本级支出、政府性基金预算本级支出、国有资本经营预算本级支出、财政专户管理资金支出、专用基金支出以及补助支出、上解支出、地区间援助支出、调出资金等。

(5)财政总预算会计核算的净资产是指本级政府财政部门所掌管的财政资产净值,即财政资产减去财政负债的差额,反映了该级政府所拥有的财力。它包括各项结(转)余、预算稳定调节基金、资产基金、待偿债净资产等。

独立思考

(1)预算收入的征收机关有哪些?它们是如何分工的?

(2)专用基金收入的管理和使用原则是什么?与政府性基金预算收入有何不同?

(3)什么是国有资本经营预算收入、财政专户管理资金收入、补助收入、债务转贷收入?如何进行核算?

(4)什么是政府性基金预算支出?与一般公共预算支出相比,政府性基金预算支出有什么特征?

(5)什么是政府采购资金专户?应当怎样开设政府采购资金专户?

(6)什么是预算周转金?为什么要设置预算周转金?预算稳定调节基金的管理有何规定和要求?预算周转金与预算稳定调节基金的区别是什么?

参考文献

[1]　关于印发《财政总预算会计制度》的通知(财库[2015]192号),http://www.mof.gov.cn/mofhome/guokusi/zhengfuxinxi/guizhangzhidu/201510/t20151022_1517735.html.

[2]　政府会计准则——基本准则(中华人民共和国财政部令第78号),http://www.mof.gov.cn/mofhome/tfs/zhengwuxinxi/caizhengbuling/201511/t20151102_1536662.html.

[3]　李荣梅,关辉,尤玉沣.政府与非营利组织会计.3版.大连:东北财经大学出版社,2014.

[4]　赵建勇.政府与非营利组织会计.3版.北京:中国人民大学出版社,2017.

[5]　罗朝辉,牟涛.政府与非营利组织会计.2版.成都:西南财经大学出版社,2016.

[6]　贾明春.政府与事业单位会计.北京:经济科学出版社,2016.

第四章　财政总预算会计报表

【内容提要】

本章主要内容包括财政总预算会计报表。本章教学重点为财政总预算会计报表的概念及特点，教学难点为财政总预算会计报表的编制。

【能力要求】

通过本章的学习，学生应了解财政总预算会计报告体系，熟悉财政总预算会计报表的编制要求和编报程序，掌握财政总预算会计年终清理、年终结算和年终结账等具体账务处理与要求，了解财政总预算会计报表之间的勾稽关系，并能读懂和编制财政总预算会计报表。

第一节　财政总预算会计报表概述

一、财政总预算会计报表的概念

财政总预算会计报表是反映政府财政预算执行结果和财务状况的书面文件，是各级政府和上级财政部门了解情况、掌握政策和指导预算执行工作的重要资料，也是编制下年度预算财务报表的基础。

各级财政总预算会计必须定期编制和汇总总预算财务报表。地方各级财政机关要定期向同级人民政府和上级财政部门报告本地区的预算收支及其他财政性收支执行情况，财政部应定期向国务院、全国人民代表大会报告政府预算及其他财政收支执行情况。对于预算执行中存在的问题，要提出具体意见和建议，充分发挥政府会计在预算管理中的积极作用。

二、财政总预算会计报表的种类

财政总预算会计报表按财务报表的内容范围划分，可分为本级报表和汇总报表;按报送期限划分,可分为旬报、月报和年报;按会计报表的经济用途划分,可分为资产负债表、收入支出表、一般公共预算执行情况表、政府性基金预算执行情况表、国有资本经营预算执行情况表、财政专户管理资金收支情况表、专用基金收支情况表和附注等("七表一注")。本教材仅以资产负债表、收入支出表以及一般公共预算执行情况表的编制为例进行讲解,其他报表的编制可参见二维码链接。

其他报表的编制

三、财政总预算会计报表的编制要求

(1)一般公共预算执行情况表、政府性基金预算执行情况表、国有资本经营预算执行情况表应当按旬、月度和年度编制,财政专户管理资金收支情况表和专用基金收支情况表应当按月度和年度编制,收入支出表按月度和年度编制,资产负债表和附注应当至少按年度编制。旬报、月报的报送期限及编报内容应当根据上级政府财政具体要求和本行政区域预算管理的需要办理。

(2)总会计应当根据本制度编制并提供真实、完整的会计报表,切实做到账表一致,不得估列代编,弄虚作假。

(3)总会计要严格按照统一规定的种类、格式、内容、计算方法和编制口径填制会计报表,以保证全国统一汇总和分析。汇总报表的单位,要把所属单位的报表汇集齐全,防止漏报。

四、财政总预算会计报表的编制程序

会计报表的编制需要经过年终清理、年终结算和年终结账,它是各级财政总预算会计编制年度决算的重要基础工作,也是政府预算管理工作的重要内容。

(一)年终清理

年终清理是指在年度终了时,对全年一般预算收支、基金预算收支、专用基金收支、预算调拨收支、财政周转金收支及其有关的财务活动进行全面的清理和核对工作。主要事项如下:

(1)核对年度预算。年终前,总会计应配合预算管理部门核对本级政府财政全年预算指标,及时办理预算调整和转移支付事项。

(2)清理本年预算收支。凡属本年的收入,都要认真清理,年终前必须缴入国库或指定财政专户。

(3)组织征收机关和国库进行年度对账。

(4)清理核对当年拨款支出。各级总会计对本级各单位的拨款支出应与各单位的拨款收入核对无误。属于应收回的拨款,应及时收回,并按收回数相应冲减预算支出。属于预拨下年度的经费,不得列入当年预算支出。实行国库集中支付制度的,还应做好清理零余额账户用款额度、直接支付和授权支付额度等工作。

(5)清理往来款项。总会计要认真清理其他应收款、其他应付款等各种往来款项,在年度终了前予以收回或归还。应转作收入或支出的各项款项,要及时转入本年有关收支账。

(6)核实股权、债权和债务。总会计对股权投资、借出款项、应收股利、应收地方政府债券转贷款、应收主权外债转贷款、借入款项、应付短期政府债券、应付长期政府债券、应付地方政府债券转贷款、应付主权外债转贷款、其他负债等余额应与相关管理部门进行核对,记录不一致的要及时查明原因,按规定调整账务,做到账实相符,账账相符。

(二)年终结算

年终结算就是财政体制结算,即按照财政管理体制的规定,结清上下级财政总预算之间的转移性收支和往来款项。

各级总会计要在年终清理的基础上进行年终结算。结算程序如下:

(1)根据财政管理体制的规定,计算出全年应补助、应上解和应返还的应得资金数。

(2)将应得资金数与年度预算执行过程中已补助、已上解和已返还的资金数进行比较,确定已得资金数或应上解数。

(3)结合上下级财政往来借垫款项,计算出该级财政全年最后应欠或应补的数额,填制“年终财政决算结算单”,经核对无误后,作为年终财政结算凭证,据以入账。

(三)年终结账

总会计经过年终清理和结算,把各项结算收支入账后,即可办理年终结账。年终结账程序如下:

(1)年终转账。首先计算出各科目 12 月份借贷方的合计数和全年累计数,结出 12 月份月末余额,据此编制科目余额试算平衡表,进行试算平衡无误后,再将应年终冲转的各收入和支出科目余额分别转入相关结转结余科目。

(2)结清旧账。将各个收入类和支出类科目的借方、贷方结出全年总计数,然后在下面画双红线，表示本科目全部结清（轧账）。结账时，对有余额的资产类、负债类及净资产类科目，要在"摘要"栏内注明"结转下年"字样。

(3)记入新账。根据本年度各总账科目和明细科目年终转账后的余额编制年终决算"资产负债表"，填入表内"年初余额"栏。将各科目的余额直接记入新年度有关总账和明细账各科目预留空行的余额栏内，并在"摘要"栏注明"上年结转"字样，以区别于新年度发生数。

需要说明的是，决算经本级人民代表大会常务委员会审查批准后，如需更正原报决算草案收入、支出数字时，则要相应调整旧账，重新办理结账和记入新账。

第二节 财政总预算会计报表编制

一、资产负债表的编制

(一)资产负债表的概念

资产负债表是反映本级财政在某一特定日期财务状况的报表，按照资产、负债和净资产分类、分项列示。

(二)资产负债表的格式

总会计的资产负债表按照"资产＝负债＋净资产"平衡公式设置，其格式如表 4-1 所示。

表 4-1 资产负债表

会财政 01 表

编制单位： 年 月 日 单位：元

资产	年初余额	期末余额	负债和净资产	年初余额	期末余额
流动资产：			流动负债：		
国库存款		22 935	应付短期政府债券		
国库现金管理存款		7 962	应付利息		
其他财政存款		9 880	应付国库集中支付结余		

续表

资产	年初余额	期末余额	负债和净资产	年初余额	期末余额
有价证券		1 350	与上级往来		
在途款		22 935	其他应付款		
预拨经费			应付代管资金		
借出款项			一年内到期的非流动负债		
应收股利			流动负债合计		
应收利息			非流动负债：		
与下级往来			应付长期政府债券		
其他应收款			借入款项		
流动资产合计			应付地方政府债券转贷款		
非流动资产：			应付主权外债转贷款		
应收地方政府债券转贷款			其他负债		
应收主权外债转贷款			非流动负债合计		
股权投资			负债合计		
待发国债			一般公共预算结转结余		
非流动资产合计			政府性基金预算结转结余		
			国有资本经营预算结转结余		
			财政专户管理资金结余		
			专用基金结余		
			预算稳定调节基金		
			预算周转金		

续表

资产	年初余额	期末余额	负债和净资产	年初余额	期末余额
			资产基金		
			减:待偿债净资产		
			净资产合计		
资产总计			负债和净资产总计		

(三)资产负债表的编制方法

资产负债表具体编制方法说明可参见二维码。

二、收入支出表的编制

(一)收入支出表的概念

收入支出表是反映政府财政在某一会计期间各类财政资金收支余情况的报表。

(二)收入支出表的格式

收入支出表按收入、支出、结转结余分类、分项列示,其格式如表 4-2 所示。

表 4-2　　**收入支出表**

会财政 02 表

编制单位:　　年　月　　单位:元

项目	一般公共预算		政府性基金预算		国有资本经营预算		财政专户管理资金		专用基金	
	本月数	本年累计数	本月数	本年累计数	本月数	本年累计数	本月数	本年累计数	本月数	本年累计数
年初结转结余										
收入合计										
本级收入										

续表

项目	一般公共预算		政府性基金预算		国有资本经营预算		财政专户管理资金		专用基金	
	本月数	本年累计数	本月数	本年累计数	本月数	本年累计数	本月数	本年累计数	本月数	本年累计数
其中:来自预算安排的收入	—	—	—	—	—	—	—	—		
补助收入					—	—	—	—	—	—
上解收入					—	—	—	—	—	—
地区间援助收入			—	—	—	—	—	—	—	—
债务收入					—	—	—	—	—	—
债务转贷收入					—	—	—	—	—	—
动用预算稳定调节基金			—	—	—	—	—	—	—	—
调入资金					—	—	—	—	—	—
支出合计										
本级支出										
其中:权责发生制列支							—	—	—	—
预算安排专用基金的支出			—	—	—	—	—	—	—	—
补助支出					—	—	—	—	—	—
上解支出					—	—	—	—	—	—
地区间援助支出			—	—	—	—	—	—	—	—
债务还本支出					—	—	—	—	—	—
债务转贷支出					—	—	—	—	—	—
安排预算稳定调节基金			—	—	—	—	—	—	—	—
调出资金							—	—	—	—
结余转出			—	—	—	—	—	—	—	—
其中:增设预算周转金			—	—	—	—	—	—	—	—
年末结转结余										

注:表中有"—"的部分不必填列。

(三)收入支出表的编制方法

收入支出表的具体编制方法可参见二维码。

三、一般公共预算执行情况表的编制

(一)一般公共预算执行情况表的概念

一般公共预算执行情况表是反映政府财政在某一会计期间一般公共预算收支执行结果的报表。

(二)一般公共预算执行情况表的格式

一般公共预算执行情况表,按照《政府收支分类科目》中一般公共预算收支科目列示。其格式如表 4-3 所示:

表 4-3　　一般公共预算执行情况表

会财政 03-1 表

编制单位:　　年　月　(旬)　　单位:元

项目	本月(旬)数	本年(月)累计数
一般公共预算本级收入		
101 税收收入		
10101 增值税		
1010101 国内增值税		
…		
一般公共预算本级支出		
201 一般公共服务支出		
20101 人大事务		
2010101 行政运行		
…		

(三)一般公共预算执行情况表的编制方法

一般公共预算执行情况表的具体编制方法参见二维码。

四、财政总预算会计报表附注

附注是指对在会计报表中列示项目的文字描述或明细资料,以及对未能在会计报表中列示项目的说明。财政总预算会计报表附注应当至少披露下列内容：

① 遵循《财政总预算会计制度》的声明；

② 本级政府财政预算执行情况和财务状况的说明；

③ 会计报表中列示的重要项目的进一步说明，包括其主要构成、增减变动情况等；

④ 或有负债情况的说明；

⑤ 有助于理解和分析会计报表的其他需要说明的事项。

知识归纳

(1)财政总预算会计报表是反映政府财政预算执行结果和财务状况的书面文件，是各级政府和上级财政部门了解情况、掌握政策和指导预算执行工作的重要资料，也是编制下年度预算的基础。

(2)财政总预算会计报表包括资产负债表、收入支出表、一般公共预算执行情况表、政府性基金预算执行情况表、国有资本经营预算执行情况表、财政专户管理资金收支情况表、专用基金收支情况表等会计报表和附注。

独立思考

(1)什么是财政总预算会计报表？它由哪几个部分组成？

(2)财政总预算会计报表年报编制前要做哪些准备工作？

(3)年终结账包括哪几个环节？

参考文献

[1] 赵建勇.政府与非营利组织会计.3版.北京：中国人民大学出版社，2017.

[2] 罗朝辉，牟涛.政府与非营利组织会计.2版.成都：西南财经大学出版社，2016.

[3] 贾明春.政府与事业单位会计.北京：经济科学出版社，2016.

第三编

行政单位会计

第五章　行政单位会计概述

【内容提要】

本章主要内容包括行政单位会计的定义、特点、目标及核算特点。本章的教学重点为行政单位会计的特点、目标、要素、核算方法、核算基础及科目设置；教学难点为行政单位会计特点、要素、核算方法。

【能力要求】

通过本章的学习，学生对行政单位会计形成一个总体的认识与了解，并为后续的学习奠定基础。

第一节　行政单位会计的概念

一、行政单位及其种类

行政单位是指各级各类国家机关和政党组织。具体包括以下组织：

(1)行政机关。行政机关是指各级人民政府及其所属工作机构，例如，中央人民政府、地方各级人民政府、外交部、国防部、国家发展和改革委员会、教育部、省财政厅、市财政局、市公安局等。它们行使国家执法权，也称执法机关。

(2)国家权力机关，即各级人民代表大会及其常务委员会。

(3)审判机关和检察机关，即各级人民法院和各级人民检察院，例如，最高人民法院、地方各级人民法院、最高人民检察院、地方各级人民检察院。

(4)政党组织。例如中国共产党、妇联、工会组织、各民主党派以及共青团。

这些组织都属于社会非物质生产部门，不能在市场上通过货物和劳务等交换获得资金，其主要资金来源依赖于财政预算安排。目的是通过对财政预算资金的合理安排，满足社会公共需要。

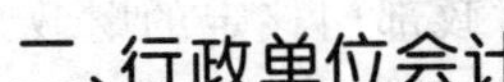

二、行政单位会计

行政单位会计是指适用于各级各类行政单位核算和监督国家预算资金的取得、使用及其结果的一种非营利组织会计。行政单位的会计主体有行政机关、国家权力机关、审判机关和检察机关、政党组织。

三、行政单位预算管理的分级

按照经费领拨关系和预算管理权限,行政单位预算管理分为下列级次:

(1)向同级财政部门报领经费,并对下一级预算单位核拨经费的行政单位,为主管预算单位。

(2)向上一级预算单位报领经费,并对下一级预算单位核拨经费的行政单位,为二级预算单位。

(3)向同级财政部门或者上一级预算单位报领经费,没有下级拨款单位的行政单位,为基层预算单位。各级预算单位应当按照预算管理级次报领、核拨经费,并按照批准的预算组织实施,定期将预算执行情况向同级财政部门或者上一级预算单位报告。

第二节　行政单位会计的特点

一、行政单位会计核算的特点

(一)行政单位会计的财政预算收入具有无偿性

行政单位日常工作所需的资金不需要行政单位自筹,由财政预算拨款供应,不需要偿还,以保证其执行公务的公正性。

(二)行政单位会计收支核算符合预算管理要求

行政单位预算是行政单位根据其职责和工作任务编制的年度财务收支计划。行政单位预算由收入预算和支出预算组成。预算执行情况向同级财政部门或者上一级预算单位报告。财政部门对行政单位实行收支统一管理,定额、定期拨款(或国库集中收付),超支不补,结余留用的预算管理办法。行政单位的各项收入、支出应当全部纳入单位预算统一管理,统筹安排使用。

行政单位预算编报和审批程序

行政单位年度预算执行中，财政部门核定的财政预算拨款收入和从财政专户核拨的预算外资金收入，原则上不予调整。因特殊情况确需调整的，行政单位应当按照规定程序逐级报送主管预算单位或者财政部门审批。非拨款收入部分发生变化，需要相应调整支出的，由行政单位自行调整并报送主管预算单位或者财政部门备案，主管预算单位或者财政部门批复决算时审核确认。

行政单位不能将项目支出拨款挪用基本支出，也不能将某个项目支出拨款用于另一个项目支出。如有特殊情况，需要调剂，需经相关部门的审批。

（三）核算目标和核算方法具有双重性

行政单位会计信息使用者包括人民代表大会、政府及其有关部门、行政单位自身和其他会计信息使用者。行政单位会计核算目标是向会计信息使用者提供与行政单位财务状况、预算执行情况等有关的会计信息，反映行政单位受托责任履行情况，有助于会计信息使用者进行管理、监督和决策。

为实现行政单位会计既要反映单位的财务状况，又要反映预算执行情况的双重目标，行政单位采用“双分录”的核算方法。当然行政单位里某些业务只涉及财务状况的变化或者只涉及预算执行情况变化，也要进行相应的账务处理。“双分录”的核算本质就是解决会计核算目标的实现问题。

比如，某行政单位购入存货，一方面，借记“经费支出”，贷记“零余额账户用款额度”等账户，反映预算执行情况；另一方面，借记“存货”，贷记“资产基金——存货”，反映行政单位的财务状况。

（四）行政单位会计核算采用双重核算基础

行政单位会计核算主要采用收付实现制，少数业务采用权责发生制。主要在于：

(1)行政单位现金的流入和流出时间与现金的收付时间基本一致，采用收付实现制更为准确。

(2)财政总预算是以当年预计的现金流入量和流出量作为编制基础，行政单位会计采用收付实现制便于提供与财政总预算会计相一致的信息，便于反映预算的执行结果。

(3)信息使用者更关心的是行政单位收到的资金能否满足其执行职能所需支出的资金。

二、行政单位会计信息的质量要求

(1)可靠性。行政单位应当以实际发生的经济业务或者事项为依据进行会计核算,保证会计信息真实可靠。

(2)相关性。行政单位提供的会计信息有助于会计信息使用者对行政单位过去、现在和未来的情况做出评价或预测。

(3)全面性。行政单位提供的会计信息要全面反映行政单位的财务状况和预算执行情况。

(4)及时性。行政单位对发生的经济业务或者事项要及时进行会计核算,不得提前或者延后。

(5)可比性。行政单位对发生相同或相似的经济业务或事项,应当采用统一的会计政策,确保同一行政单位不同时期、不同行政单位会计信息口径一致,相互可比。

(6)可理解性。行政单位提供的会计信息应当清晰明了,便于会计信息使用者理解和使用。

第三节 行政单位会计科目设置

根据现行行政单位会计制度的规定,行政单位会计要素包括资产、负债、净资产、收入和支出五类。

行政单位会计科目是对行政单位会计要素进一步分门别类核算的一种方法,它是设置会计账户、进行会计核算和归集经济业务的依据。行政单位会计科目分为资产、负债、净资产、收入和支出五类。行政单位会计统一适用的会计科目及核算内容如表5-1所示。

表5-1 **行政单位会计科目表**

序号	科目编号	会计科目名称
		一、资产类
1	1001	库存现金
2	1002	银行存款
3	1011	零余额账户用款额度
4	1021 102101 102102	财政应返还额度 财政直接支付 财政授权支付

续表

序号	科目编号	会计科目名称
5	1212	应收账款
6	1213	预付账款
7	1215	其他应收款
8	1301	存货
9	1501	固定资产
10	1502	累计折旧
11	1511	在建工程
12	1601	无形资产
13	1602	累计摊销
14	1701	待处理财产损溢
15	1801	政府储备物资
16	1802	公共基础设施
17	1901	受托代理资产
二、负债类		
18	2001	应缴财政款
19	2101	应缴税费
20	2201	应付职工薪酬
21	2301	应付账款
22	2302	应付政府补贴款
23	2305	其他应付款
24	2401	长期应付款
25	2901	受托代理负债
三、净资产类		
26	3001	财政拨款结转
27	3002	财政拨款结余
28	3101	其他资金结转结余

续表

序号	科目编号	会计科目名称
三、净资产类		
29	3501 350101 350111 350121 350131 350141 350151 350152	资产基金 预付款项 存货 固定资产 在建工程 无形资产 政府储备物资 公共基础设施
30	3502	待偿债净资产
四、收入类		
31	4001	财政拨款收入
32	4011	其他收入
五、支出类		
33	5001	经费支出
34	5101	拨出经费

知识归纳

(1)行政单位会计是指适用于各级各类行政单位核算和监督国家预算资金的取得、使用及其结果的一种非营利组织会计。行政单位的会计主体有行政机关、国家权力机关、审判机关和检察机关、政党组织。

(2)行政单位会计预算管理的特点:行政单位会计的财政预算收入具有无偿性;行政单位会计收支核算符合预算管理要求;行政单位不能将项目支出拨款挪用为基本支出,也不能将某个项目支出拨款用于另一个项目支出。

(3)行政单位采用双分录核算方法。

(4)行政单位会计信息质量要求:可靠性、相关性、全面性、及时性、可比性、可理解性。

(5)行政单位会计要素包括资产、负债、净资产、收入、费用。

独立思考

(1)行政单位会计的主体是什么?

(2)行政单位会计的特点有哪些?

(3)简述行政单位会计的基本目标。

(4)简述行政单位会计要素包含哪些具体内容。

(5)简述行政单位会计核算基础。

(6)简述行政单位会计核算方法特点。

参考文献

[1] 赵建勇.政府与非营利组织会计.3版.北京:中国人民大学出版社,2017.

[2] 罗朝辉,牟涛.政府与非营利组织会计.2版.成都:西南财经大学出版社,2016.

[3] 贾明春.政府与事业单位会计.北京:经济科学出版社,2016.

第六章　行政单位会计的管理与核算

【内容提要】

本章主要内容包括行政单位资产、负债、收入、支出、净资产的核算。本章的教学重点为行政单位固定资产、无形资产、零余额账户用款额度、财政应返还额度、存货、预付账款、应付账款、财政拨款收入、经费支出、资产基金的核算；教学难点为行政单位会计双分录处理方法及财政拨款收入的相关核算。

【能力要求】

通过本章的学习，学生能根据行政单位不同的业务，完成相应的账务处理。

第一节　行政单位资产的管理与核算

行政单位的资产是指行政单位占有或者使用的，能以货币计量的经济资源，包括流动资产、固定资产、在建工程、无形资产等。

一、流动资产的管理与核算

流动资产是指可以在1年以内(含1年)变现或者耗用的资产，包括库存现金、银行存款、零余额账户用款额度、财政应返还额度、应收及预付款项、存货等。

(一)库存现金的管理与核算

1. 库存现金的管理

库存现金是指行政单位在预算执行过程中为保证日常开支需要而存放在财务部门的现金。库存现金是流动性最强的资产，具有普遍的可接受性。行政单位应当严格按照国家有关现金管理的规定收支现金，并按照本制度规定核算现金的各项收支业务。具体管理要求如下：

(1)坚持“钱账分管,互相牵制”的原则。

(2)在国家规定的范围内使用现金。

(3)严格遵守银行核定的库存现金的限额。

(4)不准坐支现金。

(5)现金收支业务必须根据合法凭证办理。

(6)如实反映现金库存,保证账款相符。

行政单位流动资产核算的主要分录

2. 库存现金的核算

为核算库存现金业务,行政单位应设置“库存现金”总账科目。本科目期末借方余额,反映行政单位实际持有的库存现金。主要账务处理如下:

(1)从银行等金融机构提取现金,按照实际提取的金额,借记本科目,贷记“银行存款”“零余额账户用款额度”等科目;将现金存入银行等金融机构,借记“银行存款”,贷记本科目;将现金退回单位零余额账户,借记“零余额账户用款额度”科目,贷记本科目。

(2)因支付内部职工出差等原因所借的现金,借记“其他应收款”科目,贷记本科目;出差人员报销差旅费时,按照应报销的金额,借记有关科目,按照实际借出的现金金额,贷记“其他应收款”科目,按照其差额,借记或贷记本科目。

(3)因开展业务或其他事项收到现金,借记本科目,贷记有关科目;因购买服务、商品或者其他事项支出现金,借记有关科目,贷记本科目。

(4)收到受托代理的现金时,借记本科目,贷记“受托代理负债”科目;支付受托代理的现金时,借记“受托代理负债”科目,贷记本科目。

同时,行政单位应当设置“现金日记账”,由出纳人员根据收付款凭证,按照业务发生顺序逐笔登记。每日终了,应当计算当日的现金收入合计数、现金支出合计数和结余数,并将结余数与实际库存数核对,做到账款相符。

每日终了结算现金收支,核对库存现金时发现有待查明原因的现金短缺或溢余,应通过“待处理财产损溢”科目核算。属于现金短缺,应当按照实际短缺的金额,借记“待处理财产损溢”科目,贷记本科目;属于现金溢余,应当按照实际溢余的金额,借记本科目,贷记“待处理财产损溢”科目。待查明原因后作如下处理:如为现金短缺,属于应由责任人赔偿或向有关人员追回的部分,借记“其他应收款”科目,贷记“待处理财产损溢”科目;如为现金溢余,属于应支付给有关人员或单位的,借记“待处理财产损溢”科目,贷记“其他应付款”科目。

行政单位有外币现金的,应当分别按照人民币、外币种类设置"现金日记账"进行明细核算。有关外币现金业务的账务处理参见"银行存款"科目的相关规定。

【例 6-1】 开出"财政授权支付凭证",提取库存现金 5 000 元备用。应编制如下会计分录:

借:库存现金 5 000

贷:零余额账户用款额度 5 000

【例 6-2】 行政单位以库存现金支付日常业务活动中发生的水电费 280 元。应编制如下会计分录:

借:经费支出 280

贷:库存现金 280

(二)银行存款的管理与核算

1.银行存款的管理

银行存款是指行政单位存入银行或者其他金融机构的各种存款。行政单位开设银行存款账户,应当报同级财政部门审批,并由财务部门统一管理,严格按照国家有关支付结算办法的规定办理银行存款收支业务。

行政单位应当按开户银行或其他金融机构、存款种类及币种等,分别设置"银行存款日记账",由出纳人员根据收付款凭证,按照业务的发生顺序逐笔登记,每日终了应结出余额。"银行存款日记账"应定期与"银行对账单"核对,至少每月核对一次。月度终了,行政单位账面余额与银行对账单余额之间如有差额,必须逐笔查明原因并进行处理,按月编制"银行存款余额调节表",调节相符。

2.银行存款的核算

为核算银行存款业务,行政单位应设置"银行存款"总账科目。本科目期末余额在借方,反映行政单位实际存放在银行或其他金融机构的款项。主要账务处理如下:

行政单位银行存款核算涉及外币的主要账务处理方式

(1)将款项存入银行或者其他金融机构,借记本科目,贷记"库存现金""其他收入"等有关科目。

(2)提取和支出存款时,借记有关科目,贷记本科目。

(3)收到银行存款利息,借记本科目,贷记"其他收入"

等科目;支付银行手续费或银行扣收罚金等时,借记“经费支出”科目,贷记本科目。

(4)收到受托代理的银行存款时,借记本科目,贷记“受托代理负债”科目;支付受托代理的存款时,借记“受托代理负债”科目,贷记本科目。

【例 6-3】 某行政单位通过银行存款账户支付一笔款项 600 元,具体内容为完成委托专项任务过程中发生的一笔租赁费。应编制如下会计分录:

借:经费支出　　600

　贷:银行存款　　600

(三)零余额账户用款额度的管理与核算

1. 零余额账户用款额度的管理

零余额账户用款额度是指实行国库集中支付的行政单位根据财政部门批复的用款计划收到和支用的零余额账户用款额度。行政单位的零余额账户由财政部门为行政单位在商业银行开设,用于行政单位授权支付。行政单位的零余额账户属于财政国库单一账户体系中的一个账户。该账户是一个过渡账户,每日发生的支付,于当日营业终了前由代理银行在财政部批准的用款额度内与国库单一账户清算,清算后余额为零。

2. 零余额账户用款额度的核算

为核算零余额账户用款额度业务,行政单位应设置“零余额账户用款额度”总账科目。本科目期末借方余额,反映行政单位尚未支用的零余额账户用款额度。年度终了注销单位零余额账户用款额度后,本科目应无余额。主要账务处理如下:

(1)收到“财政授权支付额度到账通知书”时,根据通知书所列数额,借记本科目,贷记“财政拨款收入”科目。

(2)按规定支用额度时,借记“经费支出”等科目,贷记本科目。

(3)从零余额账户提取现金时,借记“库存现金”科目,贷记本科目。

(4)年末,根据代理银行提供的对账单作银行注销额度的相关账务处理,借记“财政应返还额度——财政授权支付”科目,贷记本科目。如单位本年度财政授权支付预算指标数大于财政授权支付额度下达数,根据两者间的差额,借记“财政应返还额度——财政授权支付”科目,贷记“财政拨款收入”科目。

(5)下年度年初,行政单位根据代理银行提供的额度恢复到账通知书作恢复额度的相关账务处理,借记本科目,贷记“财政应返还额度——财政授权支付”科目。行政单位收到财政部门批复的上年末下达零余额账户用款额度时，借记本科目，贷记“财政应返还额度——财政授权支付”科目。

【例 6-4】 某行政单位月初收到代理银行转来的“财政授权支付额度到账通知书”，通知书中注明的本月授权额度为 50 000 元。应编制如下会计分录：

借：零余额账户用款额　　50 000

　贷：财政拨款收入　　50 000

【例 6-5】 单位采用授权支付方式购买一批办公材料 3 000 元，材料以验收入库。应编制如下会计分录：

借：经费支出　　3 000

　贷：零余额账户用款额　　3 000

借：存货　　3 000

　贷：资产基金——存货　　3 000

【例 6-6】 某行政单位全年财政授权支付额度的计划数为 800 000 元，年终执行结果为：财政下达的额度 780 000 元，实际支付的额度 750 000 元。应编制如下会计分录：

借：财政应返还额度——财政授权支付　　50 000

　贷：零余额账户用款额　　30 000

　　财政拨款收入　　20 000

（四）财政应返还额度的管理与核算

1. 财政应返还额度的管理

财政应返还额度是指实行国库集中支付的行政单位应收财政返还的资金额度。在财政国库集中支付制度下，年末，行政单位财政直接支付和财政授权支付尚未使用完的额度，相应的资金留在财政国库里。但原则上这些资金所有权仍归行政单位所有，由其按计划安排使用，行政单位可以要求财政国库向其返还。因此，行政单位在年末形成财政应返还额度。

财政应返还额度包括财政应返还的直接额度和财政应返还的授权额度。财政应返还的直接额度是指行政单位本年财政直接支付的预算数和实际使用数的差额。财政应返还的授权额度是指行政单位本年财政授权支付的预算数和实际使用数的差额，包括尚未下达的额度（预算数和下达数的差额）和尚未使用完的额度（下达数和使用数的差额）。

财政部门对行政单位尚未使用的财政直接支付用款额度和财政授权支付用款额度，采用先注销后恢复的管理办法。

2.财政应返还额度的核算

为核算财政应返还额度业务，行政单位应设置“财政应返还额度”总账科目，并应设置“财政直接支付”和“财政授权支付”两个明细科目进行明细核算。本科目期末借方余额，反映行政单位应收财政应返还的资金额度。主要账务处理如下：

(1)财政直接支付业务核算。财政直接支付业务发生时，根据财政直接支付到账通知书，借记经费支出等，贷记财政拨款收入。年末，行政单位根据本年度财政直接支付预算指标数与财政直接支付实际支出数的差额，借记本科目(财政直接支付)，贷记“财政拨款收入”科目。行政单位使用以前年度财政直接支付额度发生支出时，借记“经费支出”科目，贷记本科目(财政直接支付)。

【例 6-7】 某行政单位全年财政直接支付的预算数为 1 500 000 元，全年财政直接支付的实际数为 1 400 000 元。年末应编制如下会计分录：

借：财政应返还额度——财政直接支付	100 000	
贷：财政拨款收入		100 000

【例 6-8】 某行政单位用上年财政直接支付的结余资金购买设备一台，价款 25 000 元，设备收到投入使用。应编制如下会计分录：

借：经费支出	25 000	
贷：财政应返还额度——财政直接支付		25 000
借：固定资产	25 000	
贷：资产基金——固定资产		25 000

(2)财政授权支付业务核算。参见零余额账户用款额度的账务处理。

(五)应收账款的管理与核算

1.应收账款的管理

应收账款是指行政单位出租资产、出售物资等应当收取的款项，包括出租资产发生的应收账款、出售资产发生的应收账款、收到的商业汇票。

行政单位出租、出借国有资产，必须事先上报同级财政部门审核、批准；所形成的收入，按照政府非税收入管理的规定，实行“收支两条线”管理。扣除税费后，应当上缴财政，由财政统一管理，统筹安排使用。

行政单位应当设置“商业汇票备查簿”，逐笔登记每一笔应收商业汇票的种类、号数、出票日期、到期日、票面金额、交易合同号等相关信息资料。商业汇票到期结清票款或退票后，应当在备查簿内逐笔注销。

2. 应收账款的核算

为了核算应收账款业务，行政单位应设置“应收账款”总账科目。行政单位收到的商业汇票，也通过本科目核算。本科目按照购货、接受服务单位（或个人）或开出、承兑商业汇票的单位等设置明细核算。应收账款期末借方余额反映应收而未收的款项。主要账务处理如下：

(1)出租资产发生的应收账款。

出租资产尚未收到款项时，按照应收未收金额，借记本科目，贷记“其他应付款”科目。收回应收账款时，借记“银行存款”等科目，贷记本科目；同时，借记“其他应付款”科目，按照应缴的税费，贷记“应缴税费”科目，按照扣除应缴税费后的净额，贷记“应缴财政款”科目。

【例 6-9】 某单位出租办公用房 10 间，月租金 10 万元，每月收一次租金，房子已出租 1 个月，但仍未收到租金。应编制如下会计分录：

(1)月末，尚未收到租金时：

科目	借方	贷方
借：应收账款	100 000	
贷：其他应付款		100 000

(2)收到租金 10 万元，应交 5%的税费：

科目	借方	贷方
借：银行存款	100 000	
贷：应收账款		100 000
借：其他应付款	10 0000	
贷：应缴税费		5 000
应缴财政款		95 000

(2)出售物资(资产处置)发生的应收账款。

物资已发出并到达约定状态且尚未收到款项时，按照应收未收金额，借记本科目，贷记“待处理财产损溢”科目。收回应收账款时，借记“银行存款”等科目，贷记本科目。

(3)收到商业汇票。

出租资产收到商业汇票，按照商业汇票的票面金额，借记本科目，贷记“其他应付款”科目；出售物资收到商业汇票，按照商业汇票的票面金额，借记本科目，贷记“待处理财产损溢”科目。

商业汇票到期收回款项时，借记“银行存款”等科目，贷记本科目。其中，出租资产收回款项的，还应当同时借记“其他应付款”科目，按照应缴的税费，贷记“应缴税费”科目，按照扣除应缴税费后的净额，贷记“应缴财政款”科目。

(4)无法收回的应收账款。

逾期3年或3年以上、有确凿证据表明确实无法收回的应收账款，按规定报经批准后予以核销。

核销的应收账款应在备查簿中保留登记。

(六)预付账款的管理与核算

1.预付账款的管理

预付账款是指行政单位按照购货、服务合同规定预付给供应单位(或个人)的款项，包括行政单位依据合同规定支付的定金，不包括行政单位支付可以收回的定金，应当通过“其他应收款”科目核算。预付账款应当在已支付款项且尚未收到物资或服务时确认。

预付账款属于非货币性资产，行政单位购买货物、服务的预付账款，应当采用“双分录”的核算方法，即在支付款项时不但要确认所形成的预付账款，还要确认发生的经费支出。

2.预付账款的核算

为核算预付账款业务，行政单位应设置“预付账款”总账科目，并按照供应单位(或个人)设置明细核算。一般情况下，对预付款业务各单位应单独设置会计科目进行核算，但对于预付账款不多的单位，为了简化会计核算也可以不设置“预付账款”科目，而将预付款业务通过“应付账款”账户核算。本科目期末借方余额，反映行政单位实际预付但尚未结算的款项。主要账务处理如下：

(1)发生预付账款时，借记本科目，贷记“资产基金——预付款项”科目；同时，借记“经费支出”科目，贷记“财政拨款收入”“零余额账户用款额度”“银行存款”等科目。

(2)收到所购物资或服务时，按照相应预付账款金额，借记“资产基金——预付款项”科目，贷记本科目；发生补付款项的，按照实际补付的款项，借记“经费支出”科目，贷记“财政拨款收入”“零余额账户用款额度”“银行存款”等科目。收到物资的，同时按照收到所购物资的成本，借记有关资产科目，贷记“资产基金”及相关明细科目。

(3)预付账款退回。

① 发生当年预付账款退回的,借记“资产基金——预付款项”科目,贷记本科目;同时,借记“财政拨款收入”“零余额账户用款额度”“银行存款”等科目,贷记“经费支出”科目。

② 发生以前年度预付账款退回的,借记“资产基金——预付款项”科目,贷记本科目;同时,借记“财政应返还额度”“零余额账户用款额度”“银行存款”等科目,贷记“财政拨款结转”“财政拨款结余”“其他资金结转结余”等科目。

(4)无法收回的预付账款。

逾期3年或3年以上、有确凿证据表明确实无法收到所购物资和服务,且无法收回的预付账款,按照规定报经批准后予以核销。核销的预付账款应在备查簿中保留登记。

【例6-10】 某单位与某公司约定购买两台设备,每台价款100 000元,该单位先支付40%的预付款。该公司收到预付款后,过3个月将设备运抵该单位并负责调试成功,该单位于验收合格当日支付剩余60%的价款。应编制如下会计分录:

(1)支付预付款时:

借:预付账款　80 000

　贷:资产基金——预付款项　80 000

借:经费支出　80 000

　贷:零余额账户用款额度　80 000

(2)3个月后,收到所购设备,并支付剩余60%的价款:

借:资产基金——预付款项　80 000

　贷:预付账款　80 000

借:经费支出　120 000

　贷:零余额账户用款额度　120 000

借:固定资产　200 000

　贷:资产基金——固定资产　200 000

(七)其他应收款的管理与核算

1.其他应收款的管理

其他应收款是指行政单位除应收账款、预付账款以外的其他各项应收及暂付款项，如职工预借的差旅费、拨付给内部有关部门的备用金、应向职工收取的各种垫付款项等。

其他应收款业务要根据借款人的借款收据，经本单位负责人签字批准，会计主管人员审核后办理。

借款人在办事结束后，应在规定的日期结算报销。年终，借款原则上应全部结清，不得跨年度挂账。

2.其他应收款的核算

为核算其他应收款业务，行政单位应设置“其他应收款”总账科目，并按照其他应收款的类别以及债务单位（或个人）设置明细核算。本科目期末余额在借方，反映行政单位尚未收回的其他应收款。主要账务处理如下：

(1)发生其他应收及暂付款项时，借记本科目，贷记“零余额账户用款额度”“银行存款”等科目。

(2)收回或转销上述款项时，借记“银行存款”“零余额账户用款额度”或有关支出等科目，贷记本科目。

(3)行政单位内部实行备用金制度的，有关部门使用备用金以后应当及时到财务部门报销并补足备用金。财务部门核定并发放备用金时，借记本科目，贷记“库存现金”等科目。根据报销数用现金补足备用金定额时，借记“经费支出”科目，贷记“库存现金”等科目，报销数和拨补数都不再通过本科目核算。

(4)无法收回的其他应收款。

逾期3年或3年以上、有确凿证据表明确实无法收回的其他应收款，按规定报经批准后予以核销。核销的其他应收款应在备查簿中保留登记。

【例6-11】 某行政单位2016年发生如下经济业务：

(1)某行政单位职工李华出差前预借差旅费1 500元，以现金支付。应编制如下会计分录：

借：其他应收款　　1 500

　贷：库存现金　　1 500

(2)李华出差归来，报销差旅费1 250元，余款当即交回。应编制如下会计分录：

借：经费支出　　1 250

　　库存现金　　250

　贷：其他应收款　　1 500

(八)存货的管理与核算

1.存货的管理

存货是指行政单位在开展业务活动及其他活动中为耗用而储存的各种物资,包括材料、燃料、包装物和低值易耗品及未达到固定资产标准的家具、用具、装具等的实际成本。

单位接受委托人指定受赠人的转赠物资,应当通过"受托代理资产"科目核算。单位随买随用的零星办公用品等,可以在购进时直接列作支出。出租、出借的存货,应当设置备查簿进行登记。存货应当在其到达存放地点并验收时确认。

2.存货的核算

为核算行政单位存货业务,行政单位应设置"存货"总账科目,并应当按照存货的种类、规格和保管地点等进行明细核算。行政单位有委托加工存货业务的,应当在本科目下设置"委托加工存货成本"明细科目。本科目期末余额在借方,反映行政单位存货的实际成本。主要账务处理如下:

(1)存货的取得。

存货的取得分为外购、置换换入、委托加工、接受捐赠、无偿调入等方式,存货在取得时按照其实际成本入账。

① 购入的存货,其成本包括购买价款、相关税费、运输费、装卸费、保险费以及其他使得存货达到目前场所和状态所发生的支出。购入的存货验收入库,按照确定的成本,借记本科目,贷记"资产基金——存货"科目;同时,按照实际支付的金额,借记"经费支出"科目,贷记"财政拨款收入""零余额账户用款额度""银行存款"等科目;对于尚未付款的,应当按照应付未付的金额,借记"待偿债净资产"科目,贷记"应付账款"科目。

【例6-12】 某日,某行政单位购入材料100 000元,当日收到货物并验收合格入库,价款采用财政授权支付方式支付。应编制如下会计分录:

借:存货	100 000	
贷:资产基金——存货		100 000
借:经费支出	100 000	
贷:零余额账户用款额度		100 000

② 置换换入的存货,其成本按照换出资产的评估价值,加上支付的补价或减去收到的补价,加上为换入存货支付的其他费用(运输费等)确定。换入的存

货验收入库,按照确定的成本,借记本科目,贷记“资产基金——存货”科目;同时,按实际支付的补价、运输费等金额,借记“经费支出”科目,贷记“财政拨款收入”“零余额账户用款额度”“银行存款”等科目。

【例6-13】 市科技局盘盈实验耗材一批,评估价值13 000元。与兄弟单位协商置换,向对方补价2 000元,发生运输费用200元,均以零余额账户用款额度支付,换入材料验收入库。应编制如下会计分录:

借:存货　　15 200
　贷:资产基金——存货　　15 200

同时,

借:经费支出　　2 200
　贷:零余额账户用款额度　　2 200

③ 委托加工的存货,其成本按照未加工存货的成本加上加工费用和往返运输费等确定。委托加工的存货出库,借记本科目下的“委托加工存货成本”明细科目,贷记本科目下的相关明细科目。支付加工费用和相关运输费等时,借记“经费支出”科目,贷记“财政拨款收入”“零余额账户用款额度”“银行存款”等科目;同时,按照相同的金额,借记本科目下的“委托加工存货成本”明细科目,贷记“资产基金——存货”科目。委托加工完成的存货验收入库时,按照委托加工存货的成本,借记本科目下的相关明细科目,贷记本科目下的“委托加工存货成本”明细科目。

④ 接受捐赠、无偿调入的存货,其成本按照有关凭据注明的金额加上相关税费、运输费等确定;没有相关凭据可供取得,但依法经过资产评估的,其成本应当按照评估价值加上相关税费、运输费等确定;没有相关凭据可供取得、也未经评估的,其成本比照同类或类似存货的市场价格加上相关税费、运输费等确定;没有相关凭据也未经评估,其同类或类似存货的市场价格无法可靠取得,该存货按照名义金额入账。接受捐赠、无偿调入的存货验收入库,按照确定的成本,借记本科目,贷记“资产基金——存货”科目;同时,按实际支付的相关税费、运输费等金额,借记“经费支出”科目,贷记“财政拨款收入”“零余额账户用款额度”“银行存款”等科目。

【例6-14】 某单位接受捐赠材料一批,经过资产评估,评估价值为37 000元。发生评估费800元,运输费200元,以库存现金支付。应编制如下会计分录:

借:存货　　38 000

　贷:资产基金——存货　　38 000

同时,

借:经费支出　　1 000

　贷:库存现金　　1 000

(2)存货的发出。

存货发出时,应当根据实际情况采用先进先出法、加权平均法或者个别计价法确定发出存货的实际成本。计价方法一经确定,不得随意变更。

① 开展业务活动等领用、发出存货,按照领用、发出存货的实际成本,借记“资产基金——存货”科目,贷记本科目。

② 经批准对外捐赠、无偿调出存货时,按照对外捐赠、无偿调出存货的实际成本,借记“资产基金——存货”科目,贷记本科目。对外捐赠、无偿调出存货发生由行政单位承担的运输费等支出,借记“经费支出”科目,贷记“财政拨款收入”“零余额账户用款额度”“银行存款”等科目。

③ 经批准对外出售、置换换出的存货,应当转入待处理财产损溢,按照相关存货的实际成本,借记“待处理财产损溢”科目,贷记本科目。

(3)存货的报废、毁损。

存货发生报废、毁损时,应当转入待处理财产损溢,按照相关存货的账面余额,借记“待处理财产损溢”科目,贷记本科目。

(4)存货的清查。

行政单位的存货应当定期进行清查盘点,每年至少盘点一次。对于发生的存货盘盈、盘亏,应当及时查明原因,按规定报经批准后进行账务处理。

二、非流动资产的管理与核算

行政单位的非流动资产包括固定资产、在建工程和无形资产。

(一)固定资产的管理与核算

1.固定资产的管理

固定资产是指使用期限超过1年(不含1年)、单位价值在规定标准(1 000元,其中专用设备1 500元)以上,并在使用过程中基本保持原有物质形态的资产。单位价值虽未达到规定标准,但是耐用时间超过1年(不含1年)的大批同类物资,应当作为固定资产核算。固定资产一般分为六类:房屋及构筑物,通用设备,专用设备,文物和陈列品,图书、档案,家具、用具、装具及动植物。

固定资产相关规定如下：

(1)固定资产的各组成部分具有不同的使用寿命、适用不同折旧率的，应当分别将各组成部分确认为单项固定资产。

(2)购入需要安装的固定资产，应当先通过"在建工程"科目核算，安装完毕交付使用时再转入固定资产核算。

(3)行政单位的软件，应当按照其是否不可或缺进行区分。如果其构成相关硬件不可缺少的组成部分，应当将该软件的价值包括在所属的硬件价值中，一并作为固定资产进行核算；如果其不构成相关硬件不可缺少的组成部分，应当将该软件作为无形资产核算。

(4)房屋及构筑物中所包含的土地使用权，应当按照支付的价款能否分清进行区分。不能够分清支付价款中的房屋及构筑物与土地使用权部分的，应当全部作为固定资产核算；能够分清支付价款中的房屋及构筑物与土地使用权部分的，应当将土地权作为无形资产核算；境外行政单位购买具有所有权的土地，作为固定资产核算。

(5)行政单位借入、以经营租赁方式租入的固定资产，不属于固定资产核算范围，应当设置备查簿进行登记。

(6)行政单位应当设置"固定资产登记簿"和"固定资产卡片"，按照固定资产类别、项目和使用部门等进行明细核算。

(7)固定资产属于非货币性资产，行政单位的固定资产应当采用"双分录"的核算方法。

(8)固定资产的确认。购入、换入、无偿调入、接受捐赠不需安装的固定资产，在固定资产验收合格时确认。购入、换入、无偿调入、接受捐赠需安装的固定资产，在固定资产安装完成交付使用时确认。自行建造、改建、扩建的固定资产，在建造完成交付使用时确认。

行政单位非流动资产核算的主要分录

2.固定资产的核算

为核算固定资产业务，行政单位应设置"固定资产"总账科目。本科目期末借方余额，反映行政单位固定资产的原价。主要账务处理如下：

(1)固定资产的取得。

① 购入的固定资产。其成本包括实际支付的购买价款、相关税费、使固定资产交付使用前所发生的可归属于该项资产的运输费、装卸费、安装费和专业人员服务费等。以一笔款项购入多项没有单独标价的固定资产，按照各项固定资产同类或类似固定资产市场价格的比例对总成本进行分配，分别确定各项固定资产的入账价值。

a. 购入不需安装的固定资产，按照确定的固定资产成本，借记本科目，贷记“资产基金——固定资产”科目；同时，按照实际支付的金额，借记“经费支出”科目，贷记“财政拨款收入”“零余额账户用款额度”“银行存款”等科目。

b. 购入需要安装的固定资产，先通过“在建工程”科目核算。安装完工交付使用时，借记本科目，贷记“资产基金——固定资产”科目；同时，借记“资产基金——在建工程”科目，贷记“在建工程”科目。

c. 购入固定资产分期付款或扣留质量保证金的，在取得固定资产时，按照确定的固定资产成本，借记本科目（不需安装）或“在建工程”科目（需要安装），贷记“资产基金——固定资产、在建工程”科目；同时，按照已实际支付的价款，借记“经费支出”科目，贷记“财政拨款收入”“零余额账户用款额度”“银行存款”等科目；按照应付未付的款项或扣留的质量保证金等金额，借记“待偿债净资产”科目，贷记“应付账款”或“长期应付款”科目。

【例 6-15】 某行政单位采用财政直接支付方式购入需要安装的设备一台，价款和运杂费共 360 000 元。安装过程用财政授权支付方式支付安装费 25 000 元。应编制如下会计分录：

(1)购进时：

借：在建工程　　360 000

　贷：资产基金——在建工程　　360 000

借：经费支出　　360 000

　贷：财政拨款收入　　360 000

(2)支付安装费：

借：在建工程　　25 000

　贷：资产基金——在建工程　　25 000

借：经费支出　　25 000

　贷：零余额账户用款额度　　25 000

(3)安装完毕交付使用：

借：固定资产　　385 000

　贷：资产基金——固定资产　　385 000

借：资产基金——在建工程　　385 000

　贷：在建工程　　385 000

【例 6-16】 某行政单位采用财政授权支付方式购入不需要安装的设备一台，价款 150 000 元。扣留质量保证金 20 000 元（6 个月）。应编制如下会计分录：

(1)购入时:

借:固定资产　　150 000

　贷:资产基金——固定资产　　150 000

借:经费支出　　130 000

　贷:零余额账户用款额度　　130 000

借:待偿债净资产　　20 000

　贷:应付账款　　20 000

(2)6个月后支付质量保证金时:

借:经费支出　　20 000

　贷:零余额账户用款额度　　20 000

借:应付账款　　20 000

　贷:待偿债净资产　　20 000

② 自行建造的固定资产。其成本包括建造该项资产至交付使用前所发生的全部必要支出。固定资产的各组成部分需要分别核算的,按照各组成部分固定资产造价确定其成本;没有各组成部分固定资产造价的,按照各组成部分固定资产同类或类似固定资产市场造价的比例对总造价进行分配,确定各组成部分固定资产的成本。

工程完工交付使用时,按照自行建造过程中发生的实际支出,借记本科目,贷记“资产基金——固定资产”科目;同时,借记“资产基金——在建工程”科目,贷记“在建工程”科目;已交付使用但尚未办理竣工决算手续的固定资产,按照估计价值入账,待确定实际成本后再进行调整。

【例 6-17】 某行政单位自行建造一栋办公楼,支付建筑材料费 49 000 元,人工费 18 650 元,以零余额账户用款额度支付。应编制如下会计分录:

借:在建工程　　67 650

　贷:资产基金——在建工程　　67 650

同时,

借:经费支出　　67 650

　贷:零余额账户用款额度　　67 650

【例 6-18】 接例 6-17,自行建造的办公楼完工,发生建造费用共计 2 890 000 元,验收并交付使用。应编制如下会计分录:

借:固定资产　　2 890 000

　贷:资产基金——固定资产　　2 890 000

同时，

借：资产基金——在建工程　　2 890 000

　贷：在建工程　　2 890 000

③ 固定资产的改建、扩建、修缮。在原有固定资产基础上进行改建、扩建、修缮的固定资产，其成本按照原固定资产的账面价值（“固定资产”科目账面余额减去“累计折旧”科目账面余额后的净值）加上改建、扩建、修缮发生的支出，再扣除固定资产拆除部分账面价值后的金额确定。

将固定资产转入改建、扩建、修缮时，按照固定资产的账面价值，借记“在建工程”科目，贷记“资产基金——在建工程”科目；同时，按照固定资产的账面价值，借记“资产基金——固定资产”科目，按照固定资产已计提折旧，借记“累计折旧”科目，按照固定资产的账面余额，贷记本科目。

工程完工交付使用时，按照确定的固定资产成本，借记本科目，贷记“资产基金——固定资产”科目；同时，借记“资产基金——在建工程”科目，贷记“在建工程”科目。

④ 固定资产的置换。其成本按照换出资产的评估价值加上支付的补价或减去收到的补价，加上为换入固定资产支付的其他费用（运输费等）确定，借记本科目（不需安装）或“在建工程”科目（需安装），贷记“资产基金——固定资产、在建工程”科目；按照实际支付的补价、相关税费、运输费等，借记“经费支出”科目，贷记“财政拨款收入”“零余额账户用款额度”“银行存款”等科目。

⑤ 固定资产的接受捐赠、无偿调入。其成本按照有关凭据注明的金额加上相关税费、运输费等确定；没有相关凭据可供取得，但依法经过资产评估的，其成本应当按照评估价值加上相关税费、运输费等确定；没有相关凭据可供取得、也未经评估的，其成本比照同类或类似固定资产的市场价格加上相关税费、运输费等确定；没有相关凭据也未经评估，其同类或类似固定资产的市场价格无法可靠取得，所取得的固定资产应当按照名义金额入账。

接受捐赠、无偿调入的固定资产，按照确定的成本，借记本科目（不需安装）或“在建工程”科目（需要安装），贷记“资产基金——固定资产、在建工程”科目；按照实际支付的相关税费、运输费等，借记“经费支出”科目，贷记“财政拨款收入”“零余额账户用款额度”“银行存款”等科目。

【例 6-19】　某行政单位收到捐赠的文物一批，没有相关凭证，同类或类似文物的市价无法可靠获取，捐赠过程无费用。应编制如下会计分录：

借:固定资产——文物　　1

　贷:资产基金——固定资产　　1

(2)固定资产的折旧。

固定资产的折旧是指固定资产在预计使用寿命内,按照确定的方法对应折旧金额进行系统分摊。行政单位应当按照财政部的要求对固定资产计提折旧。具体要求如下:

① 折旧范围。固定资产折旧的范围主要包括:房屋及构建物;通用设备;专用设备;家具、用具、装具等。下列固定资产不提折旧:文物及陈列品;图书、档案;动植物;以名义金额入账的固定资产;境外行政单位持有的能够与房屋及构筑物区分、拥有所有权的土地。

② 折旧方法。行政单位一般应当采用年限平均法或工作量法计提固定资产折旧。行政单位固定资产的应折旧金额为其成本,计提固定资产折旧不考虑预计净残值。

③ 计提要求。行政单位一般应当按月计提固定资产折旧。当月增加的固定资产,当月不提折旧,从下月起计提折旧;当月减少的固定资产,当月照提折旧,从下月起不提折旧。固定资产提足折旧后,无论能否继续使用,均不再计提折旧;提前报废的固定资产,也不再补提折旧;已提足折旧的固定资产,可以继续使用的,应当继续使用,规范管理。固定资产由于改建、扩建或修缮等原因而提高使用效能或延长使用年限的,应当按照重新确定的固定资产成本以及重新确定的折旧年限,重新计算折旧额。

④ 会计科目。行政单位如果建立了固定资产折旧制度,应当设置"累计折旧"科目,核算行政单位固定资产计提的累计折旧。本科目应当按照固定资产的类别、项目等进行明细核算。

行政单位按月计提固定资产折旧时,按照应计提折旧金额,借记"资产基金——固定资产"科目,贷记本科目。

【例 6-20】 月末,行政单位计提固定资产折旧,A 设备 200 元,B 设备 100 元,共计 300 元。应编制如下会计分录:

借:资产基金——固定资产　　300

　贷:累计折旧——A 设备　　200

　　　　　　——B 设备　　100

(3)固定资产的后续支出。

① 为增加固定资产使用效能或延长其使用寿命而发生的改建、扩建或修缮等后续支出,应当计入固定资产成本。通过“在建工程”科目核算,完工交付使用时转入本科目。有关账务处理参见“在建工程”科目。

② 为维护固定资产正常使用而发生的日常修理等后续支出,应当计入当期支出但不计入固定资产成本,借记“经费支出”科目,贷记“财政拨款收入”“零余额账户用款额度”“银行存款”等科目。

(4)固定资产的处置。

行政单位固定资产的处置,包括出售、置换换出、无偿调出、对外捐赠、报损(废)等。行政单位处置固定资产应当按照国家有关规定办理,并经主管部门审核同意后报同级财政部门审批。

① 经批准无偿调出、对外捐赠固定资产时,按照固定资产的账面价值,借记“资产基金——固定资产”科目,按照已计提折旧,借记“累计折旧”科目,按照固定资产的账面余额,贷记本科目。

无偿调出、对外捐赠固定资产发生由行政单位承担的拆除费用、运输费等,按照实际支付的金额,借记“经费支出”科目,贷记“财政拨款收入”“零余额账户用款额度”“银行存款”等科目。

② 经批准出售、置换换出的固定资产转入待处理财产损溢时,按照固定资产的账面价值,借记“待处理财产损溢”科目,按照已计提折旧,借记“累计折旧”科目,按照固定资产的账面余额,贷记本科目。

③ 报废、毁损的固定资产转入待处理财产损溢时,按照固定资产的账面价值,借记“待处理财产损溢”科目,按照已计提折旧,借记“累计折旧”科目,按照固定资产的账面余额,贷记本科目。

【例 6-21】 某行政单位经批准报废固定资产一项,该资产账面原值 10 000 元,累计折旧 9 800 元,出售残料收入 800 元,支付清理费用 500 元。应编制如下会计分录:

(1)转入待处理财产损溢时:

借:待处理财产损溢——待处理财产价值　　200

　累计折旧　　9 800

　贷:固定资产　　10 000

(2)报废时:

借:资产基金——固定资产　　200

　贷:待处理财产损溢——待处理财产价值　　200

(3)收到残料收入：

借:库存现金等　　800

　贷:待处理财产损溢——处理净收入　　800

(4)支付清理费：

借:待处理财产损溢——处理净收入　　500

　贷:库存现金等　　500

(5)结转净收入：

借:待处理财产损溢——处理净收入　　300

　贷:应缴财政款　　300

(5)固定资产清查。

行政单位固定资产应当定期进行清查盘点，每年至少盘点一次。对于固定资产发生盘盈、盘亏的，应当及时查明原因，按照规定报经批准后进行账务处理。

(二)在建工程的管理与核算

1.在建工程的管理

在建工程是指行政单位已经发生必要支出，但尚未完工交付使用的各种建筑(包括新建、改建、扩建、修缮等)、设备安装工程和信息系统建设工程等。在建工程属于非货币性资产，行政单位的在建工程需要采用“双分录”的核算方法，同时确认取得的在建工程成本和发生的经费支出。

2.在建工程的核算

为核算在建工程业务，行政单位应设置“在建工程”总账科目，并应当按照具体工程项目等进行明细核算；需要分摊计入不同工程项目的间接工程成本，应当通过本科目下设置的“待摊投资”明细科目核算。行政单位的基本建设投资应当按照国家有关规定单独建账、单独核算，同时按照本制度的规定至少按月并入本科目及其他相关科目反映。不能够增加固定资产、公共基础设施使用效能或延长其使用寿命的修缮、维护等，不通过本科目核算。

行政单位应当在本科目下设置“基建工程”明细科目，核算由基建账套并入的在建工程成本。有关基建并账的具体账务处理另行规定(本书略)。本科目期末借方余额，反映行政单位尚未完工的在建工程的实际成本。主要账务处理如下：

(1)建筑工程。

① 将固定资产转入改建、扩建或修缮等时，按照固定资产的账面价值，借记本科目，贷记“资产基金——在建工程”科目；同时，按照固定资产的账面价值，

借记“资产基金——固定资产”科目，按照固定资产已计提折旧，借记“累计折旧”科目，按照固定资产的账面余额，贷记“固定资产”科目。

② 将改建、扩建或修缮的建筑部分拆除时，按照拆除部分的账面价值(没有固定资产拆除部分的账面价值的，比照同类或类似固定资产的实际成本或市场价格及其拆除部分占全部固定资产价值的比例确定)，借记“资产基金——在建工程”科目，贷记本科目。改建、扩建或修缮的建筑部分拆除获得残值收入时，借记“银行存款”等科目，贷记“经费支出”科目；同时，借记“资产基金——在建工程”科目，贷记本科目。

③ 根据工程进度支付工程款时，按照实际支付的金额，借记“经费支出”科目，贷记“财政拨款收入”“零余额账户用款额度”“银行存款”等科目；同时按照相同的金额，借记本科目，贷记“资产基金——在建工程”科目。

根据工程价款结算账单与施工企业结算工程价款时，按照工程价款结算账单上列明的金额(扣除已支付的金额)，借记本科目，贷记“资产基金——在建工程”科目；同时，按照实际支付的金额，借记“经费支出”科目，贷记“财政拨款收入”“零余额账户用款额度”“银行存款”等科目，按照应付未付的金额，借记“待偿债净资产”科目，贷记“应付账款”科目。

④ 支付工程价款结算账单以外的款项时，借记本科目，贷记“资产基金——在建工程”科目；同时，借记“经费支出”科目，贷记“财政拨款收入”“零余额账户用款额度”“银行存款”等科目。

⑤ 工程项目结束，需要分摊间接工程成本的，按照应当分摊到该项目的间接工程成本，借记本科目(××项目)，贷记本科目(待摊投资)。

⑥ 建筑工程项目完工交付使用时，按照交付使用工程的实际成本，借记“资产基金——在建工程”科目，贷记本科目；同时，借记“固定资产”“无形资产”科目(交付使用的工程项目中有能够单独区分成本的无形资产)，贷记“资产基金——固定资产、无形资产”科目。

⑦ 建筑工程项目完工交付使用时扣留质量保证金的，按照扣留的质量保证金金额，借记“待偿债净资产”科目，贷记“长期应付款”等科目。

⑧ 为工程项目配套而建成的、产权不归属本单位的专用设施，将专用设施产权移交其他单位时，按照应当交付专用设施的实际成本，借记“资产基金——在建工程”科目，贷记本科目。

⑨ 工程完工但不能形成资产的项目，应当按照规定报经批准后予以核销。转入待处理财产损溢时，按照不能形成资产的工程项目的实际成本，借记“待处理财产损溢”科目，贷记本科目。

【例 6-22】 行政单位对原有仓库进行改扩建，该仓库原值 10 000 000 元，累计折旧 7 500 000 元。与施工企业约定的工程总价款 5 000 000 元，在工程开始前预付 40%，剩余部分在工程完工时支付。工程款均采用财政直接支付。该仓库改扩建工程达到预定可使用状态后，大大提高了服务能力，延长了其使用年限。应编制如下会计分录：

(1)将原仓库转入改扩建：

借：在建工程　　2 500 000
　贷：资产基金—在建工程　　2 500 000
借：资产基金——固定资产　　2 500 000
　累计折旧　　7 500 000
　贷：固定资产　　10 000 000

(2)开工前预付 40%工程款时：

借：经费支出　　2 000 000
　贷：财政拨款收入　　2 000 000
借：在建工程　　2 000 000
　贷：资产基金—在建工程　　2 000 000

(3)完工结算工程款时：

借：经费支出　　3 000 000
　贷：财政拨款收入　　3 000 000
借：在建工程　　3 000 000
　贷：资产基金—在建工程　　3 000 000

(4)工程完工交付使用，按结转工程成本：

借：资产基金——在建工程　　7 500 000
　贷：在建工程　　7 500 000
借：固定资产　　7 500 000
　贷：资产基金——固定资产　　7 500 000

(2)设备安装。

① 购入需要安装的设备，按照购入的成本，借记本科目，贷记“资产基金——在建工程”科目；同时，按照实际支付的金额，借记“经费支出”科目，贷记“财政拨款收入”“零余额账户用款额度”“银行存款”等科目。

② 发生安装费用时，按照实际支付的金额，借记本科目，贷记“资产基金——在建工程”科目；同时，借记“经费支出”科目，贷记“财政拨款收入”“零余额账户用款额度”“银行存款”等科目。

③ 设备安装完工交付使用时，按照交付使用设备的实际成本，借记“资产基金——在建工程”科目，贷记本科目；同时，借记“固定资产”“无形资产”科目（交付使用的设备中有能够单独区分成本的无形资产），贷记“资产基金——固定资产、无形资产”科目。

（3）信息系统建设。

① 发生各项建设支出时，按照实际支付的金额，借记本科目，贷记“资产基金——在建工程”科目；同时，借记“经费支出”科目，贷记“财政拨款收入”“零余额账户用款额度”“银行存款”等科目。

② 信息系统建设完成交付使用时，按照交付使用信息系统的实际成本，借记“资产基金——在建工程”科目，贷记本科目；同时，借记“固定资产”“无形资产”科目，贷记“资产基金——固定资产、无形资产”科目。

（4）在建工程的毁损。

毁损的在建工程成本，应当转入“待处理财产损溢”科目进行处理。转入待处理财产损溢时，借记“待处理财产损溢”科目，贷记本科目。

（三）无形资产的管理与核算

无形资产是指不具有实物形态而能为行政单位提供某种权利的非货币性资产，包括著作权、土地使用权、专利权、非专利技术等。行政单位购入的不构成相关硬件不可缺少组成部分的软件，应当作为无形资产核算。无形资产应当在完成对其权属的规定登记或其他证明单位取得无形资产时确认。

为核算无形资产业务，行政单位应设置“无形资产”总账科目，并应当按照无形资产的类别、项目等进行明细核算。本科目期末借方余额，反映行政单位无形资产的原价。主要账务处理如下：

1. 无形资产的取得

取得无形资产时，应当按照其实际成本入账。

（1）外购的无形资产。其成本包括实际支付的购买价款、相关税费以及可归属于该项资产达到预定用途所发生的其他支出。购入的无形资产，按照确定的成本，借记本科目，贷记“资产基金——无形资产”科目；同时，按照实际支付的金额，借记“经费支出”科目，贷记“财政拨款收入”“零余额账户用款额度”“银行存款”等科目。购入无形资产尚未付款的，取得无形资产时，按照确定的成本，借记本科目，贷记“资产基金——无形资产”科目；同时，按照应付未付的款项金额，借记“待偿债净资产”科目，贷记“应付账款”科目。

（2）委托软件公司开发软件。视同外购无形资产进行处理。

① 软件开发前按照合同约定预付开发费用时，借记“预付账款”科目，贷记

“资产基金——预付款项”科目；同时，借记“经费支出”科目，贷记“财政拨款收入”“零余额账户用款额度”“银行存款”等科目。

② 软件开发完成交付使用，并支付剩余或全部软件开发费用时，按照软件开发费用总额，借记本科目，贷记“资产基金——无形资产”科目；按照实际支付的金额，借记“经费支出”科目，贷记“财政拨款收入”“零余额账户用款额度”“银行存款”等科目；按照冲销的预付开发费用，借记“资产基金——预付款项”科目，贷记“预付账款”科目。

【例 6-23】 某行政单位委托软件开发公司开发一项应用软件，合同总价款 700 000 元，采用财政直接支付方式预付开发费用 400 000 元。2 个月后软件开发完工，采用财政直接支付方式补付开发费用 300 000 元。软件投入使用。应编制如下会计分录：

(1)按照合同约定预付开发费用时：

借：预付账款　　400 000
　贷：资产基金——预付款项　　400 000
借：经费支出　　400 000
　贷：财政拨款收入　　400 000

(2)2 个月后软件开发完成交付使用时：

借：无形资产　　700 000
　贷：资产基金——无形资产　　700 000

(3)补付的余款：

借：经费支出　　300 000
　贷：财政拨款收入　　300 000

(4)冲销原预付款：

借：资产基金——预付款项　　400 000
　贷：预付账款　　400 000

(3)自行开发并按法律程序申请取得的无形资产。按照依法取得时发生的注册费、聘请律师费等确定成本。取得无形资产时，按照确定的成本，借记本科目，贷记“资产基金——无形资产”科目；同时，按照实际支付的金额，借记“经费支出”科目，贷记“财政拨款收入”“零余额账户用款额度”“银行存款”等科目。依法取得前所发生的研究开发支出，应当于发生时直接计入当期支出，但不计入无形资产的成本。借记“经费支出”科目，贷记“财政拨款收入”“零余额账户用款额度”“财政应返还额度”“银行存款”等科目。

【例 6-24】 某行政单位某项科研研发成功，按法律程序申请取得专利权，注册费 10 000 元，聘请律师费 20 000 元，以银行存款支付。应编制如下会计分录：

借：无形资产　　30 000
　贷：资产基金——无形资产　　30 000

同时，

借：经费支出　　30 000
　贷：银行存款　　30 000

(4)置换取得的无形资产。其成本按照换出资产的评估价值加上支付的补价或减去收到的补价，加上为换入无形资产支付的其他费用(登记费等)确定。置换取得的无形资产，按照确定的成本，借记本科目，贷记“资产基金——无形资产”科目；按照实际支付的补价、相关税费等，借记“经费支出”科目，贷记“财政拨款收入”“零余额账户用款额度”“银行存款”等科目。

(5)接受捐赠、无偿调入的无形资产。其成本按照有关凭据注明的金额加上相关税费确定；没有相关凭据可供取得，但依法经过资产评估的，其成本应当按照评估价值加上相关税费确定；没有相关凭据可供取得，也未经评估的，其成本比照同类或类似资产的市场价格加上相关税费确定；没有相关凭据也未经评估，其同类或类似无形资产的市场价格无法可靠取得，所取得的无形资产应当按照名义金额入账。接受捐赠、无偿调入无形资产时，按照确定的无形资产成本，借记本科目，贷记“资产基金——无形资产”科目；按照发生的相关税费，借记“经费支出”科目，贷记“零余额账户用款额度”“银行存款”等科目。

2. 无形资产摊销

(1)无形资产摊销的管理。

无形资产摊销是指在无形资产使用寿命内，按照确定的方法对应摊销金额进行系统分摊。行政单位应当对无形资产进行摊销，以名义金额计量的无形资产除外。

①行政单位应当按照以下原则确定无形资产的摊销年限：法律规定了有效年限的，按照法律规定的有效年限作为摊销年限；法律没有规定有效年限的，按照相关合同或单位申请书中的受益年限作为摊销年限；法律没有规定有效年限，相关合同或单位申请书也没有规定受益年限的，按照不少于 10 年的期限摊销。非大批量购入、单价小于 1 000 元的无形资产，可以于购买的当期，一次将成本全部摊销。

② 行政单位应当采用年限平均法计提无形资产摊销。行政单位无形资产

的应摊销金额为其成本。行政单位应当自无形资产取得当月起，按月计提摊销；无形资产减少的当月，不再计提摊销。无形资产提足摊销后，无论能否继续带来服务潜力或经济利益，均不再计提摊销；核销的无形资产，如果未提足摊销，也不再补提摊销。因发生后续支出而增加无形资产成本的，应当按照重新确定的无形资产成本，重新计算摊销额。

(2)无形资产摊销的核算。

按月计提无形资产摊销时，按照应计提的金额，借记“资产基金——无形资产”科目，贷记“累计摊销”科目。

【例 6-25】 月末，某县卫计委计提非专利技术的无形资产摊销。无形资产原值 202 000 元，法定摊销年限 15 年，每月摊销金额 11 222 元。应编制如下会计分录：

借：资产基金——无形资产　　11 222

　贷：累计摊销　　11 222

3. 无形资产的后续支出

(1)为增加无形资产使用效能而发生的后续支出，如对软件进行升级改造或扩展其功能等所发生的支出，应当计入无形资产的成本，借记本科目，贷记“资产基金——无形资产”科目；同时，借记“经费支出”科目，贷记“财政拨款收入”“零余额账户用款额度”“银行存款”等科目。

(2)为维护无形资产的正常使用而发生的后续支出，如对软件进行的漏洞修补、技术维护等所发生的支出，应当计入当期支出但不计入无形资产的成本，借记“经费支出”科目，贷记“财政拨款收入”“零余额账户用款额度”“银行存款”等科目。

4. 无形资产的处置

无形资产的处置是指行政单位因各种原因而安排无形资产退出日常业务活动的无形资产终止确认。无形资产的处置方式包括出售、置换换出、无偿调出、对外捐赠等。

(1)报经批准出售、置换换出无形资产转入待处理财产损溢时，按照待出售、置换换出无形资产的账面价值，借记“待处理财产损溢”科目，按照已计提摊销，借记“累计摊销”科目，按照无形资产的账面余额，贷记本科目。

(2)报经批准无偿调出、对外捐赠无形资产，按照无偿调出、对外捐赠无形资产的账面价值，借记“资产基金——无形资产”科目，按照已计提摊销，借记“累计摊销”科目，按照无形资产的账面余额，贷记本科目。无偿调出、对外捐赠无形资产发生由行政单位承担的相关费用支出等，按照实际支付的金额，借记“经费支出”科目，贷记“财政拨款收入”“零余额账户用款额度”“银行存款”等科目。

5. 无形资产的核销

无形资产预期不能为行政单位带来服务潜力或经济利益的，应当按规定报经批准后将无形资产的账面价值予以核销。

三、行政单位非自用资产的管理与核算

有些行政单位有政府储备物质和公共基础设施这两类特殊资产。例如水利行政单位有防洪储备物资，粮食行政单位有粮油储备物质。这些特殊的资产共同的特征是直接为社会公众提供服务的，而不是为行政单位自身的日常运行服务的。

(一)政府储备物资的管理与核算

1. 政府储备物资的管理

政府储备物资是指行政单位直接储存管理的各项政府应急或救灾储备物资等。负责采购并拥有储备物资调拨权力的行政单位(简称“采购单位”)将政府储备物资交由其他行政单位(简称“代储单位”)代为储存的，由采购单位核算政府储备物资，代储单位将受托代储的政府储备物资作为受托代理资产核算。政府储备物资应当在其到达存放地点并验收时确认。

2. 政府储备物资的核算

为核算政府储备物资业务，行政单位应设置“政府储备物资”总账科目。按照政府储备物资的种类、品种、存放地点等进行明细核算。本科目借方余额，反映行政单位管理的政府储备物质的实际成本。主要账务处理如下：

(1)政府储备物资的取得。

① 购入的政府储备物资。其成本包括购买价款、相关税费、运输费、装卸费、保险费以及其他使政府储备物资达到目前场所和状态所发生的支出；单位支付的政府储备物资保管费、仓库租赁费等日常储备费用，不计入政府储备物资的成本。

购入的政府储备物资验收入库，按照确定的成本，借记本科目，贷记“资产基金——政府储备物资”科目；同时，按实际支付的金额，借记“经费支出”科目，贷记“财政拨款收入”“零余额账户用款额度”“银行存款”等科目。

② 接受捐赠、无偿调入的政府储备物资。其成本按照有关凭据注明的金额加上相关税费、运输费等确定；没有相关凭据可供取得，但依法经过资产评估的，其成本应当按照评估价值加上相关税费、运输费等确定；没有相关凭据可供取得、也未经评估的，其成本比照同类或类似政府储备物资的市场价格加上相关税费、运输费等确定。

接受捐赠、无偿调入的政府储备物资验收入库，按照确定的成本，借记本科目，贷记"资产基金——政府储备物资"科目，由行政单位承担运输费用等的，按实际支付的相关税费、运输费等金额，借记"经费支出"科目，贷记"财政拨款收入""零余额账户用款额度""银行存款"等科目。

【例 6-26】 某行政单位(采购单位)通过政府采购购入一批政府储备物资，购买价款 12 546 700 元，向对方支付增值税 2 132 939 元，运输费 34 500 元，装卸费 86 100 元，保险费 30 000 元，共计 14 830 239 元，由财政直接支付方式付款。应编制如下会计分录：

借:政府储备物资　　14 830 239

　贷:资产基金——政府储备物资　　14 830 239

同时，

借:经费支出　　14 830 239

　贷:财政拨款收入　　14 830 239

(2)政府储备物资的发出。

根据实际情况采用先进先出法、加权平均法或者个别计价法确定发出政府储备物资的实际成本。计价方法一经确定，不得随意变更。

经批准对外捐赠、无偿调出政府储备物资时，按照对外捐赠、无偿调出政府储备物资的实际成本，借记"资产基金——政府储备物资"科目，贷记本科目。对外捐赠、无偿调出政府储备物资发生由行政单位承担的运输费等支出时，借记"经费支出"科目，贷记"财政拨款收入""零余额账户用款额度""银行存款"等科目。行政单位报经批准将不需储备的物资出售时，应当转入待处理财产损溢，按照相关储备物资的账面余额，借记"待处理财产损溢"科目，贷记本科目。

(3)盘盈、盘亏或报废、毁损政府储备物资。

行政单位管理的政府储备物资应当定期进行清查盘点，每年至少盘点一次。对于发生的政府储备物资盘盈、盘亏或者报废、毁损，应当及时查明原因，按规定报经批准后进行账务处理。

(二)公共基础设施的管理与核算

1.公共基础设施的管理

公共基础设施是指由行政单位占有并直接负责维护管理、供社会公众使用的工程性公共基础设施资产,包括城市交通设施、公共照明设施、环保设施、防灾设施、健身设施、广场及公共构筑物等其他公共设施。与公共基础设施配套使用的修理设备、工具器具、车辆等动产,作为管理公共基础设施的行政单位的固定资产核算。与公共基础设施配套、供行政单位在公共基础设施管理中自行使用的房屋构筑物等,能够与公共基础设施分开核算的,作为行政单位的固定资产核算。

2.公共基础设施的核算

为核算公共基础设施业务,行政单位应设置"公共基础设施"总账科目。按照公共基础设施的类别和项目进行明细核算。行政单位应当结合本单位的具体情况,制定适合于本单位管理的公共基础设施目录、分类方法,作为进行公共基础设施核算的依据。本科目期末借方余额,反映行政单位管理的公共基础设施的实际成本。主要账务处理如下:

(1)公共基础设施的取得。

① 行政单位自行建设的公共基础设施,其成本包括建造该公共基础设施至交付使用前所发生的全部必要支出。公共基础设施的各组成部分需要分别核算的,按照各组成部分公共基础设施造价确定其成本;没有各组成部分公共基础设施造价的,按照各组成部分公共基础设施同类或类似市场造价的比例对总造价进行分配,确定各组成部分公共基础设施的成本。

公共基础设施建设完工交付使用时,按照确定的成本,借记本科目,贷记"资产基金——公共基础设施"科目;同时,借记"资产基金——在建工程"科目,贷记"在建工程"科目。已交付使用但尚未办理竣工决算手续的公共基础设施,按照估计价值入账,待确定实际成本后再进行调整。

② 接受其他单位移交的公共基础设施,其成本按照公共基础设施的原账面价值确认,借记本科目,贷记"资产基金——公共基础设施"科目。

【例 6-27】 某市体育局自行建设市民健身中心建设完工交付使用,建造成本 3 678 526 000 元,验收后投入使用。应编制如下会计分录:

借:公共基础设施　　3 678 526 000

　　贷:资产基金——公共基础设施　　3 678 526 000

同时，

借：资产基金——在建工程　　3 678 526 000

　贷：在建工程　　3 678 526 000

(2)公共基础设施的后续支出。

与公共基础设施有关的后续支出，分以下情况处理：

① 为增加公共基础设施使用效能或延长其使用寿命而发生的改建、扩建或大型修缮等后续支出，应当计入公共基础设施成本，通过“在建工程”科目核算，完工交付使用时转入“公共基础设施”科目。

② 为维护公共基础设施的正常使用而发生的日常修理等后续支出，应当计入当期支出。借记支出科目，贷记财政拨款收入、银行存款等。

(3)公共基础设施的处置。

行政单位管理的公共基础设施向其他单位移交、毁损、报废时，应当按照规定报经批准后进行账务处理。

① 经批准向其他单位移交公共基础设施时，按照移交公共基础设施的账面价值，借记“资产基金——公共基础设施”科目，按照已计提折旧，借记“累计折旧”科目，按照公共基础设施的账面余额，贷记本科目。

② 报废、毁损的公共基础设施，转入待处理财产损溢时，按照待处理公共基础设施的账面价值，借记“待处理财产损溢”科目，按照已计提折旧，借记“累计折旧”科目，按照公共基础设施的账面余额，贷记本科目。

(三)受托代理资产的管理与核算

受托代理资产是指行政单位接受委托方委托管理的各项资产，包括受托指定转赠的物资、受托储存管理的物资等。行政单位收到受托代理资产为现金和银行存款的，应当通过“库存现金”“银行存款”科目进行核算。受托代理资产应当在行政单位收到受托代理的资产时确认。

为核算受托代理资产业务，行政单位设置“受托代理资产”总账科目。按照资产的种类和委托人进行明细核算；属于转赠资产的，还应当按照受赠人进行明细核算。本科目期末借方余额，反映单位受托代理资产中实物资产的价值。主要账务处理如下：

1. 受托转赠物资

① 接受委托人委托需要转赠给受赠人的物资，其成本按照有关凭据注明的金额确定；没有相关凭据可供取得的，其成本比照同类或类似物资的市场价格确定。

接受委托转赠的物资验收入库，按照确定的成本，借记本科目，贷记"受托代理负债"科目；受托协议约定由行政单位承担相关税费、运输费等的，还应当按照实际支付的相关税费、运输费等金额，借记"经费支出"科目，贷记"银行存款"等科目。

② 将受托转赠物资交付受赠人时，按照转赠物资的成本，借记"受托代理负债"科目，贷记本科目。

③ 转赠物资的委托人取消了对捐赠物资的转赠要求，且不再收回捐赠物资的，应当将转赠物资转为存货或固定资产，按照转赠物资的成本，借记"受托代理负债"科目，贷记本科目；同时，借记"存货""固定资产"科目，贷记"资产基金——存货、固定资产"科目。

2. 受托储存管理物资

① 接受委托人委托储存管理的物资，其成本按照有关凭据注明的金额确定。接受委托储存的物资验收入库，按照确定的成本，借记本科目，贷记"受托代理负债"科目。

② 支付由受托单位承担的与受托储存管理的物资相关的运输费、保管费等费用时，按照实际支付的金额，借记"经费支出"科目，贷记"银行存款"等科目。

③ 根据委托人要求交付受托储存管理的物资时，按照储存管理物资的成本，借记"受托代理负债"科目，贷记本科目。

【例 6-28】 某行政单位收到海外华侨组织委托转赠物资一批，价值500 000元。根据协议，该批财产用于次年西部某扶贫项目。应编制如下会计分录：

(1)收到转赠物资验收入库时：

借：受托代理资产	500 000	
贷：受托代理负债		500 000

(2)次年，交付受托转赠物资时：

借：受托代理负债	500 000	
贷：受托代理资产		500 000

四、待处理财产损溢的管理与核算

行政单位财产的处理包括资产的出售、报废、毁损、盘盈、盘亏，以及货币性资产损失核销等。

行政单位待处理财产损溢核算的主要分录

为核算待处理财产损溢业务，行政单位应设置“待处理财产损溢”总账科目。核算行政单位待处理财产的价值及财产处理损溢，按照待处理财产项目进行明细核算；同时设置“待处理财产价值”“处理净收入”明细科目。行政单位财产的处理，一般应当先记入本科目，按照规定报经批准后及时进行相应的账务处理。年终结账前一般应处理完毕。本科目期末如为借方余额，反映尚未处理完毕的各种财产的价值及净损失；期末如为贷方余额，反映尚未处理完毕的各种财产净溢余。年度终了，报经批准处理后，本科目一般应无余额。主要账务处理如下：

1.按照规定报经批准处理无法查明原因的现金短缺或溢余

属于无法查明原因的现金短缺，报经批准核销的，借记“经费支出”科目，贷记本科目。属于无法查明原因的现金溢余，报经批准后，借记本科目，贷记“其他收入”科目。

【例 6-29】 某行政单位清查现金，发现短缺现金 800 元，无法查明原因，经批准予以核销。应编制如下会计分录：

(1)转入待处理财产损溢：

借：待处理财产损溢——待处理财产价值　　800

　贷：库存现金　　800

(2)报经批准予以核销时：

借：经费支出　　800

　贷：待处理财产损溢——待处理财产价值　　800

2.按照规定报经批准核销无法收回的应收账款、其他应收款

转入待处理财产损溢时，借记本科目，贷记“应收账款”“其他应收款”科目。报经批准对无法收回的其他应收款予以核销时，借记“经费支出”科目，贷记本科目；对无法收回的应收账款予以核销时，借记“其他应付款”等科目，贷记本科目。

3.按照规定报经批准核销预付账款、无形资产

转入待处理财产损溢时，借记本科目（核销无形资产的，还应借记“累计摊销”科目），贷记“预付账款”“无形资产”科目。报经批准予以核销时，借记“资产基金——预付款项、无形资产”科目，贷记本科目。

4. 出售、置换换出存货、固定资产、无形资产、政府储备物资等

① 转入待处理财产损溢时，借记本科目(待处理财产价值)(出售、置换换出固定资产的，还应当借记“累计折旧”科目；出售、置换换出无形资产的，还应当借记“累计摊销”科目)，贷记“存货”“固定资产”“无形资产”“政府储备物资”等科目。

② 实现出售、置换换出时，借记“资产基金”及相关明细科目，贷记本科目(待处理财产价值)。

③ 出售、置换换出资产过程中收到价款、补价等收入，借记“库存现金”“银行存款”等科目，贷记本科目(处理净收入)。

④ 出售、置换换出资产过程中发生相关费用，借记本科目(处理净收入)，贷记“库存现金”“银行存款”“应缴税费”等科目。

⑤ 出售、置换换出完毕并收回相关的应收账款后，按照处置收入扣除相关税费后的净收入，借记本科目(处理净收入)，贷记“应缴财政款”。如果处置收入小于相关税费的，按照相关税费减去处置收入后的净支出，借记“经费支出”科目，贷记本科目(处理净收入)。

5. 盘亏、毁损、报废各种实物资产

① 转入待处理财产损溢时，借记本科目(待处理财产价值，处置固定资产、公共基础设施的，还应当借记“累计折旧”科目)，贷记“存货”“固定资产”“在建工程”“政府储备物资”“公共基础设施”等科目。

② 报经批准予以核销时，借记“资产基金”及相关明细科目，贷记本科目(待处理财产价值)。

③ 毁损、报废各种实物资产过程中取得的残值变价收入、发生相关费用，以及取得的残值变价收入扣除相关费用后的净收入或净支出的账务处理，比照本科目“4. 出售、置换换出存货、固定资产、无形资产、政府储备物资等”有关出售资产进行处理。

6. 核销不能形成资产的在建工程成本

转入待处理财产损溢时，借记本科目，贷记“在建工程”科目。报经批准予以核销时，借记“资产基金——在建工程”科目，贷记本科目。

7. 盘盈存货、固定资产、政府储备物资等实物资产

转入待处理财产损溢时，借记“存货”“固定资产”“政府储备物资”等科目，贷记本科目。报经批准予以处理时，借记本科目，贷记“资产基金”及相关明细科目。

第二节 行政单位负债的管理与核算

行政单位的负债按流动性分为流动性负债和非流动性负债。流动性负债是指预计在1年以内(含1年)偿还的负债。行政单位的流动负债包括应缴财政款、应缴税费、应付职工薪酬、应付及暂存款项、应付政府补贴款等。非流动性负债是指流动负债以外的负债,包括长期应付款等。

一、应缴财政款的管理与核算

应缴财政款是指行政单位取得的按规定应当上缴财政的款项,包括罚没收入、行政事业性收费、政府性基金、国有资产处置和出租收入等。行政单位按照国家税法等有关规定应当缴纳的各种税费,通过"应缴税费"科目核算。应缴财政款应当在收到应缴财政的款项时确认。

行政单位负债核算的主要分录

为核算应缴财政款业务,行政单位应设置"应缴财政款"总账科目。按照应缴财政款项的类别进行明细核算。本科目贷方余额,反映行政单位应当上缴财政但尚未缴纳的款项。年终清缴后,本科目一般应无余额。主要账务处理如下:

(1)取得按照规定应当上缴财政的款项时,借记"银行存款"等科目,贷记本科目。

(2)处置资产取得应当上缴财政的处置净收入的账务处理,参见"待处理财产损溢"科目。

(3)上缴应缴财政的款项时,按照实际上缴的金额,借记本科目,贷记"银行存款"科目。

【例6-30】 某公安局收取办理出国护照工本费5 000元,公民以现金支付;该公安局将此款项上缴财政国库。应编制如下会计分录:

(1)收取护照工本费时:

借:库存现金	5 000	
贷:应缴财政款——行政性收费		5 000

(2)上缴财政国库时:

借:应缴财政款——行政性收费	5 000	
贷:库存现金		5 000

二、应缴税费的管理与核算

应缴税费是指行政单位按照税法等规定应当缴纳的各种税费，包括城市维护建设税、教育费附加、房产税、车船税、城镇土地使用税、行政单位代扣代缴的个人所得税等。应缴税费应当在产生缴纳税费义务时确认。

为核算应缴税费业务，行政单位应设置“应缴税费”总账科目。按照应缴纳的税费种类进行明细核算。本科目期末贷方余额，反映行政单位应缴未缴的税费金额。主要账务处理如下：

(1)发生税费时，借记相应账户，贷记本科目，实际缴纳时，借记本科目，贷记“财政拨款收入”“零余额账户用款额度”“银行存款”等科目。

(2)代扣代缴个人所得税，按照税法等规定计算的应代扣代缴的个人所得税金额，借记“应付职工薪酬”科目(从职工工资中代扣个人所得税)或“经费支出”科目(从劳务费中代扣个人所得税)，贷记本科目。实际缴纳时，借记本科目，贷记“财政拨款收入”“零余额账户用款额度”“银行存款”等科目。

【例 6-31】 2014 年 6 月末，某行政单位为职工代扣代缴 6 月份个人所得税 26 000 元，并且于次月初通过银行转账实际缴纳代扣税款。应编制如下会计分录：

(1)代扣个人所得税：

借：应付职工薪酬	26 000	
贷：应缴税费——应缴个人所得税		26 000

(2)缴纳代扣的个人所得税：

借：应缴税费——应缴个人所得税	26 000	
贷：银行存款		26 000

三、应付职工薪酬的管理与核算

应付职工薪酬是指行政单位按照有关规定应当支付给职工的各种薪酬，包括基本工资、奖金、国家统一规定的津贴补贴、社会保险费、住房公积金等。应付职工薪酬应当在规定支付职工薪酬的时间确认。

为核算应付职工薪酬业务，行政单位应设置“应付职工薪酬”总账科目，并应当根据国家有关规定按照“工资(离退休费)”“地方(部门)津贴补贴”“其他个人收入”以及“社会保险费”“住房公积金”等进行明细核算。本科目期末贷方余额，反映行政单位应付未付的职工薪酬。主要账务处理如下：

(1)发生应付职工薪酬时，按照计算出的应付职工薪酬金额，借记“经费支出”科目，贷记本科目。

(2)向职工支付工资、津贴补贴等薪酬时，按照实际支付的金额，借记本科目，贷记“财政拨款收入”“零余额账户用款额度”“银行存款”等科目。

从应付职工薪酬中代扣为职工垫付的水电费、房租等费用时，按照实际扣除的金额，借记本科目(工资)，贷记“其他应收款”等科目。

从应付职工薪酬中代扣代缴个人所得税，按照代扣代缴的金额，借记本科目(工资)，贷记“应缴税费”科目。

从应付职工薪酬中代扣代缴社会保险费和住房公积金，按照代扣代缴的金额，借记本科目(工资)，贷记“其他应付款”科目。

(3)缴纳单位为职工承担的社会保险费和住房公积金时，借记本科目(社会保险费、住房公积金)，贷记“财政拨款收入”“零余额账户用款额度”“银行存款”等科目。

【例 6-32】 某市环保局计算本月职工薪酬，应付工资总额为 167 000 元。其中，基本工资 120 000 元，奖金 27 000 元，绩效工资 20 000 元。应编制如下会计分录：

借：经费支出——工资福利支出——基本工资　120 000
　　　　　　　　　　　　　——奖金　27 000
　　　　　　　　　　　　　——绩效工资　20 000
　贷：应付职工薪酬　167 000

【例 6-33】 接例 6-32，从应付职工薪酬中代扣个人住房公积金 12 000 元，医疗保险缴费 10 400 元，个人所得税 12 500 元，工会经费 500 元，扣款总计 34 900 元，实际支付工资 132 100 元，以财政直接支付方式支付。应编制如下会计分录：

(1)各种扣款：

借：应付职工薪酬　34 900
　贷：其他应付款——职工住房公积金　12 000
　　　　　　　　——职工医疗保险缴费　10 400
　　　应缴税费——职工个人所得税　12 500

(2)发放工资：

借：应付职工薪酬　132 100
　贷：财政拨款收入　132 100

【例 6-34】　接例 6-33，缴纳单位为职工承担的社会保险费和住房公积金，以零余额账户用款额度支付。应编制如下会计分录：

借：其他应付款——职工住房公积金　12 000

——职工医疗保险缴费　10 400

贷：零余额账户用款额度　22 400

四、应付账款的管理与核算

应付账款是指行政单位因购买物资或服务、工程建设等而应付的偿还期限在 1 年以内(含 1 年)的款项。应付账款应当在收到所购物资或服务、完成工程时确认。

为核算应付账款业务，行政单位应设置"应付账款"总账科目。按照债权单位(或个人)进行明细核算。本科目期末贷方余额反映行政单位尚未支付的应付账款。主要账务处理如下：

(1)收到所购物资或服务、完成工程但尚未付款时，按照应付未付款项的金额，借记"待偿债净资产"科目，贷记本科目。

(2)偿付应付账款时，借记本科目，贷记"待偿债净资产"科目；同时，借记"经费支出"科目，贷记"财政拨款收入""零余额账户用款额度""银行存款"等科目。

(3)无法偿付或债权人豁免偿还的应付账款，应当按照规定报经批准后进行账务处理。经批准核销时，借记本科目，贷记"待偿债净资产"科目。核销的应付账款应在备查簿中保留登记。

【例 6-35】　某税务局从 A 公司定做一批工作服，工作服已验收入库，价款 80 000 元，货款暂欠。应编制如下会计分录：

借：存货　80 000

贷：资产基金——存货　80 000

借：待偿债净资产——应付账款　80 000

贷：应付账款——A 公司　80 000

五、其他应付款的管理与核算

其他应付款是指行政单位除应缴财政款、应缴税费、应付职工薪酬、应付政府补贴款、应付账款以外的其他各项偿还期在 1 年以内(含 1 年)的应付及暂存款项，如收取的押金、保证金、归集所属单位缴交的财政拨款结余资金、未纳入行政单位预算管理的转拨资金、代扣代缴职工社会保险费和住房公积金等。

为核算其他应付款业务，行政单位应设置"其他应付款"总账科目。按照其他应付款的类别以及债权单位（或个人）进行明细核算。本科目期末贷方余额，反映行政单位尚未支付的其他应付款。主要账务处理如下：

(1)发生其他各项应付及暂存款项时，借记"银行存款"等科目，贷记本科目。

(2)支付其他各项应付及暂存款项时，借记本科目，贷记"银行存款"等科目。

(3)因故无法偿付或债权人豁免偿还的其他应付款项，应当按规定报经批准后进行账务处理。经批准核销时，借记本科目，贷记"其他收入"科目。核销的其他应付款应在备查簿中保留登记。

六、应付政府补贴款的管理与核算

应付政府补贴款是指负责发放政府补贴的行政单位，按照规定应当支付给政府补贴接受者的各种政府补贴款。应付政府补贴款应当在规定发放政府补贴的时间确认。

为核算应付政府补贴款的业务，行政单位应设置"应付政府补贴款"总账科目。按照应支付的政府补贴种类进行明细核算。行政单位还应当按照补贴接受者建立备查簿，进行相应明细核算。本科目期末贷方余额，反映行政单位应付未付的政府补贴金额。主要账务处理如下：

(1)发生应付政府补贴时，按照规定计算出的应付政府补贴金额，借记"经费支出"科目，贷记本科目。

(2)支付应付的政府补贴款时，借记本科目，贷记"零余额账户用款额度""银行存款"等科目。

【例 6-36】 某县民政局计算提取当月的城市居民最低保障补助款，本月有 136 个家庭享受补贴，共计 123 640 元。应编制如下会计分录：

借：经费支出	123 640	
贷：应付政府补贴款		123 640

【例 6-37】 接例 6-36，县民政局向享受低保家庭发放政府补贴款。应编制如下会计分录：

借：应付政府补贴款	123 640	
贷：银行存款		123 640

七、长期应付款的管理与核算

长期应付款是指行政单位发生的偿还期限超过 1 年(不含 1 年)的应付款项,如跨年度分期付款购入固定资产的价款等。长期应付款应当按照以下条件确认:第一,因购买物资、服务等发生的长期应付款,应当在收到所购物资或服务时确认;第二,由于其他原因发生的长期应付款,应当在承担付款义务时确认。

为核算长期应付款业务,行政单位设置"长期应付款"总账科目。按照长期应付款的类别以及债权单位(或个人)进行明细核算。本科目期末贷方余额,反映行政单位尚未支付的长期应付款。主要账务处理如下:

(1)发生长期应付款时,按照应付未付的金额,借记"待偿债净资产"科目,贷记本科目。

(2)偿付长期应付款时,借记"经费支出"科目,贷记"财政拨款收入""零余额账户用款额度""银行存款"等科目;同时,借记本科目,贷记"待偿债净资产"科目。

(3)无法偿付或债权人豁免偿还的长期应付款,应当按照规定报经批准后进行账务处理。经批准核销时,借记本科目,贷记"待偿债净资产"科目。核销的长期应付款应在备查簿中保留登记。

【例 6-38】 某行政单位以分期付款方式从 F 公司购入一台设备,应付价款为 210 000 元,分 3 年支付,每年年末支付 70 000 元。应编制如下会计分录:

(1)该行政单位购入设备时,

借:固定资产　210 000

　贷:资产基金——固定资产　210 000

借:待偿债净资产——长期应付款　210 000

　贷:长期应付款——固定资产——F 公司　210 000

(2)该行政单位年末通过单位零余额账户偿还 F 公司设备价款时,

借:经费支出　70 000

　贷:零余额账户用款额度　70 000

借:长期应付款——固定资产——F 公司　70 000

　贷:待偿债净资产——长期应付款　70 000

八、受托代理负债的管理与核算

受托代理负债是指行政单位接受委托,取得受托管理资产时形成的负债。受托代理负债应当在行政单位收到受托代理资产并产生受托代理义务时确认。

为核算受托代理业务，行政单位设置了“受托代理负债”总账科目。按照委托人等进行明细核算；属于指定转赠物资和资金的，还应当按照指定受赠人进行明细核算。本科目期末贷方余额，反映行政单位尚未清偿的受托代理负债。本科目的账务处理参见“受托代理资产”“库存现金”“银行存款”等科目。

第三节　行政单位收入的管理与核算

行政单位的收入是指行政单位依法取得的非偿还性资金。行政单位的收入包括财政拨款收入和其他收入。

一、财政拨款收入的管理与核算

(一)财政拨款收入的管理

财政拨款收入是指行政单位从同级财政部门取得的预算经费。其中，同级财政部门是指行政单位的预算管理部门，行政单位的单位预算需要经过同级财政部门批准后才能开始执行。

财政拨款收入是行政单位主要的甚至是唯一的资金来源，是行政单位开展业务活动的基本财力保证。因此，行政单位必须加强对财政拨款收入的管理。

(1)按单位预算和用款计划申请取得财政拨款收入。行政单位应当严格按照经批准的单位年度预算以及分月用款计划按月申请取得财政拨款收入，不得申请无预算、超预算的财政拨款。如果需要增加财政拨款，行政单位应编制追加预算请求，并经批准，才可增加财政拨款。

(2)按业务活动进度和资金结余情况申请取得财政拨款收入。一般情况下，行政单位基本支出用款计划按照年度均衡性原则编制，项目支出用款计划按照项目实施进度和政府采购计划编制。

(3)按规定用途申请取得财政拨款收入。行政单位应当按照预算规定的用途申请取得财政拨款收入，未经财政部门同意，不得擅自改变财政拨款收入的用途。

(4)按照财政资金支付方式申请取得财政拨款收入。在财政国库集中支付方式下，财政资金的支付有财政直接支付和财政授权支付两种。一般情况下，行政单位的工资支出、大额购买支出等采用财政直接支付方式，小额、零星支出等采用财政授权支付方式。

（二）财政拨款收入的核算

为核算财政拨款收入业务，行政单位应设置“财政拨款收入”总账科目，并应当设置“基本支出拨款”和“项目支出拨款”两个明细科目，分别核算行政单位取得用于基本支出和项目支出的财政拨款资金；同时，按照《政府收支分类科目》中“支出功能分类科目”的项级科目进行明细核算；在“基本支出拨款”明细科目下按照“人员经费”和“日常公用经费”进行明细核算，在“项目支出拨款”明细科目下按照具体项目进行明细核算。有公共财政预算拨款、政府性基金预算拨款等两种或两种以上财政拨款的行政单位，还应当按照财政拨款的种类分别进行明细核算。年终结账后，本科目应无余额。

行政单位收入核算的主要分录

主要账务处理如下：

(1)财政直接支付方式下，行政单位根据收到的“财政直接支付入账通知书”及相关原始凭证，借记“经费支出”科目，贷记本科目。

年末，行政单位根据本年度财政直接支付预算指标数与财政直接支付实际支出数的差额，借记“财政应返还额度——财政直接支付”科目，贷记本科目。

【例 6-39】 某市检察院购入一批办公用品并验收入库，总价款 12 000 元通过财政直接支付方式支付。应编制如下会计分录：

借：存货　　12 000

　贷：资产基金——存货　　12 000

同时，

借：经费支出——商品和服务支出　　12 000

　贷：财政拨款收入——基本支出拨款　　12 000

【例 6-40】 某市检察院根据本年度财政直接支付预算指标数与财政直接支付实际支出数的差额 96 000 元，将财政拨款收入结余转入“财政应返还额度——财政直接支付”科目。应编制如下会计分录：

借：财政应返还额度——财政直接支付　　96 000

　贷：财政拨款收入　　96 000

(2)财政授权支付方式下,行政单位根据收到的"财政授权支付额度到账通知书",借记"零余额账户用款额度"等科目,贷记本科目。

年末,如行政单位本年度财政授权支付预算指标数大于财政授权支付额度下达数,根据两者间的差额,借记"财政应返还额度——财政授权支付"科目,贷记本科目。

【例 6-41】 某市检察院收到"财政授权支付额度到账通知书",通知显示单位有 200 000 元的零余额账户用款额度。应编制如下会计分录:

借:零余额账户用款额度　　200 000

　贷:财政拨款收入　　200 000

【例 6-42】 年末,市检察院本年度财政授权支付预算指标数大于财政授权支付额度下达数,根据两者间的差额 50 000 元,确认结余。应编制如下会计分录:

借:财政应返还额度——财政授权支付　　50 000

　贷:财政拨款收入　　50 000

(3)其他方式下,实际收到财政拨款收入时,借记"银行存款"等科目,贷记本科目。

(4)本年度财政直接支付的资金收回时,借记本科目,贷记"经费支出"等科目。如果相应的专用设备在购入时做过借记"固定资产"科目、贷记"资产基金"科目会计分录,应当在退货时予以冲销。

【例 6-43】 接例 6-39,某市检察院购入的办公用品存在质量问题,全部退货并收回已支付资金。应编制如下会计分录:

借:资产基金——存货　　12 000

　贷:存货　　12 000

同时,

借:财政拨款收入——基本支出拨款　　12 000

　贷:经费支出——商品和服务支出　　12 000

(5)年末,将本科目本年发生额转入财政拨款结转时,借记本科目,贷记"财政拨款结转"科目。

【例 6-44】 年末,某市检察院将"财政拨款收入"科目的本年发生额 2 300 000 元,转入"财政拨款结转"科目。应编制如下会计分录:

借：财政拨款收入　　2 300 000

　贷：财政拨款结转　　2 300 000

二、其他收入的管理与核算

其他收入是指核算行政单位取得的除财政拨款收入以外的其他各项收入，如从非同级财政部门、上级主管部门等取得的用于完成项目或专项任务的资金、库存现金溢余等。

为核算其他收入业务，行政单位应设置“其他收入”总账科目，并应当按照其他收入的类别、来源单位、项目资金和非项目资金进行明细核算。对于项目资金收入，还应当按照具体项目进行明细核算。年终结账后，本科目应无余额。主要账务处理如下：

(1)收到属于其他收入的各种款项时，按照实际收到的金额，借记“银行存款”“库存现金”等科目，贷记本科目。

(2)年末，将本科目本年发生额转入其他资金结转结余时，借记本科目，贷记“其他资金结转结余”科目。

【例 6-45】 某行政单位收到废旧物品变价收入 500 元，以现金收讫。应编制如下会计分录：

借：库存现金　　500

　贷：其他收入——废品变价收入　　500

【例 6-46】 年末，某行政单位“其他收入”科目本年发生额 20 000 元转入“其他资金结转结余”科目。应编制如下会计分录：

借：其他收入　　20 000

　贷：其他资金结转结余　　20 000

第四节　行政单位支出的管理与核算

行政单位的支出是指行政单位为保障机构正常运转和完成工作任务所发生的资金耗费和损失。

行政单位支出按照不同的标准可以分为以下三类：

(1)按支出性质分为经费支出和拨出经费。经费支出是指行政单位自身开展业务活动使用各项资金发生的基本支出和项目支出。拨出经费是指行政单位向所属单位拨出的纳入预算管理的非同级财政拨款资金。

(2)按部门预算的要求不同分为基本支出和项目支出。基本支出是指行政单位为维持正常运转和完成日常工作任务而发生的各项支出，如基本工资、津贴、办公费、劳务费等。项目支出是指行政单位为完成专项工作或特定任务而发生的各项支出，如专项会议支出、基础设施建设支出、专项大型修缮支出等。

(3)按资金来源分为财政拨款支出和其他资金支出。财政拨款支出是指行政单位使用财政拨入经费而发生的经费支出。其他资金支出是指行政单位使用除财政拨入经费以外的资金而发生的支出。

一、经费支出的管理与核算

经费支出是指行政单位在开展业务活动中发生的各项支出。它是行政单位对财政拨款收入和其他收入综合安排使用的结果，是行政单位在预算执行过程中各项资金的实际消耗数。

行政单位支出核算的主要分录

为核算经费支出业务，行政单位设置"经费支出"总账科目。本科目应当分别按照"财政拨款支出"和"其他资金支出""基本支出"和"项目支出"等分类进行明细核算；并按照《政府收支分类科目》中"支出功能分类科目"的项级科目进行明细核算；"基本支出"和"项目支出"明细科目下应当按照《政府收支分类科目》中"支出经济分类科目"的款级科目进行明细核算。同时在"项目支出"明细科目下按照具体项目进行明细核算。有公共财政预算拨款、政府性基金预算拨款等两种或两种以上财政拨款的行政单位，还应当按照财政拨款的种类分别进行明细核算。年终结账后，本科目应无余额。主要账务处理如下：

(1)计提单位职工薪酬时，按照计算出的金额，借记本科目，贷记"应付职工薪酬"科目。

【例 6-47】 某县法制委计提单位职工薪酬。本月职工基本工资 60 000 元，津贴补助 6 000 元，应发工资 66 000 元。应编制如下会计分录：

借：经费支出——财政拨款支出——基本支出

　　　　　　——工资福利支出——基本工资　　60 000

　　　　　　　　　　　　　——津贴补助　　6 000

　贷：应付职工薪酬　　66 000

(2)支付外部人员劳务费，按照应当支付的金额，借记本科目，按照代扣代缴个人所得税的金额，贷记“应缴税费”科目，按照扣税后实际支付的金额，贷记“财政拨款收入”“零余额账户用款额度”“银行存款”等科目。

(3)支付购买存货、固定资产、无形资产、政府储备物资和工程结算的款项，按照实际支付的金额，借记本科目，贷记“财政拨款收入”“零余额账户用款额度”“银行存款”等科目；同时，按照采购或工程结算成本，借记“存货”“固定资产”“无形资产”“在建工程”“政府储备物资”等科目，贷记“资产基金”及其明细科目。

【例 6-48】 某县法制委支付购买电脑的款项 30 000 元，以财政直接支付的方式支付。应编制如下会计分录：

借：经费支出——财政拨款支出——基本支出——商品和服务支出——装备购置费　30 000

　贷：财政拨款收入　30 000

同时，

借：固定资产　30 000

　贷：资产基金——固定资产　30 000

(4)发生预付账款的，按照实际预付的金额，借记本科目，贷记“财政拨款收入”“零余额账户用款额度”“银行存款”等科目；同时，借记“预付账款”科目，贷记“资产基金——预付款项”科目。

【例 6-49】 某县法制委购买专用材料一批，预付货款 3 000 元，以零余额账户用款额度支付。应编制如下会计分录：

借：经费支出——财政拨款支出——项目支出——商品和服务支出——专用材料费　3 000

　贷：零余额账户用款额度　3 000

同时，

借：预付账款　3 000

　贷：资产基金——预付款项　3 000

(5)偿还应付款项时，按照实际偿付的金额，借记本科目，贷记“财政拨款收入”“零余额账户用款额度”“银行存款”等科目；同时，借记“应付账款”“长期应付款”科目，贷记“待偿债净资产”科目。

【例 6-50】 某县法制委以财政直接支付的方式偿还一笔长期应付款，金额 80 000 元。该项款项为购买设备所欠款项。应编制如下会计分录：

借：经费支出——财政拨款支出——项目支出——商品和服务支出——装备购置费 80 000
　贷：财政拨款收入 80 000

同时，

借：长期应付款 80 000
　贷：待偿债净资产 80 000

(6)发生其他各项支出时，按照实际支付的金额，借记本科目，贷记"财政拨款收入""零余额账户用款额度""银行存款"等科目。

(7)行政单位由于退货等原因发生支出收回的，属于当年支出收回的，借记"财政拨款收入""零余额账户用款额度""银行存款"等科目，贷记本科目；属于以前年度支出收回的，借记"财政应返还额度""零余额账户用款额度""银行存款"等科目，贷记"财政拨款结转""财政拨款结余""其他资金结转结余"等科目。

(8)年末，将本科目本年发生额分别转入财政拨款结转和其他资金结转结余时，借记"财政拨款结转""其他资金结转结余"科目，贷记本科目。

【例 6-51】 年末，某县法制委"经费支出"科目本年的发生额为 860 000 元，其中，"财政拨款支出"明细科目的发生额 850 000 元，"其他资金支出"明细科目的发生额为 10 000 元，转入"财政拨款结转"和"其他资金结转结余"科目。应编制如下会计分录：

借：财政拨款结转 850 000
　　其他资金结转结余 10 000
　贷：经费支出——财政拨款支出 850 000
　　　　　　——其他资金支出 10 000

二、拨出经费的管理与核算

拨出经费是指行政单位向所属单位拨出的纳入单位预算管理的非同级财政拨款资金，如拨给所属单位的专项经费和补助经费等。

为核算拨出经费业务，行政单位应设置"拨出经费"总账科目。本科目应当分别按照"基本支出"和"项目支出"进行明细核算；还应当按照接受拨出经费的具体单位和款项类别等分别进行明细核算。年终结账后，本科目应无余额。主要账务处理如下：

(1)向所属单位拨付非同级财政拨款资金等款项时，借记本科目，贷记"银行存款"等科目。

(2)收回拨出经费时，借记"银行存款"等科目，贷记本科目。

(3)年末，将本科目本年发生额转入其他资金结转结余时，借记"其他资金结转结余"科目，贷记本科目。

【例6-52】 某县法制委向所属单位拨付一笔专项资金，该项目由世界银行资助，为非同级财政拨款，金额100 000元。应编制如下会计分录：

借：拨出经费——项目支出　　100 000

　贷：银行存款　　100 000

【例6-53】 接例6-52，所属单位所承担的项目完工，结余资金10 000元，按照协议规定，予以收回。应编制如下会计分录：

借：银行存款　　10 000

　贷：拨出经费——项目支出——世行项目　　10 000

【例6-54】 年末，某县法制委将"拨出经费——项目支出"科目借方余额90 000元转入"其他资金结转结余"科目。应编制如下会计分录：

借：其他资金结转结余　　90 000

　贷：拨出经费——项目支出——世行项目　　90 000

第五节　行政单位净资产的管理与核算

行政单位的净资产是指行政单位资产扣除负债后的余额，包括财政拨款结转、财政拨款结余、其他资金结转结余、资产基金、待偿债净资产等。

一、财政拨款结转的管理与核算

(一)财政拨款结转的管理

财政拨款结转是指预算未全部执行或未执行，下年需按原用途继续使用的预算资金，包括基本支出结转、项目支出结转。

1.基本支出结转资金的管理

年度预算执行结束时，尚未列支的基本支出全部作为结转资金管理，结转下年继续用于基本支出。基本支出结转资金包括人员经费结转资金和公用经费结转资金。编制年度预算时，中央部门应充分预计和反映基本支出结转资金，并结合结转资金情况统筹安排以后年度基本支出预算。财政部批复年初预算时一并批复部门上年底基本支出结转资金情况。部门决算批复后，决算中基本支出结转资金数与年初批复数不一致的，应以决算数据作为结转资金执行依据。中央部门在预算执行中因增人增编需增加基本支出的，应首先通过基本支出结转资金安排。

2. 项目支出结转资金的管理

项目实施周期内，年度预算执行结束时，除连续两年未用完的预算资金外，已批复的预算资金尚未列支的部分，作为结转资金管理，结转下年按原用途继续使用。基本建设项目竣工之前，均视为在项目实施周期内，年度预算执行结束时，已批复的预算资金尚未列支的部分，作为结转资金管理，结转下年按原用途继续使用。编制年度预算时，中央部门应充分预计和反映项目支出结转资金，并结合结转资金情况统筹安排以后年度项目支出预算。财政部批复年初预算时一并批复部门上年底项目支出结转资金情况。部门决算批复后，决算中项目支出结转资金数与年初批复数不一致的，应以决算数据作为结转资金执行依据。

(二)财政拨款结转的核算

为核算财政拨款结转业务，行政单位应设置“财政拨款结转”总账科目。本科目应当设置“基本支出结转”“项目支出结转”两个明细科目；在“基本支出结转”明细科目下按照“人员经费”和“日常公用经费”进行明细核算，在“项目支出结转”明细科目下按照具体项目进行明细核算；本科目还应当按照《政府收支分类科目》中“支出功能分类科目”的项级科目进行明细核算。有公共财政预算拨款、政府性基金预算拨款等两种或两种以上财政拨款的行政单位，还应当按照财政拨款种类分别进行明细核算。本科目还可以根据管理需要按照财政拨款结转变动原因，设置“收支转账”“结余转账”“年初余额调整”“归集上缴”“归集调入”“单位内部调剂”“剩余结转”等明细科目，进行明细核算。本科目期末贷方余额，反映行政单位滚存的财政拨款结转资金数额。主要账务处理如下：

行政单位净资产核算的主要分录

(1)调整以前年度财政拨款结转。由于发生差错更正，以前年度支出收回等原因，需要调整财政拨款结转的，按照实际调增财政拨款结转的金额，借记有关科目，贷记本科目(年初余额调整)；按照实际调减财政拨款结转的金额，借记本科目(年初余额调整)，贷记有关科目。

【例 6-55】 某省教育厅单位收回以前年度支出 5 000 元，需要调增财政拨款结转。应编制如下会计分录：

借：银行存款 5 000

贷：财政拨款结转——年初余额调整 5 000

(2)从其他单位调入财政拨款结余资金。按照规定从其他单位调入财政拨款结余资金时，按照实际调增的额度数额或调入的资金数额，借记"零余额账户用款额度""银行存款"等科目，贷记本科目(归集调入)及其明细。

【例 6-56】 某省教育厅资助 A 高校的创新基地建设项目到期完工，结余资金 30 000 元，按照资助规定，结余资金要划回资助单位省教育厅，现省教育厅收到资金并存入银行。应编制如下会计分录：

借：银行存款 30 000

贷：财政拨款结转——归集调入 30 000

(3)上缴财政拨款结转。按照规定上缴财政拨款结转资金时，按照实际核销的额度数额或上缴的资金数额，借记本科目(归集上缴)及其明细，贷记"财政应返还额度""零余额账户用款额度""银行存款"等科目。

【例 6-57】 接例 6-56，资助高校的创新基地建设项目系教育部拨款，本批创新基地建设项目结余资金共计 210 000 元，按照规定向教育部上缴财政拨款结转资金。应编制如下会计分录：

借：财政拨款结转——归集上缴 210 000

贷：银行存款 210 000

(4)单位内部调剂结余资金。经财政部门批准对财政拨款结余资金改变用途，调整用于其他未完成项目等，按照调整的金额，借记"财政拨款结余"科目(单位内部调剂)及其明细，贷记本科目(单位内部调剂)及其明细。

【例 6-58】 财政部门批准，省教育厅对财政拨款结余资金 300 000 元改变用途，用于对下一批创新基地建设项目的资助。应编制如下会计分录：

借：财政拨款结余——单位内部调剂 300 000

贷：财政拨款结转——单位内部调剂 300 000

(5)结转本年财政拨款收入和支出。

① 年末,将财政拨款收入本年发生额转入本科目,借记“财政拨款收入——基本支出拨款、项目支出拨款”科目及其明细,贷记本科目(收支转账——基本支出结转、项目支出结转)及其明细。

② 年末,将财政拨款支出本年发生额转入本科目,借记本科目(收支转账——基本支出结转、项目支出结转)及其明细,贷记“经费支出——财政拨款支出——基本支出、项目支出”科目及其明细。

【例 6-59】 年末,某省教育厅将财政拨款收入本年发生额 2 675 000 元转入“财政拨款结转”科目,其中 1 675 000 元为基本支出拨款,1 000 000 元为项目支出拨款。项目支出拨款中,A 项目 400 000 元,B 项目 600 000 元。应编制如下会计分录:

借:财政拨款收入——基本支出拨款　　1 675 000
　　——项目支出拨款——A 项目　　400 000
　　——B 项目　　600 000
贷:财政拨款结转——收支转账——基本支出结转　　1 675 000
　　——收支转账——项目支出结转——A 项目　　400 000
　　——B 项目　　600 000

【例 6-60】 年末,某省教育厅将财政拨款支出本年发生额 2 436 000 元转入“财政拨款结转”科目,其中 1 626 000 元为基本支出,810 000 元为项目支出。项目支出中,A 项目支出 398 500 元,B 项目支出 411 500 元。应编制如下会计分录:

借:财政拨款结转——收支转账——基本支出结转　　1 626 000
　　——收支转账——项目支出结转——A 项目　　398 500
　　——B 项目　　411 500
贷:经费支出——财政拨款支出——基本支出　　1 626 000
　　——项目支出　　810 000

(6)将完成项目的结转资金转入财政拨款结余。年末完成上述财政拨款收支转账后,对各项目执行情况进行分析,按照有关规定将符合财政拨款结余性质的项目余额转入财政拨款结余,借记本科目(结余转账——项目支出结转)及其明细,贷记“财政拨款结余”(结余转账——项目支出结余)科目及其明细。

【例 6-61】　年末,某省教育厅将完成的 A 项目的结转资金 1 500 元转入财政拨款结余(假设 A 项目为当年开工、当年完成的项目)。应编制如下会计分录:

借:财政拨款结转——结余转账——项目支出结转——A 项目　　1 500

　贷:财政拨款结余——结余转账——项目支出结余　　1 500

(7)年末冲销有关明细科目余额。

年末收支转账后,将本科目所属“收支转账”“结余转账”“年初余额调整”“归集上缴”“归集调入”“单位内部调剂”等明细科目余额转入“剩余结转”明细科目;转账后,本科目除“剩余结转”明细科目外,其他明细科目应无余额。

【例 6-62】　某行政单位 2016 年 12 月 31 日“财政拨款结转”科目及其所属明细科目转账前资料,如表 6-1 所示。

表 6-1　　**“财政拨款结转”科目及其明细账余额**　　单位:元

一级科目	明细科目	借方余额	贷方余额
财政拨款结转	收支转账		3 000 000
	结余转账		1 000 000
	年初余额调整	500 000	
	归集上缴		1 500 000
	归集调入		2 000 000
	单位内部调剂		500 000
	剩余结余		600 000

根据上表将“财政拨款结转”科目所属明细账余额(除剩余结余)予以转账,应编制如下会计分录:

(1)将贷方余额明细账予以结转:

借:财政拨款结转——收支转账　　3 000 000

　　　　　　——结余转账　　1 000 000

　　　　　　——归集上缴　　1 500 000

　　　　　　——归集调入　　2 000 000

　　　　　　——单位内部调剂　　500 000

　贷:财政拨款结转——剩余结转　　8 000 000

(2)将借方余额明细账予以结转:

借:财政拨款结转——剩余结转　　500 000

　贷:财政拨款结转——年初余额调整　　500 000

经计算，“财政拨款结转——剩余结转”科目年末余额为 8 100 000 元＝(600 000＋8 000 000－500 000)元。

二、财政拨款结余的管理与核算

(一)财政拨款结余的管理

财政拨款结余是指行政单位当年预算工作目标已完成，或因故终止，剩余的财政拨款滚存资金。财政拨款结余是行政单位滚存的财政拨款项目支出结余资金。行政单位的基本支出应当结转下期使用，没有结余资金。

项目支出结余资金包括：项目目标完成或项目提前终止，尚未列支的预算资金；实施周期内，因实施计划调整，不需要继续支出的预算资金；实施周期内，连续两年未用完的预算资金；实施周期结束，尚未列支的预算资金；部门机动经费在预算批复当年未动用的部分。项目支出结余资金原则上由财政部收回。

(二)财政拨款结余的核算

为核算财政拨款结余业务，行政单位应设置“财政拨款结余”总账科目。本科目具体项目应按照《政府收支分类科目》中“支出功能分类科目”的项级科目等进行明细核算。有公共财政预算拨款、政府性基金预算拨款等两种或两种以上财政拨款的行政单位，还应当按照财政拨款的种类分别进行明细核算。本科目还可以根据管理需要按照财政拨款结余变动原因，设置“结余转账”“年初余额调整”“归集上缴”“单位内部调剂”“剩余结余”等明细科目，进行明细核算。本科目期末贷方余额，反映行政单位滚存的财政拨款结余资金数额。主要账务处理如下：

(1)调整以前年度财政拨款结余。因发生差错更正、以前年度支出收回等原因，需要调整财政拨款结余的，按照实际调增财政拨款结余的金额，借记有关科目，贷记本科目(年初余额调整)；按照实际调减财政拨款结余的金额，借记本科目(年初余额调整)，贷记有关科目。

【例 6-63】 某省教育厅上年度的一笔支出业务已支付现金但没有进行会计记录，金额为 2 000 元。现对差错进行更正调整以前年度财政拨款结余，调减财政拨款结余 2 000 元。应编制如下会计分录：

借：财政拨款结余——年初余额调整　　2 000

　贷：库存现金　　2 000

(2)上缴财政拨款结余。按照规定上缴财政拨款结余时，按照实际核销的额度数额或上缴的资金数额，借记本科目(归集上缴)及其明细，贷记“财政应返还额度”“零余额账户用款额度”“银行存款”等科目。

【例 6-64】 某省教育厅按照规定上缴财政专项拨款结余 100 000 元，某市财政核销财政应返还额度。应编制如下会计分录：

借：财政拨款结余——归集上缴　　100 000

　贷：财政应返还额度　　100 000

(3)单位内部调剂结余资金。经财政部门批准将本单位完成项目结余资金调整用于基本支出或其他未完成项目支出时，按照批准调剂的金额，借记本科目(单位内部调剂)及其明细，贷记“财政拨款结转”(单位内部调剂)科目及其明细。

【例 6-65】 经财政部门批准，某省教育厅将本单位完成项目结余资金 16 000 元调整用于基本支出。应编制如下会计分录：

借：财政拨款结余——单位内部调剂　　16 000

　贷：财政拨款结转——单位内部调剂　　16 000

(4)将完成项目的结转资金转入财政拨款结余。年末，对财政拨款各项目执行情况进行分析，按照有关规定将符合财政拨款结余性质的项目余额转入本科目，借记“财政拨款结转”(结余转账——项目支出结转)科目及其明细，贷记本科目(结余转账——项目支出结余)及其明细。

【例 6-66】 年末，某省教育厅将完成的 A 项目的结转资金 1 500 元转入财政拨款结余(假设 A 项目为当年开工当年完成的项目)。应编制如下会计分录：

借：财政拨款结转——结余转账——项目支出结转——A 项目　　1 500

　贷：财政拨款结余——结余转账——项目支出结余　　1 500

(5)年末冲销有关明细科目余额。年末，将本科目所属“结余转账”“年初余额调整”“归集上缴”“单位内部调剂”等明细科目余额转入“剩余结余”明细科目；转账后，本科目除“剩余结余”明细科目外，其他明细科目应无余额。

【例 6-67】 某行政单位 2014 年 12 月 31 日"财政拨款结余"科目及其所属明细账余额,如表 6-2 所示。

表 6-2　　"财政拨款结余"科目及其明细账余额　　单位:元

总账	明细账	借方余额	贷方余额
财政拨款结余	结余转账		100 000
	年初余额调整		30 000
	归集上缴	60 000	
	单位内部调剂		50 000
	剩余结余		20 000

根据上表,编制结转"财政拨款结余"科目及其所属明细科目的会计分录。

应编制如下会计分录:

借:财政拨款结余——结余转账　　100 000
　　　　　　　——年初余额调整　　30 000
　　　　　　　——单位内部调剂　　50 000
　贷:财政拨款结余——剩余结余　　180 000

借:财政拨款结余——剩余结余　　60 000
　贷:财政拨款结余——归集上缴　　60 000

经计算,"财政拨款结余——剩余结余"科目年末余额为 140 000 元=(180 000+20 000−60 000)元。

三、其他资金结转结余的管理与核算

其他资金结转结余是指行政单位除财政拨款收支以外的各项收支相抵后剩余的滚存资金。

为核算其他资金结转结余业务,行政单位应设置"其他资金结转结余"总账科目。本科目应当设置"项目结转"和"非项目结余"明细科目,分别对项目资金和非项目资金进行明细核算。对于项目结转,还应当按照具体项目进行明细核算。本科目还可以根据管理需要按照其他资金结转结余变动原因,设置"收支转账""年初余额调整""结余调剂""剩余结转结余"等明细科目,进行明细核算。本科目期末贷方余额,反映行政单位滚存的各项非财政拨款资金结转结余数额。主要账务处理如下:

1. 调整以前年度其他资金结转结余

因发生差错更正、以前年度支出收回等原因,需要调整其他资金结转结余的,按照实际调增的金额,借记有关科目,贷记本科目(年初余额调整)及其相关明细。按照实际调减的金额,借记本科目(年初余额调整)及其相关明细,贷记有关科目。

【例 6-68】 某省教育厅收回以前年度支出 45 000 元,调增以前年度其他资金结转结余。应编制如下会计分录:

借:银行存款　　45 000
　贷:其他资金结转结余——年初余额调整　　45 000

2. 结转本年其他资金收入和支出

(1)年末,将其他收入中的项目资金收入本年发生额转入本科目,借记"其他收入"科目及其明细,贷记本科目(项目结转——收支转账)及其明细;将其他收入中的非项目资金收入本年发生额转入本科目,借记"其他收入"科目及其明细,贷记本科目(非项目结余——收支转账)。

(2)年末,将其他资金支出中的项目支出本年发生额转入本科目,借记本科目(项目结转——收支转账)及其明细,贷记"经费支出——其他资金支出"科目(项目支出)及其明细、"拨出经费"科目(项目支出)及其明细;将其他资金支出中的基本支出本年发生额转入本科目,借记本科目(非项目结余——收支转账),贷记"经费支出——其他资金支出"科目(基本支出)、"拨出经费"科目(基本支出)。

【例 6-69】 年末,某省教育厅将其他收入中的项目资金收入本年发生额 167 000 元转入"其他资金结转结余"科目,其中,C 项目的收入发生额为 67 000 元,D 项目的收入发生额为 100 000 元。应编制如下会计分录:

借:其他收入——C 项目　　67 000
　　　　　——D 项目　　100 000
　贷:其他资金结转结余——项目结转——收支转账——C 项目　　67 000
　　　　　　　　　　　　　　　　　　　　　　——D 项目　　100 000

【例 6-70】 年末,某省教育厅将其他收入中的非项目资金收入本年发生额 250 000 元转入"其他资金结转结余"科目。应编制如下会计分录:

借:其他收入——非项目资金　　250 000
　贷:其他资金结转结余——非项目结余——收支转账　　250 000

【例 6-71】 年末，某省教育厅将其他资金支出中的项目支出本年发生额 106 000 元转入“其他资金结转结余”科目；其中，C 项目的支出发生额为 66 000 元，D 项目的收入发生额为 40 000 元。应编制如下会计分录：

借：其他资金结转结余——项目结转——收支转账——C 项目　66 000
　　　　　　　　　　　　　　　　　　　　　　——D 项目　40 000
　贷：经费支出——其他资金支出——C 项目　66 000
　　　　　　　　　　　　　　　——D 项目　40 000

【例 6-72】 年末，某省教育厅将其他资金支出中的基本支出本年发生额 245 000 元转入“其他资金结转结余”科目。应编制如下会计分录：

借：其他资金结转结余——非项目结余——收支转账　245 000
　贷：经费支出——其他资金支出——基本支出　245 000

3. 缴回或转出项目结余

完成行政单位的收入和支出的转账后，对本年末各项目执行情况进行分析，区分年末已完成项目和尚未完成项目，在此基础上，对完成项目的剩余资金根据不同情况进行账务处理：

(1)需要缴回原项目资金出资单位的，按照缴回的金额，借记本科目(项目结转——结余调剂)及其明细，贷记“银行存款”“其他应付款”等科目。

(2)将项目剩余资金留归本单位用于其他非项目用途的，按照剩余的项目资金金额，借记本科目(项目结转——结余调剂)及其明细，贷记本科目(非项目结余——结余调剂)。

【例 6-73】 接例 6-71，年末，某省教育厅承担的 C 项目完工，结余 1 000 元，按规定缴回。应编制如下会计分录：

借：其他资金结转结余——项目结转——结余调剂　1 000
　贷：银行存款　1 000

【例 6-74】 接例 6-71，如果经批准，某省教育厅可以将承担的 C 项目完工后结余 1 000 元转为单位可自行支配的非项目资金，则在年末予以结转。应编制如下会计分录：

借：其他资金结转结余——项目结余——结余调剂　1 000
　贷：其他资金结转结余——非项目结余——结余调剂　1 000

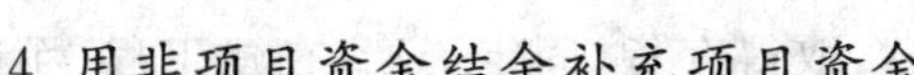

4.用非项目资金结余补充项目资金

按照实际补充项目资金的金额，借记本科目(非项目结余——结余调剂)，贷记本科目(项目结转——结余调剂)及其明细。

【例6-75】 某省教育厅用非项目资金结余20 000元，补充D项目的资金不足。应编制如下会计分录：

借:其他资金结转结余——非项目结余——结余调剂　　20 000
　贷:其他资金结转结余——项目结转——结余调剂——D项目　　20 000

5.年末冲销有关明细科目余额

年末收支转账后，将本科目所属"收支转账""年初余额调整""结余调剂"等明细科目余额转入"剩余结转结余"明细科目；转账后，本科目除"剩余结转结余"明细科目外，其他明细科目应无余额。

【例6-76】 年末，某省教育厅冲销"其他资金结转结余"有关明细科目余额。"收支转账"明细科目的贷方5 000元，"年初余额调整"贷方余额45 000元，"结余调剂"借方余额20 000元，转入"剩余结转结余"明细科目。应编制如下会计分录：

借:其他资金结转结余——收支转账　　5 000
　　　　　　　　　——年初余额调整　　45 000
　贷:其他资金结转结余——剩余结转结余　　50 000

同时，

借:其他资金结转结余——剩余结转结余　　20 000
　贷:其他资金结转结余——结余调剂　　20 000

四、资产基金的管理与核算

资产基金是指行政单位的预付账款、存货、固定资产、在建工程、无形资产、政府储备物资、公共基础设施等非货币性资产在净资产中占用的金额。

为核算资产基金业务，行政单位应设置"资产基金"总账科目。本科目应当设置"预付款项""存货""固定资产""在建工程""无形资产""政府储备物资""公共基础设施"等明细科目，进行明细核算。本科目期末贷方余额，反映行政单位非货币性资产在净资产中占用的金额。主要账务处理如下：

(1)资产基金应当在发生预付账款,取得存货、固定资产、在建工程、无形资产、政府储备物资、公共基础设施时确认。

① 发生预付账款时,按照实际发生的金额,借记"预付账款"科目,贷记本科目(预付款项);同时,按照实际支付的金额,借记"经费支出"科目,贷记"财政拨款收入""零余额账户用款额度""银行存款"等科目。

② 取得存货、固定资产、在建工程、无形资产、政府储备物资、公共基础设施等资产时,按照取得资产的成本,借记"存货""固定资产""在建工程""无形资产""政府储备物资""公共基础设施"等科目,贷记本科目(存货、固定资产、在建工程、无形资产、政府储备物资、公共基础设施);同时,按照实际发生的支出,借记"经费支出"科目,贷记"财政拨款收入""零余额账户用款额度""银行存款"等科目。

(2)收到预付账款购买的物资或服务时,应当相应冲减资产基金。按照相应的预付账款金额,借记本科目(预付款项),贷记"预付账款"科目。

(3)领用和发出存货、政府储备物资时,应当相应冲减资产基金。领用和发出存货、政府储备物资时,按照领用和发出存货、政府储备物资的成本,借记本科目(存货、政府储备物资),贷记"存货""政府储备物资"科目。

(4)计提固定资产折旧、公共基础设施折旧、无形资产摊销时,应当冲减资产基金。计提固定资产折旧、公共基础设施折旧、无形资产摊销时,按照计提的折旧、摊销金额,借记本科目(固定资产、公共基础设施、无形资产),贷记"累计折旧""累计摊销"科目。

(5)无偿调出、对外捐赠存货、固定资产、无形资产、政府储备物资、公共基础设施时,应当冲减该资产对应的资产基金。

① 无偿调出、对外捐赠存货、政府储备物资时,按照存货、政府储备物资的账面余额,借记本科目及其明细,贷记"存货""政府储备物资"等科目。

② 无偿调出、对外捐赠固定资产、公共基础设施、无形资产时,按照相关固定资产、公共基础设施、无形资产的账面价值,借记本科目及其明细,按照已计提折旧、已计提摊销的金额,借记"累计折旧""累计摊销"科目,按照固定资产、公共基础设施、无形资产的账面余额,贷记"固定资产""公共基础设施""无形资产"科目。

(6)通过"待处理财产损溢"科目核算的资产处置,有关本科目的账务处理参见"待处理财产损溢"科目。

五、待偿债净资产的管理与核算

待偿债净资产是指行政单位因发生应付账款和长期应付款而相应需在净

资产中冲减的金额。为核算待偿债资产业务，行政单位应设置“待偿债净资产”总账科目。本科目期末借方余额，反映行政单位因尚未支付的应付账款和长期应付款而需相应冲减净资产的金额。主要账务处理如下：

(1)发生应付账款、长期应付款时，按照实际发生的金额，借记本科目，贷记“应付账款”“长期应付款”等科目。

(2)偿付应付账款、长期应付款时，按照实际偿付的金额，借记“应付账款”“长期应付款”等科目，贷记本科目；同时，按照实际支付的金额，借记“经费支出”科目，贷记“财政拨款收入”“零余额账户用款额度”“银行存款”等科目。

(3)因债权人原因，核销确定无法支付的应付账款、长期应付款时，按照报经批准核销的金额，借记“应付账款”“长期应付款”科目，贷记本科目。

知识归纳

(1)行政单位会计资产核算包括流动资产、非流动资产、非自用资产的核算；负债核算包括流动负债和非流动负债的核算；收入核算包括财政拨款收入和其他收入的核算；支出核算包括经费支出和拨出经费的核算；净资产的核算包括财政拨款结转、财政拨款结余、其他资金结转结余、资产基金和待偿债净资产的核算。

(2)在行政单位会计核算中，要重点掌握双分录的核算，如存货、固定资产、在建工程、预付账款、无形资产、政府储备物质、公共基础设施建设、应付账款、长期应付款。

独立思考

(1)简述行政单位财政资金支付方式及相关账务处理。

(2)行政单位支出包括哪些内容及相关账务处理？

(3)简述行政单位固定资产取得的方式及每种方式下的账务处理。

(4)简述行政单位无形资产取得的方式及相关账务处理。

(5)哪些行政单位负债需要双分录进行账务处理？

(6)行政单位会净资产包括哪些内容及相关账务处理？

参考文献

[1]　赵建勇.政府与非营利组织会计.3版.北京：中国人民大学出版社，2017.

[2]　罗朝晖，牟涛.政府与非营利组织会计.2版.成都：西南财经大学出版社，2011.

第七章　行政单位会计报表

【内容提要】

本章主要内容包括行政单位资产负债表、收入支出表、财政拨款收入支出表的编制。本章的教学重点为资产负债表、收入支出表、财政拨款收入支出表各项目的填列；教学难点为资产负债表、收入支出表、财政拨款收入支出表各项目的填列。

【能力要求】

通过本章的学习，学生能独立编制资产负债表、收入支出表、财政拨款收入支出表。

第一节　行政单位会计报表概述

一、行政单位会计报表的概念

行政单位会计报表是反映行政单位财务状况和预算执行结果等的书面文件，由会计报表及其附注构成。会计报表包括资产负债表、收入支出表、财政拨款收入支出表等。行政单位会计报表综合、全面、系统地反映了行政单位预算执行结果，对于加强单位预算管理和单位财务管理具有重要作用，为行政单位资金供给者及行政单位管理层提供监督、管理所需的会计信息。

二、行政单位会计报表的种类

(1)按会计报表编制的时间：月报、季报、年报。

(2)按照会计报表的内容：资产负债表、收入支出表、财政拨款收入支出表以及相关附表和报表附注。

(3)按照会计报表编报的层次：本级报表和汇总报表。

三、行政单位会计报表的编制要求

编制行政单位会计报表是为了向报表的使用者提供有关行政单位财务和预算收支的信息,加强行政单位的财务管理。因此,在编制行政单位会计报表时,应遵循以下基本要求。

(1)行政单位会计报表必须真实可靠,数字准确,如实反映行政单位预算执行情况。

(2)行政单位的会计报表应当提供完整的会计资料,满足各方面的信息需求。

(3)行政单位会计报表须在规定的期限内按规定的程序报送。

四、行政单位会计报表的编制程序

(一)年终清理结算

(1)清理核对年度预算收支和各项缴拨款,保证上下级之间的年度预算数和领拨经费数一致。

(2)清理、核定各往来款项。按照有关规定应当转作各项收入或各项支出的往来款项要及时转入各有关账户,编入本年决算。

(3)清理、核对货币资金和财产物资。银行存款的账面余额要同银行的对账单的余额核对一致;现金的账面余额要和库存现金核对相符;各项财产物质要进行清理盘点,发生盘盈和盘亏,查明原因,及时处理,做到账实相符。

(二)年终结账

行政单位在年终清理结算的基础上,将各种账簿中的数字加以总结、结转并结束旧账、过入新账的过程称为年终结账。

(1)年终转账。行政单位在账目核对无误后,先计算出各账户借方或贷方的 12 月份合计数和全年累计数,借出 12 月末的余额,试算平衡后,再将应对冲结转的各个收支账户的余额按年终转账办法,填制 12 月 31 日的记账凭证单办理结账冲销。

(2)结清旧账。行政单位在年终转账之后,将无余额的账户结出全年总累计数,然后在下面画双红线,表示本账户全部结清。对年终有余额的账户,在“全面累计数”下行的“摘要”栏内注明“结转下年”字样,再在下面画双红线,表示年终余额转入新账,旧账结束。

(3)转入新账。结账后,行政单位根据本年度各账户余额,编制年终决算的

"资产负债表"和有关明细表。将表列各账户的年终余额数直接计入新年度相应的各有关账户,并在"摘要"栏注明"上年结转"字样,以区别于新年度发生数。

第二节 行政单位会计报表的编制

一、资产负债表的编制

(一)资产负债表的概念

资产负债表是反映行政单位在某一特定日期财务状况的报表。它是行政单位最基本、最重要的报表。它按照"资产=负债+所有者权益"的会计等式来编制。资产负债表应当按照资产、负债和净资产分类、分项列示。

(二)资产负债表的格式

资产负债表的格式如表 7-1 所示。

表 7-1 资产负债表

会行政 01 表

编制单位: 年 月 日 单位:元

资产	年初余额	期末余额	负债和净资产	年初余额	期末余额
流动资产:			流动负债:		
库存现金			应缴财政款		
银行存款			应缴税费		
财政应返还额度			应付职工薪酬		
应收账款			应付账款		
预付账款			应付政府补贴款		
其他应收款			其他应付款		
存货			一年内到期的非流动负债		
流动资产合计			流动负债合计		
固定资产			非流动负债:		
固定资产原价			长期应付款		

续表

资产	年初余额	期末余额	负债和净资产	年初余额	期末余额
减:固定资产累计折旧			受托代理负债		
在建工程			负债合计		
无形资产					
无形资产原价					
减:累计摊销					
待处理财产损溢			财政拨款结转		
政府储备物资			财政拨款结余		
公共基础设施			其他资金结转结余		
公共基础设施原价			其中:项目结转		
减:公共基础设施累计折旧			资产基金		
公共基础设施在建工程			待偿债净资产		
受托代理资产			净资产合计		
资产总计			负债和净资产总计		

(三)资产负债表的编制方法

资产负债表的编制方法参见二维码。

资产负债表的编制方法

二、收入支出表的编制

(一)收入支出表的概念

收入支出表是反映行政单位在某一会计期间全部预算收支执行结果的报表。

(二)收入支出表的格式

收入支出表应当按照收入、支出的构成和结转结余情况分类、分项列示，收入支出表的格式如表 7-2 所示。

表 7-2

收入支出表

会行政 02 表

编制单位：　　　　　　年　月　日　　　　　　单位:元

项目	本月数	本年累计数
一、年初各项资金结转结余		
(一)年初财政拨款结转结余		
1.财政拨款结转		
2.财政拨款结余		
(二)年初其他资金结转结余		
二、各项资金结转结余调整及变动		
(一)财政拨款结转结余调整及变动		
(二)其他资金结转结余调整及变动		
三、收入合计		
(一)财政拨款收入		
1.基本支出拨款		
2.项目支出拨款		
(二)其他资金收入		
1.非项目收入		
2.项目收入		
四、支出合计		
(一)财政拨款支出		
1.基本支出		
2.项目支出		
(二)其他资金支出		
1.非项目支出		
2.项目支出		
五、本期收支差额		
(一)财政拨款收支差额		
(二)其他资金收支差额		

续表

项目	本月数	本年累计数
六、年末各项资金结转结余		
（一）年末财政拨款结转结余		
1. 财政拨款结转		
2. 财政拨款结余		
（二）年末其他资金结转结余		

（三）收入支出表的编制方法

收入支出表的编制方法参见二维码。

收入支出表的编制方法

三、财政拨款收入支出表的编制

（一）财政拨款收入支出表的概念

财政拨款收入支出表是反映行政单位在某一会计期间财政拨款收入、支出、结转及结余情况的报表。

（二）财政拨款收入支出表的格式

财政拨款收入支出表的格式如表 7-3 所示，表内“项目”栏内各项目，应当根据行政单位取得的财政拨款种类分项设置；其中“项目支出”下，根据每个项目设置；行政单位取得除公共财政预算拨款和政府性基金预算拨款以外的其他财政拨款的，应当按照财政拨款种类增加相应的资金项目及其明细项目。

表 7-3　**财政拨款收入支出表**

会行政 03 表

编制单位：　　　　年度　　　　单位：元

<table>
<tr><th rowspan="2">项目</th><th colspan="2">年初财政拨款结转结余</th><th rowspan="2">调整年初财政拨款结转结余</th><th rowspan="2">归集调入或上缴</th><th colspan="2">单位内部调剂</th><th rowspan="2">本年财政拨款收入</th><th rowspan="2">本年财政拨款支出</th><th colspan="2">年末财政拨款</th></tr>
<tr><th>结转</th><th>结余</th><th>结转</th><th>结余</th><th>结转</th><th>结余</th></tr>
<tr><td>一、公共财政预算资金</td><td></td><td></td><td></td><td></td><td></td><td></td><td></td><td></td><td></td><td></td></tr>
</table>

续表

项目	年初财政拨款结转结余		调整年初财政拨款结转结余	归集调入或上缴	单位内部调剂		本年财政拨款收入	本年财政拨款支出	年末财政拨款	
	结转	结余			结转	结余			结转	结余
（一）基本支出										
1. 人员经费										
2. 日常公用经费										
（二）项目支出										
1. ××项目										
2. ××项目										
…										
二、政府性基金预算资金										
（一）基本支出										
1. 人员经费										
2. 日常公用经费										

续表

项目	年初财政拨款结转结余		调整年初财政拨款结转结余	归集调入或上缴	单位内部调剂		本年财政拨款收入	本年财政拨款支出	年末财政拨款	
	结转	结余			结转	结余			结转	结余
（二）项目支出										
1. ××项目										
2. ××项目										
…										
总计										

(三)财政拨款收入支出表的编制方法

财政拨款收入支出表的具体编制方法参见二维码。

四、行政单位财务报表附注

财政拨款收入支出表的编制方法

行政单位财务报表附注是指对在会计报表中列示项目的文字描述或明细资料，以及对未能在会计报表中列示项目的说明等。行政单位的报表附注应当至少披露下列内容：

(1)遵循《行政单位会计制度》的声明。

(2)单位整体财务状况、预算执行情况的说明。

(3)会计报表中列示的重要项目的进一步说明，包括其主要构成、增减变动情况等。

(4)重要资产处置、资产重大损失情况的说明。

(5)以名义金额计量的资产名称、数量等情况，以及以名义金额计量理由的说明。

(6)或有负债情况的说明，1 年以上到期负债预计偿还时间和数量的说明。

(7)以前年度结转结余调整情况的说明；

(8)有助于理解和分析会计报表的其他需要说明事项。

知识归纳

(1)行政单位会计报表是反映行政单位财务状况和预算执行结果等的书面文件，由会计报表及其附注构成。会计报表包括资产负债表、收入支出表、财政拨款收入支出表等。

(2)行政单位会计报表编制程序包括年终清理结算和年终结账。

(3)资产负债表是反映行政单位在某一特定日期财务状况的报表。它是行政单位最基本、最重要的报表。它按照“资产＝负债＋所有者权益”会计等式来编制。

(4)收入支出表是反映行政单位在某一会计期间全部预算收支执行结果的报表。

(5)财政拨款收入支出表是反映行政单位在某一会计期间财政拨款收入、支出、结转及结余情况的报表。

(6)财务报表附注是指对在会计报表中列示项目的文字描述或明细资料，以及对未能在会计报表中列示项目的说明等。

独立思考

(1)行政单位会计报表包括哪些？

(2)行政单位会计报表的种类有哪些？

(3)简述行政单位会计报表的编制程序。

(4)行政单位资产负债表各项目该怎样填列？

(5)行政单位收入支出表各项目该怎样填列？

(6)行政单位财政拨款收入支出表各项目该怎样填列？

参考文献

[1] 赵建勇.政府与非营利组织会计.3版.北京:中国人民大学出版社,2017.

[2] 罗朝晖,牟涛.政府与非营利组织会计.2版.成都:西南财经大学出版社,2016.

第四编

事业单位会计

第八章　事业单位会计概述

【内容提要】

本章主要内容包括事业单位会计的概念、特点、一般原则、要素及科目的设置。本章的教学重点为事业单位会计的特点、要素和科目设置；教学难点为事业单位会计特点、要素。

【能力要求】

通过本章的学习，学生应对事业单位会计形成一个总体认识，理解事业单位会计的核算特点，为后面的学习打下基础。

第一节　事业单位会计的概念

一、事业单位的含义

事业单位是指由政府部门利用国有资产设立的，从事教育、科技、文化、卫生等活动的社会服务组织。事业单位一般不以营利为目的，财政及其他单位拨入的资金主要不以经济利益的获取为回报。

二、事业单位会计的含义

事业单位会计是适用于各级各类事业单位财务活动的一门专业会计。事业单位会计核算的目标是向会计信息使用者提供与事业单位财务状况、事业成果、预算执行等有关的会计信息，反映事业单位受托责任的履行情况，有助于会计信息使用者进行社会管理、作出经济决策。事业单位会计信息使用者包括政府及其有关部门、举办单位或上级单位、债权人、事业单位自身和其他利益相关者。

事业单位的概念及范围

第二节　事业单位会计的特点

一、事业单位会计的核算特点

(1)核算目标和核算方法具有双重性。

会计核算目标是向会计信息使用者提供与事业单位财务状况、预算执行情况等有关的会计信息,反映事业单位受托责任履行情况,有助于会计信息使用者进行管理、监督和决策。事业单位会计对同时涉及财务状况变化和预算执行情况变化,并且两者的变化情况存在差异的经济业务或事项,采用双分录的会计处理方法,即在为涉及预算执行情况变化的经济业务或事业编制相应的会计分录。例如,某事业单位以财政直接支付方式购入一项固定资产,应编制如下会计分录:借记“事业支出”科目,贷记“财政补助收入”科目;同时,借记“固定资产”科目,贷记“非流动资产基金”科目。其中,前一笔分录反映预算执行情况的变化,后一笔分录反映财务状况的变化。需要做双分录的主要是长期投资、固定资产、在建工程、无形资产等,与行政单位需要做双分录的有所不同。

(2)事业单位的收入来源较多。除了财政部门补助之外,还有事业收入、经营收入等。

(3)以核算收支余超为主,有经营活动的事业单位还要进行成本核算。

(4)事业单位会计核算一般采用收付实现制。部分经济业务或者事项的核算应按制度的规定采用权责发生制,由财政部在会计制度中具体规定。

会计信息的质量要求

二、事业单位会计核算的一般原则

我国事业单位会计准则中规定的会计信息质量要求包括真实性原则、相关性原则、可比性原则、全面性原则、及时性原则、可理解性原则等。

第三节　事业单位会计科目设置

根据现行事业单位会计制度的规定,事业单位会计要素包括资产、负债、净资产、收入和支出五类。

事业单位会计科目是对事业单位会计要素进一步分门别类核算的一种方法,它是总预算会计设置会计账户、进行会计核算和归集经济业务的依据。事业单位会计科目分为资产、负债、净资产、收入和支出五类。事业单位会计统一适用的会计科目及核算内容如表 8-1 所示。

表 8-1　　事业单位会计科目表

序号	科目编号	科目名称
		一、资产类
1	1001	库存现金
2	1002	银行存款
3	1011	零余额账户用款额度
4	1101	短期投资
5	1201	财政应返还额度
	120101	财政直接支付
	120102	财政授权支付
6	1211	应收票据
7	1212	应收账款
8	1213	预付账款
9	1215	其他应收款
10	1301	存货
11	1401	长期投资
12	1501	固定资产
13	1502	累计折旧
14	1511	在建工程
15	1601	无形资产
16	1602	累计摊销
17	1701	待处置资产损溢

续表

序号	科目编号	科目名称
		二、负债类
18	2001	短期借款
19	2101	应缴税费
20	2102	应缴国库款
21	2103	应缴财政专户款
22	2201	应付职工薪酬
23	2301	应付票据
24	2302	应付账款
25	2303	预收账款
26	2305	其他应付款
27	2401	长期借款
28	2402	长期应付款
		三、净资产类
29	3001	事业基金
30	3101	非流动资产基金
	310101	长期投资
	310102	固定资产
	310103	在建工程
	310104	无形资产
31	3201	专用基金
32	3301	财政补助结转
	330101	基本支出结转
	330102	项目支出结转
33	3302	财政补助结余
34	3401	非财政补助结转
35	3402	事业结余
36	3403	经营结余
37	3404	非财政补助结余分配

续表

序号	科目编号	科目名称
		四、收入类
38	4001	财政补助收入
39	4101	事业收入
40	4201	上级补助收入
41	4301	附属单位上缴收入
42	4401	经营收入
43	4501	其他收入
		五、支出类
44	5001	事业支出
45	5101	上缴上级支出
46	5201	对附属单位补助支出
47	5301	经营支出
48	5401	其他支出

知识归纳

(1)事业单位会计是适用于各级各类事业单位财务活动的一门专业会计。事业单位会计核算的目标是向会计信息使用者提供与事业单位财务状况、事业成果、预算执行等有关的会计信息，反映事业单位受托责任的履行情况，有助于会计信息使用者进行社会管理、作出经济决策。事业单位会计信息使用者包括政府及其有关部门、举办单位或上级单位、债权人、事业单位自身和其他利益相关者。

(2)事业单位会计核算特点：以收付实现制为会计核算基础，一般采用历史成本法核算；会计要素中不包括所有者权益和利润，而是净资产要素。

(3)事业单位的会计要素主要分为两类，即反映财务状况的要素和反映收支状况的会计要素。反映财务状况的会计要素是资产、负债和净资产；反映收支状况的要素是收入和支出(费用)。

独立思考

(1)事业单位会计的主体是谁?

(2)事业单位会计的特点有哪些?

(3)事业单位会计要素包含哪些具体内容?

(4)事业单位会计核算基础是什么?

(5)简述事业单位会计核算方法的特点。

参考文献

[1] 赵建勇.政府与非营利组织会计.3版.北京:中国人民大学出版社,2017.

[2] 罗朝晖,牟涛.政府与非营利组织会计.2版.成都:西南财经大学出版社,2016.

第九章　事业单位会计的管理与核算

【内容提要】

本章主要内容包括事业单位会计的资产、负债、净资产、收入和支出等会计要素的管理与核算要求。本章的教学重点为事业单位会计中对资产、收入的管理与核算，特别是固定资产的管理与核算；教学难点为事业单位的净资产的管理与核算。

【能力要求】

通过本章的学习，学生应掌握事业单位会计核算和账务处理的基本流程，可以独立完成事业单位的日常业务处理。

第一节　事业单位资产的管理与核算

事业单位的资产是指过去的交易或者事项形成并由事业单位拥有或者控制的资源，该资源预期会给事业单位带来经济利益或者服务潜能，包括流动资产和非流动资产等。流动资产主要包括库存现金、银行存款、零余额账户用款额度、短期投资、存货、应收及预付款项等；而非流动资产主要包括长期投资、固定资产、在建工程、无形资产等。

一、流动资产的管理与核算

流动资产是指可以在 1 年以内（含 1 年）变现或者耗用的资产，包括库存现金、银行存款、零余额账户用款额度、财政应返还额度、应收及预付款项、存货等。

(一)库存现金的管理与核算

1.库存现金的管理

库存现金是指事业单位库存的现金,包括人民币现金和外币现金。根据国家现金管理制度和结算制度的规定,事业单位收支的各种款项必须按照国务院颁发的《现金管理暂行条例》的规定办理,在规定的范围内使用现金。

2.库存现金的核算

为核算现金业务,事业单位应设置"库存现金"总账科目。本科目期末借方余额,反映事业单位实际持有的库存现金。主要账务处理如下:

(1)从银行等金融机构提取现金,按照实际提取的金额,借记本科目,贷记"银行存款"等科目;将现金存入银行等金融机构,按照实际存入的金额,借记"银行存款"等科目,贷记本科目。

(2)由于内部职工出差等原因借出的现金,按照实际借出的现金金额,借记"其他应收款"科目,贷记本科目;出差人员报销差旅费时,按照应报销的金额,借记有关科目,按照实际借出的现金金额,贷记"其他应收款"科目,按其差额,借记或贷记本科目。

(3)因开展业务等其他事项收到现金,按照实际收到的金额,借记本科目,贷记有关科目;因购买服务或商品等其他事项支出现金,按照实际支出的金额,借记有关科目,贷记本科目。

同时,事业单位应设置"现金日记账",由出纳人员根据收付款凭证,按照业务发生的先后顺序逐笔登记。每日终了,应当计算当日的现金收入合计数、现金支出合计数和结余数,并将结余数与实际库存数核对,做到账款相符。

每日账款核对中发现现金溢余或短缺的,应当及时进行处理。如发现现金溢余,属于应支付给有关人员或单位的部分,借记本科目,贷记"其他应付款"科目;属于无法查明原因的部分,借记本科目,贷记"其他收入"科目。如发现现金短缺,属于应由责任人赔偿的部分,借记"其他应收款"科目,贷记本科目;属于无法查明原因的部分,报经批准后,借记"其他支出"科目,贷记本科目。

现金收入业务较多、单独设有收款部门的事业单位,收款部门的收款员应当将每天所收现金连同收款凭据等一并交财务部门核收记账;或者将每天所收现金直接送存开户银行后,将收款凭据及向银行送存现金的凭证等一并交财务部门核收记账。

事业单位有外币现金的,应当分别按照人民币、各种外币设置"现金日记账"进行明细核算。

【例 9-1】 某事业单位从零余额账户提现金，支付劳务费 800 元。应编制如下会计分录：

借：库存现金 800

贷：零余额账户用款额度 800

（二）银行存款的管理与核算

1. 银行存款的管理

银行存款是指事业单位存入银行或其他金融机构的各种存款，包括人民币存款和外币存款。

事业单位应严格按照国家有关支付结算办法的规定办理银行存款收支业务，并按照相关事业单位会计制度规定核算银行存款的各项收支业务。事业单位应由会计部门统一在银行开户，避免多头开户。

2. 银行存款的核算

为了核算银行存款业务，事业单位应设置"银行存款"总账科目。本科目期末借方余额，反映事业单位实际存放在银行或其他金融机构的款项余额。主要账务处理如下：

(1)当事业单位将款项存入银行或其他金融机构，借记本科目，贷记"库存现金""事业收入""经营收入"等有关科目。

(2)每当事业单位提取和支出存款时，借记有关科目，贷记本科目。

此外，当事业单位发生外币业务的，应当按照业务发生当日（或当期期初，下同）的即期汇率，将外币金额折算为人民币记账，并登记外币金额和汇率。期末，各种外币账户的外币余额应当按照期末的即期汇率折算为人民币，作为外币账户期末人民币余额。调整后的各种外币账户人民币余额与原账面人民币余额的差额，作为汇兑损益计入相关支出。

同时，事业单位应当按开户银行或其他金融机构、存款种类及币种等，分别设置"银行存款日记账"，由出纳人员根据收付款凭证，按照业务的发生顺序逐笔登记，每日终了应结出余额。"银行存款日记账"应定期与"银行对账单"核对，至少每月核对一次。月度终了，事业单位银行存款账面余额与银行对账单余额之间如有差额，必须逐笔查明原因并进行处理，按月编制"银行存款余额调节表"，调节相符。

【例 9-2】 3 月 8 日某事业单位收到事业活动收入 50 000 元。应编制如下会计分录：

借：银行存款　　50 000

　　贷：事业收入　　50 000

(三)零余额账户用款额度的管理与核算

1. 零余额账户用款额度的管理

零余额账户用款额度是指实行国库集中支付的事业单位根据财政部门批复的用款计划收到和支用的零余额账户用款额度。

事业单位的零余额账户由财政部门为事业单位在商业银行开设，用于事业单位的财政授权支付。事业单位的零余额账户属于财政部门单一账户体系中的一个账户。该账户可以用于实现支付，并于每日终了与财政国库存款账户进行资金清算后，余额为零。

2. 零余额账户用款额度的核算

为核算零余额账户用款额度业务，事业单位应设置“零余额账户用款额度”总账科目。本科目期末借方余额，反映事业单位尚未支用的零余额账户用款额度。本科目年末应无余额。主要账务处理如下：

(1)在财政授权支付方式下，当事业单位收到代理银行盖章的“授权支付到账通知书”时，根据通知书所列数额，借记本科目，贷记“财政补助收入”科目。

(2)当事业单位按规定支用额度时，借记有关科目，贷记本科目。

(3)当其从零余额账户提取现金时，借记“库存现金”科目，贷记本科目。

(4)因购货退回等发生国库授权支付额度退回的，属于以前年度支付的款项，按照退回金额，借记本科目，贷记“财政补助结转”“财政补助结余”“存货”等有关科目；属于本年度支付的款项，按照退回金额，借记本科目，贷记“事业支出”“存货”等有关科目。

(5)年度终了，依据代理银行提供的对账单作注销额度的相关账务处理，借记“财政应返还额度——财政授权支付”科目，贷记本科目。事业单位本年度财政授权支付预算指标数大于零余额账户用款额度下达数的，根据未下达的用款额度，借记“财政应返还额度——财政授权支付”科目，贷记“财政补助收入”科目。

(6)下年初，事业单位依据代理银行提供的额度恢复到账通知书作恢复额度的相关账务处理，借记本科目，贷记“财政应返还额度——财政授权支付”科目。事业单位收到财政部门批复的上年末未下达零余额账户用款额度的，借记本科目，贷记“财政应返还额度——财政授权支付”科目。

【例 9-3】 采用国库集中支付的某事业单位收到代理银行转来的“财政授权支付额度到账通知书”，书中注明本月授权额度 500 万元。应编制如下会计分录：

借：零余额账户用款额度　　5 000 000

　贷：财政补助收入　　5 000 000

(四)短期投资的管理与核算

短期投资是指事业单位依法取得的，持有时间不超过 1 年(含 1 年)的投资，主要是国债投资。

为核算短期投资业务，事业单位应设置“短期投资”总账科目。本科目期末借方余额，反映事业单位持有的短期投资成本。短期投资科目应当按照国债投资的种类等进行明细核算。主要账务处理如下：

(1)短期投资在取得时，应当按照其实际成本(包括购买价款以及税金、手续费等相关税费)投资成本，借记本科目，贷记“银行存款”等科目。

(2)短期投资持有期间收到利息时，按实际收到的金额，借记“银行存款”科目，贷记“其他收入——投资收益”科目。

(3)出售短期投资或到期收回短期国债本息，按照实际收到的金额，借记“银行存款”科目，按照出售或收回短期国债的成本，贷记本科目，按其差额，贷记或借记“其他收入——投资收益”科目。

【例 9-4】 某事业单位用存款购买 1 年期、利率 3%、面值 50 万的国库券。应编制如下会计分录：

借：短期投资　　500 000

　贷：银行存款　　500 000

【例 9-5】 某事业单位出售一项短期投资，实际收到款项 12 800 元，款项已存入开户银行，实际投资成本为 12 500 元。应编制如下会计分录：

借：银行存款　　12 800

　贷：其他收入——投资收益　　300

　　　短期投资　　12 500

(五)财政应返还额度的管理与核算

1. 财政应返还额度的管理

财政应返还额度是指实行国库集中支付的事业单位应收财政返还的资金

额度。年末,事业单位尚未使用的财政直接支付额度和财政授权支付额度,相应资金留存在财政国库。但事业单位可以要求财政向其返还,即这些财政资金原则上仍然归事业单位所有,由事业单位按计划安排使用。由此,事业单位年末形成财政应返还额度。

2.财政应返还额度的核算

为核算财政应返还额度业务,事业单位应设置本科目总账科目,并应当设置"财政直接支付""财政授权支付"两个明细科目,进行明细核算。财政应返还额度科目期末借方余额,反映事业单位应收财政返还的资金额度。主要账务处理如下:

(1)财政直接支付。

年度终了,事业单位根据本年度财政直接支付预算指标数与当年财政直接支付实际支出数的差额,借记本科目(财政直接支付),贷记"财政补助收入"科目。

下年度恢复财政直接支付额度后,事业单位以财政直接支付方式发生实际支出时,借记有关科目,贷记本科目(财政直接支付)。

(2)财政授权支付。

年度终了,事业单位依据代理银行提供的对账单作注销额度的相关账务处理,借记本科目(财政授权支付),贷记"零余额账户用款额度"科目。事业单位本年度财政授权支付预算指标数大于零余额账户用款额度下达数的,根据未下达的用款额度,借记本科目(财政授权支付),贷记"财政补助收入"科目。

下年初,事业单位依据代理银行提供的额度恢复到账通知书作恢复额度的相关账务处理,借记"零余额账户用款额度"科目,贷记本科目(财政授权支付)。事业单位收到财政部门批复的上年末未下达零余额账户用款额度时,借记"零余额账户用款额度"科目,贷记本科目(财政授权支付)。

【例 9-6】 某事业单位全年财政直接支付的计划数为 1 500 000 元,全年财政直接支付的实际数为 1 400 000 元。应编制如下会计分录:

借:财政应返还额度　　100 000

　贷:财政拨款收入　　100 000

【例 9-7】 某事业单位全年财政授权支付额度的计划数为 800 000 元,年终执行结果为:财政下达的额度 780 000 元,实际支付的额度 750 000 元。应编制如下会计分录:

借:财政应返还额度　50 000
　贷:零余额账户用款额　30 000
　　财政拨款收入　20 000

(六)应收票据的管理及核算

应收票据是指事业单位因开展经营活动销售产品、提供有偿服务等而收到的商业汇票,包括银行承兑汇票和商业承兑汇票。

为核算应收票据业务,事业单位应设置"应收票据"科目,并应按照开出、承兑商业汇票的单位等进行明细核算。本科目期末借方余额,反映事业单位持有的商业汇票票面金额。主要账务处理如下:

(1)因销售产品、提供服务等收到商业汇票,按照商业汇票的票面金额,借记本科目,按照确认的收入金额,贷记"经营收入"等科目,按照应缴增值税金额,贷记"应缴税费——应缴增值税"科目。

(2)持未到期的商业汇票向银行贴现,按照实际收到的金额(即扣除贴现息后的净额),借记"银行存款"科目,按照贴现息,借记"经营支出"等科目,按照商业汇票的票面金额,贷记本科目。

(3)将持有的商业汇票背书转让以取得所需物资时,按照取得物资的成本,借记有关科目,按照商业汇票的票面金额,贷记本科目,如有差额,借记或贷记"银行存款"等科目。

(4)商业汇票到期时,应当分别按以下情况处理:

① 当收回应收票据,按照实际收到的商业汇票票面金额,借记"银行存款"科目,贷记本科目;

② 如果付款人无力支付票款,收到银行退回的商业承兑汇票、委托收款凭证、未付票款通知书或拒付款证明等,按照商业汇票的票面金额,借记"应收账款"科目,贷记本科目。

同时,事业单位应当设置"应收票据备查簿",逐笔登记每一应收票据的种类、号数、出票日期、到期日、票面金额、交易合同号和付款人、承兑人、背书人姓名或单位名称、背书转让日、贴现日期、贴现率和贴现净额、收款日期、收回金额和退票情况等资料。应收票据到期结清票款或退票后,应当在备查簿内逐笔注销。

【例 9-8】 某事业单位所属非独立核算部门销售产品给 N 公司,价款 20 万元,增值税 34 000 元,收到商业承兑汇票一张,期限 6 个月。应编制如下会计分录:

(1)确认经营收入：

借:应收票据——N　　234 000

　贷:经营收入　　200 000

　　应缴税费——应缴增值税(销项税额)　　34 000

(2)票据到期收回票据：

借:银行存款　　234 000

　贷:应收票据　　234 000

(七)应收账款的管理与核算

应收账款是指事业单位因开展经营活动销售产品、提供有偿服务等而应收取的款项。

为核算应收账款业务，事业单位应设置“应收账款”总账科目，并应当按照购货、接受劳务单位(或个人)进行明细核算。本科目期末借方余额，反映事业单位尚未收回的应收账款。主要账务处理如下：

(1)发生应收账款时，按照应收未收金额，借记本科目，按照确认的收入金额，贷记“经营收入”等科目，按照应缴增值税金额，贷记“应缴税费——应缴增值税”科目。

(2)收回应收账款时，按照实际收到的金额，借记“银行存款”等科目，贷记本科目。

(3)逾期三年或以上、有确凿证据表明确实无法收回的应收账款，按规定报经批准后予以核销。核销的应收账款应在备查簿中保留登记。

① 转入待处置资产时，按照待核销的应收账款金额，借记“待处置资产损溢”科目，贷记本科目。

② 报经批准予以核销时，借记“其他支出”科目，贷记“待处置资产损溢”科目。

③ 已核销应收账款在以后期间收回的，按照实际收回的金额，借记“银行存款”等科目，贷记“其他收入”科目。

【例 9-9】 甲事业单位向乙公司销售一批产品，按照价目表上标明的价格计算，其不含税售价金额为 20 000 元，适用的增值税率为 17%。应编制如下会计分录：

借:应收账款——乙公司　　23 400

　贷:经营收入　　20 000

　　应缴税费——应缴增值税(销项税额)　　3 400

【例 9-10】 甲事业单位年末对应收账款进行清理，确认应收丙公司账款 350 000 元，按规定报经有关部门批准并准备核销。应编制如下会计分录：

借：待处置资产损溢　　350 000
　贷：应收账款　　350 000

同时，

借：其他支出　　350 000
　贷：待处置资产损溢　　350 000

（八）预付账款的管理与核算

预付账款是指事业单位按照购货、劳务合同规定预付给供应单位的款项。

为核算预付账款业务，事业单位应设置"预付账款"总账科目，并应当按照供应单位（或个人）进行明细核算。事业单位应当通过明细核算或辅助登记方式，登记预付账款的资金性质（区分财政补助资金、非财政专项资金和其他资金）。本科目期末借方余额，反映事业单位实际预付但尚未结算的款项。主要账务处理如下：

（1）发生预付账款时，按照实际预付的金额，借记本科目，贷记"零余额账户用款额度""财政补助收入""银行存款"等科目。

（2）收到所购物资或劳务，按照购入物资或劳务的成本，借记有关科目，按照相应预付账款金额，贷记本科目，按照补付的款项，贷记"零余额账户用款额度""财政补助收入""银行存款"等科目。

（3）收到所购固定资产、无形资产的，按照确定的资产成本，借记"固定资产""无形资产"科目，贷记"非流动资产基金——固定资产、无形资产"科目；同时，按资产购置支出，借记"事业支出""经营支出"等科目，按照相应预付账款金额，贷记本科目，按照补付的款项，贷记"零余额账户用款额度""财政补助收入""银行存款"等科目。

（4）逾期三年或以上、有确凿证据表明由于供货单位破产、撤销等原因已无望再收到所购物资，且确实无法收回的预付账款，按规定报经批准后予以核销。核销的预付账款应在备查簿中保留登记。

① 转入待处置资产时，按照待核销的预付账款金额，借记"待处置资产损溢"科目，贷记本科目。

② 报经批准予以核销时，借记"其他支出"科目，贷记"待处置资产损溢"科目。

③ 已核销预付账款在以后期间收回的，按照实际收回的金额，借记“银行存款”等科目，贷记“其他收入”科目。

【例 9-11】 某事业单位使用财政授权支付的方式预付技术服务费 30 000 元，后持发票 40 000 元报销。应编制如下会计分录：

(1)预付技术服务费：

借：预付账款　　30 000

　贷：零余额账户用款额度　　30 000

(2)确认事业支出，并补付技术服务费：

借：事业支出　　40 000

　贷：预付账款　　40 000

借：预付账款　　10 000

　贷：零余额账户用款额度　　10 000

(九)其他应收款的管理与核算

其他应收款是指事业单位除财政应返还额度、应收票据、应收账款、预付账款以外的其他各项应收及暂付款项，如职工预借的差旅费、拨付给内部有关部门的备用金、应向职工收取的各种垫付款项等。

为核算其他应收款业务，事业单位应设置“其他应收款”总账科目，并应当按照其他应收款的类别以及债务单位(或个人)进行明细核算。本科目期末借方余额，反映事业单位尚未收回的其他应收款。主要账务处理如下：

(1)发生其他各种应收及暂付款项时，借记本科目，贷记“银行存款”“库存现金”等科目。

(2)收回或转销其他各种应收及暂付款项时，借记“库存现金”“银行存款”等科目，贷记本科目。

(3)事业单位内部实行备用金制度的，有关部门使用备用金以后应当及时到财务部门报销并补足备用金。财务部门核定并发放备用金时，借记本科目，贷记“库存现金”等科目。根据报销数用现金补足备用金定额时，借记有关科目，贷记“库存现金”等科目，报销数和拨补数都不再通过本科目核算。

(4)逾期三年或以上、有确凿证据表明确实无法收回的其他应收款，按规定报经批准后予以核销。核销的其他应收款应在备查簿中保留登记。

① 转入待处置资产时，按照待核销的其他应收款金额，借记“待处置资产损溢”科目，贷记本科目。

② 报经批准予以核销时,借记“其他支出”科目,贷记“待处置资产损溢”科目。

③ 已核销其他应收款在以后期间收回的,按照实际收回的金额,借记“银行存款”等科目,贷记“其他收入”科目。

【例 9-12】 某事业单位员工张宏参加学术会议预借差旅费 6 000 元,会议结束后报销费用 6 400 元。应该编制如下会计分录:

(1)张宏预借差旅费:

借:其他应收款　　6 000

　贷:库存现金　　6 000

(2)当会议结束后,张宏报销:

借:事业支出　　6 400

　贷:其他应收款　　6 000

　　库存现金　　400

(十)存货的管理与核算

存货是指事业单位在开展业务活动及其他活动中为耗用而储存的各种材料、燃料、包装物、低值易耗品及达不到固定资产标准的用具、装具、动植物等的实际成本。事业单位随买随用的零星办公用品,可以在购进时直接列作支出,不通过本科目核算。

为核算存货业务,事业单位应设置“存货”总账科目,并应当按照存货的种类、规格、保管地点等进行明细核算。事业单位应当通过明细核算或辅助登记方式,登记取得存货成本的资金来源(区分财政补助资金、非财政专项资金和其他资金)。发生自行加工存货业务的事业单位,应当在本科目下设置“生产成本”明细科目,归集核算自行加工存货所发生的实际成本(包括耗用的直接材料费用、发生的直接人工费用和分配的间接费用)。本科目期末借方余额,反映事业单位存货的实际成本。主要账务处理如下:

1. 存货的取得

存货在取得时,应当按照其实际成本入账。

(1)购入的存货,其成本包括购买价款、相关税费、运输费、装卸费、保险费以及其他使得存货达到目前场所和状态所发生的其他支出。事业单位按照税法规定属于增值税一般纳税人的,其购进非自用材料(如用于生产对外销售的产品)所支付的增值税款不计入材料成本。

购入的存货验收入库，按确定的成本，借记本科目，贷记“银行存款”“应付账款”“财政补助收入”“零余额账户用款额度”等科目。

属于增值税一般纳税人的事业单位购入非自用材料的，按确定的成本（不含增值税进项税额），借记本科目，按增值税专用发票上注明的增值税额，借记“应缴税费——应缴增值税（进项税额）”科目，按实际支付或应付的金额，贷记“银行存款”“应付账款”等科目。

（2）自行加工的存货，其成本包括耗用的直接材料费用、发生的直接人工费用和按照一定方法分配的与存货加工有关的间接费用。

自行加工的存货在加工过程中发生各种费用时，借记本科目（生产成本），贷记本科目（领用材料相关的明细科目）、“应付职工薪酬”“银行存款”等科目。

加工完成的存货验收入库，按照所发生的实际成本，借记本科目（相关明细科目），贷记本科目（生产成本）。

（3）接受捐赠、无偿调入的存货，其成本按照有关凭据注明的金额加上相关税费、运输费等确定；没有相关凭据的，其成本比照同类或类似存货的市场价格加上相关税费、运输费等确定；没有相关凭据、同类或类似存货的市场价格也无法可靠取得的，该存货按照名义金额（即人民币1元，下同）入账。相关财务制度仅要求进行实物管理的除外。

接受捐赠、无偿调入的存货验收入库，按照确定的成本，借记本科目，按照发生的相关税费、运输费等，贷记“银行存款”等科目，按照其差额，贷记“其他收入”科目。

按照名义金额入账的情况下，按照名义金额，借记本科目，贷记“其他收入”科目；按照发生的相关税费、运输费等，借记“其他支出”科目，贷记“银行存款”等科目。

【例9-13】 某事业单位购入一批经营商品，价款15 000元，增值税发票上注明的增值税为2 550元，供货单位代垫运杂费500元，商品已验收入库，价款已通过零余额账户支付。应编制如下会计分录：

借：存货	15 500
应缴税费——应缴增值税（进项税额）	2 550
贷：零余额账户用款额度	18 050

2.存货的发出

存货在发出时，应当根据实际情况采用先进先出法、加权平均法或者个别计价法确定发出存货的实际成本。计价方法一经确定，不得随意变更。低值易耗品的成本于领用时一次摊销。

(1)开展业务活动等领用、发出存货，按领用、发出存货的实际成本，借记“事业支出”“经营支出”等科目，贷记本科目。

(2)对外捐赠、无偿调出存货，转入待处置资产时，按照存货的账面余额，借记“待处置资产损溢”科目，贷记本科目。

属于增值税一般纳税人的事业单位对外捐赠、无偿调出购进的非自用材料，转入待处置资产时，按照存货的账面余额与相关增值税进项税额转出金额的合计金额，借记“待处置资产损溢”科目，按存货的账面余额，贷记本科目，按转出的增值税进项税额，贷记“应缴税费——应缴增值税(进项税额转出)”科目。

实际捐出、调出存货时，按照“待处置资产损溢”科目的相应余额，借记“其他支出”科目，贷记“待处置资产损溢”科目。

【例 9-14】 某事业单位月末发出材料汇总情况如下列示：发出甲材料用于实验费用 2 000 元；发出乙材料用于实验费用 3 000 元，非独立核算部门领用经营性丙材料费用 4 000 元。应编制如下会计分录：

借：事业支出	5 000	
经营支出	4 000	
贷：存货——甲		2 000
——乙		3 000
——丙		4 000

3. 存货的清查盘点

事业单位的存货应当定期进行清查盘点，每年至少盘点一次。对于发生的存货盘盈、盘亏或者报废、毁损，应当及时查明原因，按规定报经批准后进行账务处理。

(1)盘盈的存货，按照同类或类似存货的实际成本或市场价格确定入账价值；同类或类似存货的实际成本、市场价格均无法可靠取得的，按照名义金额入账。

盘盈的存货，按照确定的入账价值，借记本科目，贷记“其他收入”科目。

(2)盘亏或者毁损、报废的存货，转入待处置资产时，按照待处置存货的账面余额，借记“待处置资产损溢”科目，贷记本科目。

属于增值税一般纳税人的事业单位购进的非自用材料发生盘亏或者毁损、报废的，转入待处置资产时，按照存货的账面余额与相关增值税进项税额转出金额的合计金额，借记“待处置资产损溢”科目，按存货的账面余额，贷记本科目，按转出的增值税进项税额，贷记“应缴税费——应缴增值税（进项税额转出）”科目。

报经批准予以处置时，按照“待处置资产损溢”科目的相应余额，借记“其他支出”科目，贷记“待处置资产损溢”科目。

处置存货过程中所取得的收入、发生的费用，以及处置收入扣除相关处置费用后的净收入的账务处理，参见“待处置资产损溢”科目。

【例9-15】 某事业单位年终盘点，材料盘亏4 000元，经查系自然损耗。应编制如下会计分录：

借：待处置资产损溢　　4 000

　贷：存货　　4 000

同时，

借：其他支出　　4 000

　贷：待处置资产损溢　　4 000

二、非流动资产的管理与核算

（一）长期投资的管理与核算

长期投资是指事业单位依法取得的，持有时间超过1年（不含1年）的股权和债权性质的投资。事业单位应当严格遵守国家法律、事业法规以及财政部门、主管部门有关事业单位对外投资的规定。

为核算长期投资的业务，事业单位应设置“长期投资”总账科目，并应当按照长期投资的种类和被投资单位等进行明细核算。本科目期末借方余额，反映事业单位持有的长期投资成本。

长期投资可以包括长期股权投资和长期债券投资两个种类。

1. 长期股权投资主要账务处理

(1)长期股权投资的取得。

长期股权投资在取得时，应当按照其实际成本作为投资成本。

① 以货币资金取得的长期股权投资，按照实际支付的全部价款（包括购买价款以及税金、手续费等相关税费）作为投资成本，借记本科目，贷记“银行存

款”等科目；同时，按照投资成本金额，借记“事业基金”科目，贷记“非流动资产基金——长期投资”科目。

② 以固定资产取得的长期股权投资，按照评估价值加上相关税费作为投资成本，借记本科目，贷记“非流动资产基金——长期投资”科目，按发生的相关税费，借记“其他支出”科目，贷记“银行存款”“应缴税费”等科目；同时，按照投出固定资产对应的非流动资产基金，借记“非流动资产基金——固定资产”科目，按照投出固定资产已计提折旧，借记“累计折旧”科目，按投出固定资产的账面余额，贷记“固定资产”科目。

③ 以已入账无形资产取得的长期股权投资，按照评估价值加上相关税费作为投资成本，借记本科目，贷记“非流动资产基金——长期投资”科目，按发生的相关税费，借记“其他支出”科目，贷记“银行存款”“应缴税费”等科目；同时，按照投出无形资产对应的非流动资产基金，借记“非流动资产基金——无形资产”科目，按照投出无形资产已计提摊销，借记“累计摊销”科目，按照投出无形资产的账面余额，贷记“无形资产”科目。

以未入账无形资产取得的长期股权投资，按照评估价值加上相关税费作为投资成本，借记本科目，贷记“非流动资产基金——长期投资”科目，按发生的相关税费，借记“其他支出”科目，贷记“银行存款”“应缴税费”等科目。

【例 9-16】 甲事业单位经批准以非财政资金投资乙公司，出资货币资金 300 万元，取得乙公司 20%的股份。应编制如下会计分录：

借：长期投资——长期股权投资——乙公司　　3 000 000
　贷：银行存款　　3 000 000

同时，

借：事业基金　　3 000 000
　贷：非流动资产基金——长期投资　　3 000 000

值得注意的是，事业单位的“事业基金”科目和“非流动资产基金”科目都属于净资产类科目。其中，事业单位“事业基金”科目反映事业单位拥有的非限定用途的净资产，“非流动资产基金”科目反映事业单位长期投资、固定资产、在建工程、无形资产等非流动资产占用的金额。借记“事业基金”科目，贷记“非流动资产基金——长期投资”科目这笔会计分录，是在调整事业单位净资产的组成结构。编制这笔会计分录的目的是反映事业单位的部分非限定用途净资产转化成了非流动资产基金，不再用于弥补日常收支差额或者自主安排用于开展其他事业活动。

(2)长期股权投资的持有。

长期股权投资持有期间,收到利润等投资收益时,按照实际收到的金额,借记"银行存款"等科目,贷记"其他收入——投资收益"科目。

【例 9-17】 甲事业单位收到乙单位利润 50 万元,存入银行。应编制如下会计分录:

借:银行存款　　500 000

　贷:其他收入——投资收益　　500 000

(3)长期股权投资的转让。

转让长期股权投资,转入待处置资产时,按照待转让长期股权投资的账面余额,借记"待处置资产损溢——处置资产价值"科目,贷记本科目。

实际转让时,按照所转让长期股权投资对应的非流动资产基金,借记"非流动资产基金——长期投资"科目,贷记"待处置资产损溢——处置资产价值"科目。

转让长期股权投资过程中取得价款、发生相关税费,以及转让价款扣除相关税费后的净收入的账务处理,参见"待处置资产损溢"科目。

【例 9-18】 甲事业单位将持有的乙公司股份的 60%,账面价值为 1 800 000 元,转让价款 200 万元存入银行。应编制如下会计分录:

(1)将投资转入待处置资产:

借:待处置资产损溢——处置资产价值　　1 800 000

　贷:长期投资——长期股权投资——乙公司　　1 800 000

(2)实际转让投资:

借:非流动资产基金——长期投资　　1 800 000

　贷:待处置资产损溢——处置资产价值　　1 800 000

(3)收到处置价款:

借:银行存款　　2 000 000

　贷:待处置资产损溢——处置净收入　　2 000 000

(4)处置净收入处理(应缴国库款)

借:待处置资产损溢——处置净收入　　2 000 000

　贷:应缴国库款　　2 000 000

长期投资——长期股权投资的账务处理

(4)长期股权投资的核销。

因被投资单位破产清算等,有确凿证据表明长期股权投资发生损失,按规定报经批准后予以核销。将待核销长期股权投资转入待处置资产时,按照待核销的长期股权投资账面余额,借记"待处置资产损溢"科目,贷记本科目。

报经批准予以核销时,借记"非流动资产基金——长期投资"科目,贷记"待处置资产损溢"科目。

2. 长期债券投资的主要账务处理

(1)长期债券投资的取得。

长期债券投资在取得时,应当按照其实际成本作为投资成本。

以货币资金购入的长期债券投资,按照实际支付的全部价款(包括购买价款以及税金、手续费等相关税费)作为投资成本,借记本科目,贷记"银行存款"等科目;同时,按照投资成本金额,借记"事业基金"科目,贷记"非流动资产基金——长期投资"科目。

(2)长期债券投资的持有。

长期债券投资持有期间收到利息时,按照实际收到的金额,借记"银行存款"等科目,贷记"其他收入——投资收益"科目。

(3)长期债券投资的转让或到期收回。

对外转让或到期收回长期债券投资本息,按照实际收到的金额,借记"银行存款"等科目,按照收回长期投资的成本,贷记本科目,按照其差额,贷记或借记"其他收入——投资收益"科目;同时,按照收回长期投资对应的非流动资产基金,借记"非流动资产基金——长期投资"科目,贷记"事业基金"科目。

【例 9-19】 经上级主管部门批准,甲事业单位于 2016 年 5 月 1 日用银行存款购入的 3 年期、年利率 5%、面值 60 000 元的国库券,利息到期一次支付。应编制如下会计分录:

(1)确认长期债权投资:

借:长期投资——长期债权投资——国债　　60 000

　贷:银行存款　　60 000

(2)确认长期投资基金:

借:事业基金　　60 000

　贷:非流动资产基金——长期投资　　60 000

【例 9-20】 甲事业单位 2016 年 10 月 20 日国债到期兑付,其账面余额为 30 万元,利息收入 45 000 元,实际收到金额 345 000 元,款已到账。应编制如下会计分录:

借:银行存款 345 000
　贷:长期投资——长期债权投资——国债 300 000
　　其他收入——投资收益 45 000

同时,

借:非流动资产基金——长期投资 300 000
　贷:事业基金 300 000

(二)固定资产的管理与核算

1.固定资产的管理

固定资产是指事业单位持有的使用期限超过1年(不含1年)、单位价值在规定标准以上,并在使用过程中基本保持原有物质形态的资产。单位价值虽未达到规定标准,但使用期限超过1年(不含1年)的大批同类物资,作为固定资产核算和管理。

事业单位的固定资产一般分为六类:

① 房屋及构筑物;

② 专用设备;

③ 通用设备;

④ 文物和陈列品;

⑤ 图书、档案;

⑥ 家具、用具、装具及动植物。

对于应用软件,如果其构成相关硬件不可缺少的组成部分,应当将该软件价值包括在所属硬件价值中,一并作为固定资产进行核算;如果其不构成相关硬件不可缺少的组成部分,应当将该软件作为无形资产核算。事业单位以经营租赁租入的固定资产,不作为固定资产核算,应当另设备查簿进行登记。购入需要安装的固定资产,应当先通过"在建工程"科目核算,安装完毕交付使用时再转入固定资产核算。

事业单位应当根据固定资产定义,结合本单位的具体情况,制定适合于本单位的固定资产目录、具体分类方法,作为进行固定资产核算的依据。

事业单位应当设置"固定资产登记簿"和"固定资产卡片",按照固定资产类别、项目和使用部门等进行明细核算。出租、出借的固定资产,应当设置备查簿进行登记。

2.固定资产的核算

为核算固定资产业务,事业单位应设置"固定资产"总账科目。该科目核算事业单位固定资产原价。本科目期末借方余额，反映事业单位固定资产的原价。主要账务处理如下：

(1)固定资产的取得。

固定资产在取得时，应当按照其实际成本入账。

① 购入的固定资产，其成本包括购买价款、相关税费以及固定资产交付使用前所发生的可归属于该项资产的运输费、装卸费、安装调试费和专业人员服务费等。以一笔款项购入多项没有单独标价的固定资产，按照各项固定资产同类或类似资产市场价格的比例对总成本进行分配，分别确定各项固定资产的入账成本。

购入不需安装的固定资产，按照确定的固定资产成本，借记本科目，贷记"非流动资产基金——固定资产"科目；同时，按照实际支付金额，借记"事业支出""经营支出""专用基金——修购基金"等科目，贷记"财政补助收入""零余额账户用款额度""银行存款"等科目。

购入需要安装的固定资产，先通过"在建工程"科目核算。安装完工交付使用时，借记本科目，贷记"非流动资产基金——固定资产"科目；同时，借记"非流动资产基金——在建工程"科目，贷记"在建工程"科目。

购入固定资产扣留质量保证金的，应当在取得固定资产时，按照确定的成本，借记本科目(不需安装)或"在建工程"科目(需要安装)，贷记"非流动资产基金——固定资产、在建工程"科目。同时取得固定资产全款发票的，应当同时按照构成资产成本的全部支出金额，借记"事业支出""经营支出""专用基金——修购基金"等科目，按照实际支付金额，贷记"财政补助收入""零余额账户用款额度""银行存款"等科目，按照扣留的质量保证金，贷记"其他应付款"[扣留期在1年以内(含1年)]或"长期应付款"(扣留期超过1年)科目；取得的发票金额不包括质量保证金的，应当同时按照不包括质量保证金的支出金额，借记"事业支出""经营支出""专用基金——修购基金"等科目，贷记"财政补助收入""零余额账户用款额度""银行存款"等科目。质保期满支付质量保证金时，借记"其他应付款""长期应付款"科目，或借记"事业支出""经营支出""专用基金——修购基金"等科目，贷记"财政补助收入""零余额账户用款额度""银行存款"等科目。

【例9-21】 甲事业单位以财政补助资金购入需要安装的科研设备。

(1)采购合同金额30万元，已向财政部门提交了财政直接支付申请书，收到代理银行开具的财政直接支付入账通知书，代理银行已经支付购货商30万元，设备交付安装。应编制如下会计分录：

借：事业支出　300 000
　贷：财政补助收入　300 000
同时，
借：在建工程　300 000
　贷：非流动资产基金——在建工程　300 000

(2)以零余额账户支付设备运输费 12 000 元：

借：事业支出　12 000
　贷：零余额账户用款额度　12 000
同时，
借：在建工程　12 000
　贷：非流动资产基金——在建工程　12 000

(3)因安装领用部分自用材料 5 000 元：

借：事业支出　5 000
　贷：存货　5 000
同时，
借：在建工程　5 000
　贷：非流动资产基金——在建工程　5 000

(4)以零余额账户支付设备安装费 3 500 元：

借：事业支出　3 500
　贷：零余额账户用款额度　3 500
同时，
借：在建工程　3 500
　贷：非流动资产基金——在建工程　3 500

(5)设备安装完毕交付使用：

借：固定资产　320 500
　贷：非流动资产基金——固定资产　320 500
同时，
借：非流动资产基金——在建工程　320 500
　贷：在建工程　320 500

② 自行建造的固定资产，其成本包括建造该项资产至交付使用前所发生的全部必要支出。

工程完工交付使用时，按自行建造过程中发生的实际支出，借记本科目，贷记“非流动资产基金——固定资产”科目；同时，借记“非流动资产基金——在建工程”科目，贷记“在建工程”科目。已交付使用但尚未办理竣工决算手续的固定资产，按照估计价值入账，待确定实际成本后再进行调整。

③ 在原有固定资产基础上进行改建、扩建、修缮后的固定资产，其成本按照原固定资产账面价值(“固定资产”科目账面余额减去“累计折旧”科目账面余额后的净值)加上改建、扩建、修缮发生的支出，再扣除固定资产拆除部分的账面价值后的金额确定。

将固定资产转入改建、扩建、修缮时，按固定资产的账面价值，借记“在建工程”科目，贷记“非流动资产基金——在建工程”科目；同时，按固定资产对应的非流动资产基金，借记“非流动资产基金——固定资产”科目，按固定资产已计提折旧，借记“累计折旧”科目，按固定资产的账面余额，贷记本科目。

工程完工交付使用时，借记本科目，贷记“非流动资产基金——固定资产”科目；同时，借记“非流动资产基金——在建工程”科目，贷记“在建工程”科目。

【例 9-22】 某事业单位对一项固定资产进行改扩建，扩建前固定资产的原值 300 万元，已计提折旧 60 万元，在改扩建中支付工程款 45 万元，取得变价款 6 万元，款项以银行存款收付。应编制如下会计分录：

(1)注销固定资产：

借：非流动资产基金——固定资产	2 400 000	
累计折旧	600 000	
贷：固定资产		3 000 000

(2)将固定资产转入在建工程：

借：在建工程	2 400 000	
贷：非流动资产基金——在建工程		2 400 000

(3)支付工程款：

借：事业支出	450 000	
贷：银行存款		450 000

同时，

借：在建工程	450 000	
贷：非流动资产基金——在建工程		450 000

(4)确认变价收入：

借：银行存款	60 000	
贷：待处置资产损溢		60 000

(5)工程交付使用：

固定资产成本＝2 400 000＋450 000－60 000 ＝2 790 000(元)

借：固定资产　　2 790 000

　贷：非流动资产基金——固定资产　　2 790 000

同时，

借：非流动资产基金——在建工程　　2 850 000

　贷：在建工程　　2 850 000

④ 以融资租赁租入的固定资产，其成本按照租赁协议或者合同确定的租赁价款、相关税费以及固定资产交付使用前所发生的可归属于该项资产的运输费、途中保险费、安装调试费等确定。

融资租入的固定资产，按照确定的成本，借记本科目（不需安装）或"在建工程"科目（需安装），按照租赁协议或者合同确定的租赁价款，贷记"长期应付款"科目，按照其差额，贷记"非流动资产基金——固定资产、在建工程"科目。同时，按照实际支付的相关税费、运输费、途中保险费、安装调试费等，借记"事业支出""经营支出"等科目，贷记"财政补助收入""零余额账户用款额度""银行存款"等科目。

定期支付租金时，按照支付的租金金额，借记"事业支出""经营支出"等科目，贷记"财政补助收入""零余额账户用款额度""银行存款"等科目；同时，借记"长期应付款"科目，贷记"非流动资产基金——固定资产"科目。

跨年度分期付款购入固定资产的账务处理，参照融资租入固定资产。

【例 9-23】 某事业单位以融资租赁方式租入不需要安装的设备一台，租赁合同规定：租赁价款 54 000 元，租期 4 年，零余额账户付运费 3 000 元、调试费 2 000 元、途中保险费 1 000 元。租赁价款分 4 年每年年初用财政直接支付方式支付，期满后设备归事业单位所有，该设备尚可使用年限 5 年。假定不考虑其他因素。应编制如下会计分录：

(1)确认融资租入固定资产时：

借：固定资产——融资租入固定资产　　60 000

　贷：长期应付款　　54 000

　　　非流动资产基金——固定资产　　6 000

(2)支付相关税费：

借：事业支出　　6 000

　贷：零余额账户用款额度　　6 000

(3)每期支付租金：

借：事业支出　　13 500

贷:财政补助收入　　13 500

同时,

借:长期应付款　　13 500

贷:非流动资产基金——固定资产　　13 500

(4)计提融资租入固定资产折旧:

借:非流动资产基金——固定资产　　12 000

贷:累计折旧　　12 000

(5)租赁期满,转移资产所有权

借:固定资产——专用设备　　60 000

贷:固定资产——融资租入固定资产　　60 000

⑤ 接受捐赠、无偿调入的固定资产,其成本按照有关凭据注明的金额加上相关税费、运输费等确定;没有相关凭据的,其成本比照同类或类似固定资产的市场价格加上相关税费、运输费等确定;没有相关凭据、同类或类似固定资产的市场价格也无法可靠取得的,该固定资产按照名义金额入账。

接受捐赠、无偿调入的固定资产,按照确定的固定资产成本,借记本科目(不需安装)或"在建工程"科目(需安装),贷记"非流动资产基金——固定资产、在建工程"科目;按照发生的相关税费、运输费等,借记"其他支出"科目,贷记"银行存款"等科目。

【例 9-24】 甲事业单位接受乙公司捐赠的不需要安装的设备一台,未取得的相关凭证,也无法可靠取得同类设备的市价,发生相关税费运费等 12 000 元,以银行存款支付。应编制如下会计分录:

借:固定资产　　1

贷:非流动资产基金——固定资产　　1

同时,

借:其他支出　　12 000

贷:银行存款　　12 000

值得注意的是,事业单位固定资产取得的会计核算方法与事业单位类似。主要区别是:事业单位将相关支出都计入"经费支出"科目,事业单位则区分情况分别计入"事业支出""经营支出""专用基金——修购基金"和"其他支出"科目。

(2)固定资产的折旧。

固定资产折旧时指在固定资产使用寿命内，按照确定的方法对应折旧金额进行系统分摊。事业单位应当对除下列各项资产以外的其他固定资产计提折旧：

① 文物和陈列品；

② 动植物；

③ 图书、档案；

④ 以名义金额计量的固定资产。

事业单位应当根据固定资产的性质和实际使用情况，合理确定其折旧年限。省级以上财政部门、主管部门对事业单位固定资产折旧年限作出规定的，从其规定。事业单位一般采用年限平均法或工作量法计提固定资产折旧。事业单位计提折旧不考虑净残值。

事业单位一般按月计提固定资产折旧。当月增加的从下月起计提，当月减少的从下月起不计提；固定资产提足折旧后无论是否继续使用，均不再计提折旧；提前报废的固定资产也不再补提折旧；已提足折旧的固定资产，可以继续使用的，应当继续使用，规范管理。融资租入固定资产：采用与自有资产一致的政策计提折旧；发生后续支出致使固定资产使用寿命延长的，重新计算折旧额。

为核算固定资产折旧业务，事业单位应设置“累计折旧”总账科目。该科目应该按照所对应的固定资产的类别、项目等进行明细核算。本账户期末贷方余额，反映事业单位计提的固定资产折旧累计数。事业单位按月计提固定资产折旧时，按照实际计提金额，借记“非流动资产基金——固定资产”科目，贷记“累计折旧”科目。

【例 9-25】 某事业单位对固定资产计提折旧 45 000 元。应编制如下会计分录：

借：非流动资产基金——固定资产　　　　45 000

　贷：累计折旧　　　　45 000

值得注意的是，事业单位会计核算一般采用收付实现制，计提固定资产折旧时，都不形成费用，也没有支出，而是冲减非流动资产基金或资产基金。这种计提折旧的方法，称为虚提折旧，它是由事业单位的双重会计目标所决定的。

(3)与固定资产有关的后续支出。

① 为增加固定资产使用效能或延长其使用年限而发生的改建、扩建或修缮

等后续支出，应当计入固定资产成本，通过“在建工程”科目核算，完工交付使用时转入本科目。有关账务处理参见“在建工程”科目。

② 为维护固定资产的正常使用而发生的日常修理等后续支出，应当计入当期支出但不计入固定资产成本，借记“事业支出”“经营支出”等科目，贷记“财政补助收入”“零余额账户用款额度”“银行存款”等科目。

【例 9-26】 2016 年 1 月 1 日，某事业单位对办公楼进行大修，工期 3 个月。2013 年 12 月建造成本 1 300 000 元，预计使用年限 10 年，折旧采用平均年限法，不考虑残值。变卖办公楼拆除部分价值 50 000 元，以财政直接支付方式与维修公司结算修缮费用 350 000 元，领用自用材料 60 000 元用于修缮工程，分配结算非独立核算部门职工薪酬 15 000 元，办公楼按期交付使用，使用年限延长 2 年。应编制如下会计分录：

(1)将固定资产转入修缮工程：

借：在建工程　　1 040 000

　贷：非流动资产基金——在建工程　　1 040 000

(2)注销固定资产：

累计折旧＝1 300 000/10×2＝260 000(元)

借：非流动资产基金——固定资产　　1 040 000

　　累计折旧　　260 000

　贷：固定资产　　1 300 000

(3)支付修缮费：

借：事业支出　　350 000

　贷：财政补助收入　　350 000

同时，

借：在建工程　　350 000

　贷：非流动资产基金——在建工程　　350 000

(4)确认变卖办公楼拆除款：

借：银行存款　　50 000

　贷：待处置资产损溢　　50 000

(5)领用存货：

借：事业支出　　60 000

　贷：存货　　60 000

同时,

借:在建工程 60 000

贷:非流动资产基金——在建工程 60 000

(6)结算职工薪酬:

借:经营支出 15 000

贷:应付职工薪酬 15 000

同时,

借:在建工程 15 000

贷:非流动资产基金——在建工程 15 000

(7)工程交付使用:

固定资产成本=1 040 000+350 000−50 000+60 000+15 000

=1 415 000(元)

借:固定资产 1 415 000

贷:非流动资产基金——固定资产 1 415 000

同时,

借:非流动资产基金——在建工程 1 465 000

贷:在建工程 1 465 000

(8)计提2016年办公楼折旧:

累计折旧=1 415 000/(9×12+9)×9=108 846.15(元)

借:非流动资产基金——固定资产 108 846.15

贷:累计折旧 108 846.15

(4)固定资产出售、无偿调出、对外捐赠和对外投资。

报经批准出售、无偿调出、对外捐赠固定资产或以固定资产对外投资,应当分以下情况处理:

① 出售、无偿调出、对外捐赠固定资产,转入待处置资产时,按照待处置固定资产的账面价值,借记"待处置资产损溢"科目,按照已计提折旧,借记"累计折旧"科目,按照固定资产的账面余额,贷记本科目。

实际出售、调出、捐出时,按照处置固定资产对应的非流动资产基金,借记"非流动资产基金——固定资产"科目,贷记"待处置资产损溢"科目。

出售固定资产过程中取得价款、发生相关税费,以及出售价款扣除相关税费后的净收入的账务处理,参见"待处置资产损溢"科目。

② 以固定资产对外投资,按照评估价值加上相关税费作为投资成本,借记"长期投资"科目,贷记"非流动资产基金——长期投资"科目,按发生的相关税

费，借记“其他支出”科目，贷记“银行存款”“应缴税费”等科目；同时，按照投出固定资产对应的非流动资产基金，借记“非流动资产基金——固定资产”科目，按照投出固定资产已计提折旧，借记“累计折旧”科目，按照投出固定资产的账面余额，贷记本科目。

【例 9-27】 2016 年，经批准甲事业单位将一栋建筑物出售给乙公司，合同价款为 620 000 元，乙公司已用银行存款出清。出售时，该建筑物原值为 200 万元，已计提折旧 130 万元，用存款支付清理费 20 000 元，假定不考虑建筑物处置收入的相关税费，建筑物出售净收入应上缴国库。应编制如下会计分录：

(1)将建设物转入待处置资产：

借：待处置资产损溢——处置资产价值　　700 000
　累计折旧　　1 300 000
　贷：固定资产　　2 000 000

(2)实际处置时：

借：非流动资产基金——固定资产　　700 000
　贷：待处置资产损溢——处置资产价值　　700 000

(3)收到处置价款：

借：银行存款　　620 000
　贷：待处置资产损溢——处置净收入　　620 000

(4)支付相关费用：

借：待处置资产损溢——处置净收入　　20 000
　贷：银行存款　　20 000

(5)确认处置建筑物净收入：

借：待处置资产损溢——处置净收入　　600 000
　贷：应缴国库款　　600 000

(6)将处置建筑物净收入上缴国库：

借：应缴国库款　　600 000
　贷：银行存款　　600 000

(5)固定资产清查盘点。

事业单位的固定资产应当定期进行清查盘点，每年至少盘点一次。对于发生的固定资产盘盈、盘亏或者报废、毁损，应当及时查明原因，按规定报经批准后进行账务处理。

① 盘盈的固定资产，按照同类或类似固定资产的市场价格确定入账价值；同类或类似固定资产的市场价格无法可靠取得的，按照名义金额入账。

固定资产的账务处理

盘盈的固定资产，按照确定的入账价值，借记本科目，贷记“非流动资产基金——固定资产”科目。

② 盘亏或者毁损、报废的固定资产，转入待处置资产时，按照待处置固定资产的账面价值，借记“待处置资产损溢”科目，按照已计提折旧，借记“累计折旧”科目，按照固定资产的账面余额，贷记本科目。报经批准予以处置时，按照处置固定资产对应的非流动资产基金，借记“非流动资产基金——固定资产”科目，贷记“待处置资产损溢”科目。

处置毁损、报废固定资产过程中所取得的收入、发生的相关费用，以及处置收入扣除相关费用后的净收入的账务处理，参见“待处置资产损溢”科目。

【例 9-28】 某事业单位盘亏专用设备一台，账面原值为 96 000 元，已提折旧 58 000 元。经批准，应向责任者索赔 2 000 元并收到现金。保险公司同意理赔 15 000 元，资产处置净收入应上缴国库。应编制如下会计分录：

(1)将盘亏设备转入待处置资产：

借：待处置资产损溢——处置资产价值　　38 000
　累计折旧　　58 000
　贷：固定资产——专业设备　　96 000

(2)报经批准处置设备：

借：非流动资产基金——固定资产　　38 000
　贷：待处置资产损溢——处置资产价值　　38 000

(3)收到索赔款和保险理赔款：

借：库存现金　　2 000
　其他应收款——保险公司　　15 000
　贷：待处置资产损溢——处置净收入　　17 000

(4)将处置资产净收入转账：

借：待处置资产损溢——处置净收入　　17 000
　贷：应缴国库款　　17 000

(三)在建工程的管理与核算

在建工程是指事业单位已经发生必要支出，但尚未完工交付使用的各种建筑

(包括新建、改建、扩建、修缮等)和设备安装工程的实际成本。

为核算在建工程业务,事业单位应设置“在建工程”总账科目,并应当按照工程性质和具体工程项目等进行明细核算。事业单位的基本建设投资应当按照国家有关规定单独建账、单独核算,同时按照本制度的规定至少按月并入本科目及其他相关科目反映。事业单位应当在本科目下设置“基建工程”明细科目,核算由基建账套并入的在建工程成本。有关基建并账的具体账务处理另行规定。本科目期末借方余额,反映事业单位尚未完工的在建工程发生的实际成本。主要账务处理如下:

1. 建筑工程

(1)将固定资产转入改建、扩建或修缮等时,按照固定资产的账面价值,借记本科目,贷记“非流动资产基金——在建工程”科目;同时,按照固定资产对应的非流动资产基金,借记“非流动资产基金——固定资产”科目,按照已计提折旧,借记“累计折旧”科目,按照固定资产的账面余额,贷记“固定资产”科目。

(2)根据工程价款结算账单与施工企业结算工程价款时,按照实际支付的工程价款,借记本科目,贷记“非流动资产基金——在建工程”科目;同时,借记“事业支出”等科目,贷记“财政补助收入”“零余额账户用款额度”“银行存款”等科目。

(3)事业单位为建筑工程借入的专门借款的利息,属于建设期间发生的,计入在建工程成本,借记本科目,贷记“非流动资产基金——在建工程”科目;同时,借记“其他支出”科目,贷记“银行存款”科目。

(4)工程完工交付使用时,按照建筑工程所发生的实际成本,借记“固定资产”科目,贷记“非流动资产基金——固定资产”科目;同时,借记“非流动资产基金——在建工程”科目,贷记本科目。

2. 设备安装

(1)购入需要安装的设备,按照确定的成本,借记本科目,贷记“非流动资产基金——在建工程”科目;同时,按照实际支付金额,借记“事业支出”“经营支出”等科目,贷记“财政补助收入”“零余额账户用款额度”“银行存款”等科目。

融资租入需要安装的设备,按照确定的成本,借记本科目,按照租赁协议或者合同确定的租赁价款,贷记“长期应付款”科目,按照其差额,贷记“非流动资产基金——在建工程”科目。同时,按照实际支付的相关税费、运输费、途中保险费等,借记“事业支出”“经营支出”等科目,贷记“财政补助收入”“零余额账户用款额度”“银行存款”等科目。

(2)发生安装费用,借记本科目,贷记“非流动资产基金——在建工程”科目;同时,借记“事业支出”“经营支出”等科目,贷记“财政补助收入”“零余额账户用款额度”“银行存款”等科目。

(3)设备安装完工交付使用时，借记“固定资产”科目，贷记“非流动资产基金——固定资产”科目；同时，借记“非流动资产基金——在建工程”科目，贷记本科目。

具体核算，请参照前面的例 9-21、例 9-22 和例 9-26 等。

(四)无形资产的管理与核算

无形资产是指事业单位持有的没有实物形态的可辨认非货币性资产，包括专利权、商标权、著作权、土地使用权、非专利技术等。事业单位购入的不构成相关硬件不可缺少组成部分的应用软件，应当作为无形资产核算。

为核算无形资产业务，事业单位应设置“无形资产”总账科目。该科目应当按照无形资产的类别、项目等进行明细核算。该科目期末借方余额，反映事业单位无形资产的原价。主要账务处理如下：

1. 无形资产的取得

无形资产在取得时，应当按照其实际成本入账。

(1)外购的无形资产，其成本包括购买价款、相关税费以及可归属于该项资产达到预定用途所发生的其他支出。购入的无形资产，按照确定的无形资产成本，借记本科目，贷记“非流动资产基金——无形资产”科目；同时，按照实际支付金额，借记“事业支出”等科目，贷记“财政补助收入”“零余额账户用款额度”“银行存款”等科目。

【例 9-29】 某事业单位购入一项专利权，价款 15 万，另支付手续费 3 200 元，都以存款支付。该事业单位应编制如下会计分录：

借：无形资产——专利权　　153 200

　贷：非流动资产基金——无形资产　　153 200

同时，

借：事业支出　　153 200

　贷：银行存款　　153 200

(2)委托软件公司开发软件视同外购无形资产进行处理。支付软件开发费时，按照实际支付金额，借记“事业支出”等科目，贷记“财政补助收入”“零余额账户用款额度”“银行存款”等科目。软件开发完成交付使用时，按照软件开发费总额，借记本科目，贷记“非流动资产基金——无形资产”科目。

(3)自行开发并按法律程序申请取得的无形资产,按照依法取得时发生的注册费、聘请律师费等费用,借记本科目,贷记“非流动资产基金——无形资产”科目;同时,借记“事业支出”等科目,贷记“财政补助收入”“零余额账户用款额度”“银行存款”等科目。

依法取得前所发生的研究开发支出,应于发生时直接计入当期支出,借记“事业支出”等科目,贷记“银行存款”等科目。

【例 9-30】 某事业单位自行开发研制某项专利技术,并取得国家专利,申请专利时发生注册费、申请律师费等 15 000 元,以零余额账户支付。研制期间发生的相关支出有:实验检验费 8 000 元,研究人员工资 12 000 元,消耗材料 5 000 元,共计 25 000 元。应编制如下会计分录:

借:事业支出	25 000	
贷:银行存款		8 000
应付职工薪酬		12 000
存货		5 000

(4)接受捐赠、无偿调入的无形资产,其成本按照有关凭据注明的金额加上相关税费等确定;没有相关凭据的,其成本比照同类或类似无形资产的市场价格加上相关税费等确定;没有相关凭据、同类或类似无形资产的市场价格也无法可靠取得的,该资产按照名义金额入账。

接受捐赠、无偿调入的无形资产,按照确定的无形资产成本,借记本科目,贷记“非流动资产基金——无形资产”科目;按照发生的相关税费等,借记“其他支出”科目,贷记“银行存款”等科目。

【例 9-31】 2016 年 2 月 15 日,甲事业单位根据财政部门批准,从乙事业单位无偿调入一项专利权,其市场价格为 150 000 元,用零余额账户用款额度支付相关费用 6 000 元。应编制如下会计分录:

(1)确认无形资产:

借:无形资产	156 000	
贷:非流动资产基金——无形资产		156 000

(2)支付相关费用:

借:其他支出	6 000	
贷:零余额账户用款额度		6 000

2. 无形资产的摊销

事业单位应当对无形资产进行摊销，以名义金额计量的无形资产除外。摊销是指在无形资产使用寿命内，按照确定的方法对应摊销金额进行系统分摊。

事业单位应当按照如下原则确定无形资产的摊销年限：法律规定了有效年限的，按照法律规定的有效年限作为摊销年限；法律没有规定有效年限的，按照相关合同或单位申请书中的受益年限作为摊销年限；法律没有规定有效年限、相关合同或单位申请书也没有规定受益年限的，按照不少于10年的期限摊销。

事业单位应当采用年限平均法对无形资产进行摊销。事业单位无形资产的应摊销金额为其成本。事业单位应当自无形资产取得当月起，按月计提无形资产摊销。因发生后续支出而增加无形资产成本的，应当按照重新确定的无形资产成本，重新计算摊销额。

为核算无形资产的摊销业务，事业单位应该设置"累计摊销"总账科目。本科目应当按照对应无形资产的类别、项目等进行明细核算。本科目期末贷方余额，反映事业单位计提的无形资产摊销累计数。按月计提无形资产摊销时，按照应计提摊销金额，借记"非流动资产基金——无形资产"科目，贷记"累计摊销"科目。

【例9-32】 某事业单位取得一项专利权，取得时发生注册费30 000元、聘请律师费18 000元。按有关规定，该项专利权年限不超过5年。应编制如下会计分录：

摊销额＝(30 000＋18 000)/5＝9 600(元)

借：非流动资产基金——无形资产　　9 600

　贷：累计摊销　　9 600

3. 与无形资产有关的后续支出

(1)为增加无形资产的使用效能而发生的后续支出，如对软件进行升级改造或扩展其功能等所发生的支出，应当计入无形资产的成本，借记本科目，贷记"非流动资产基金——无形资产"科目；同时，借记"事业支出"等科目，贷记"财政补助收入""零余额账户用款额度""银行存款"等科目。

(2)为维护无形资产的正常使用而发生的后续支出，如对软件进行漏洞修补、技术维护等所发生的支出，应当计入当期支出但不计入无形资产成本，借记"事业支出"等科目，贷记"财政补助收入""零余额账户用款额度""银行存款"等科目。

4. 无形资产的转让、无偿调出、对外捐赠和对外投资

(1)转让、无偿调出、对外捐赠无形资产，转入待处置资产时，按照待处置无

形资产的账面价值，借记“待处置资产损溢”科目，按照已计提摊销，借记“累计摊销”科目，按照无形资产的账面余额，贷记“无形资产”科目。

实际转让、调出、捐出时，按照处置无形资产对应的非流动资产基金，借记“非流动资产基金——无形资产”科目，贷记“待处置资产损溢”科目。

转让无形资产过程中取得价款、发生相关税费，以及出售价款扣除相关税费后的净收入的账务处理，参见“待处置资产损溢”科目。

(2)以已入账无形资产对外投资，按照评估价值加上相关税费作为投资成本，借记“长期投资”科目，贷记“非流动资产基金——长期投资”科目，按发生的相关税费，借记“其他支出”科目，贷记“银行存款”“应缴税费”等科目；同时，按照投出无形资产对应的非流动资产基金，借记“非流动资产基金——无形资产”科目，按照投出无形资产已计提摊销，借记“累计摊销”科目，按照投出无形资产的账面余额，贷记“无形资产”科目。

【例 9-33】 2016 年 3 月 1 日，某事业单位将其商标权的所有权转让，取得价款 180 万元，存入银行。商标权成本 300 万元，已经摊销 260 万元，暂不考虑转让过程中发生的相关税费，存款支付其他费用 12 000 元。应编制如下会计分录：

(1)将无形资产转入待处置资产：

借：待处置资产损溢——处置资产价值　　400 000
　　累计摊销　　2 600 000
　贷：无形资产　　3 000 000

(2)实际处置无形资产：

借：非流动资产基金——无形资产　　400 000
　贷：待处置资产损溢——处置资产价值　　400 000

(3)收到变卖价款：

借：银行存款　　1 800 000
　贷：待处置资产损溢——处置净收入　　1 800 000

(4)确认支付相关费用：

借：待处置资产损溢——处置净收入　　12 000
　贷：银行存款　　12 000

(5)确认处置净资产收入：

处置净收入＝1 800 000－12 000＝1 788 000(元)

借：待处置资产损溢——处置净收入　　1 788 000
　贷：应缴国库款　　1 788 000

(6)将处置资产收入上缴国库：

借：应缴国库款　　1 788 000

　贷：银行存款　　1 788 000

5.无形资产的核销

无形资产预期不能为事业单位带来服务潜力或经济利益的，应当按规定报经批准后将该无形资产的账面价值予以核销。

(1)转入待处置资产时，按照待核销无形资产的账面价值，借记“待处置资产损溢”科目，按照已计提摊销，借记“累计摊销”科目，按照无形资产的账面余额，贷记“无形资产”科目。

(2)报经批准予以核销时，按照核销无形资产对应的非流动资产基金，借记“非流动资产基金——无形资产”科目，贷记“待处置资产损溢”科目。

(五)待处置资产损溢的管理与核算

待处置资产损溢是核算事业单位待处置资产的价值及处置损溢。事业单位资产处置包括资产的出售、出让、转让、对外捐赠、无偿调出、盘亏、报废、毁损以及货币性资产损失核销等。

为核算待处置资产损溢业务，事业单位应设置“待处置资产损溢”总账科目，并应当按照待处置资产项目进行明细核算。对于在处置过程中取得相关收入、发生相关费用的处置项目，还应设置“处置资产价值”“处置净收入”明细科目，进行明细核算。事业单位处置资产一般应当先记入本科目，按规定报经批准后及时进行账务处理。年度终了结账前一般应处理完毕。本科目期末如为借方余额，反映尚未处置完毕的各种资产价值及净损失；期末如为贷方余额，反映尚未处置完毕的各种资产净溢余。年度终了报经批准处理后，本科目一般应无余额。主要账务处理如下：

1.按规定报经批准予以核销的应收及预付款项、长期股权投资、无形资产

(1)转入待处置资产时，借记“待处置资产损溢”科目(核销无形资产的，还应借记“累计摊销”科目)，贷记“应收账款”“预付账款”“其他应收款”“长期投资”“无形资产”等科目。

(2)报经批准予以核销时，借记“其他支出”科目(应收及预付款项核销)或“非流动资产基金——长期投资、无形资产”科目(长期投资、无形资产核销)，贷记“待处置资产损溢”科目。

2. 盘亏或者毁损、报废的存货、固定资产

(1)转入待处置资产时,借记“待处置资产损溢”科目(处置资产价值)(处置固定资产的,还应借记“累计折旧”科目),贷记“存货”“固定资产”等科目。

(2)报经批准予以处置时,借记“其他支出”科目(处置存货)或“非流动资产基金——固定资产”科目(处置固定资产),贷记“待处置资产损溢”科目(处置资产价值)。

(3)处置毁损、报废存货、固定资产过程中收到残值变价收入、保险理赔和过失人赔偿等,借记“库存现金”“银行存款”等科目,贷记“待处置资产损溢”科目(处置净收入),处置毁损、报废存货、固定资产过程中发生相关费用,借记“待处置资产损溢”科目(处置净收入),贷记“库存现金”“银行存款”等科目。

(4)处置完毕,按照处置收入扣除相关处置费用后的净收入,借记“待处置资产损溢”科目(处置净收入),贷记“应缴国库款”等科目。

3. 对外捐赠、无偿调出存货、固定资产、无形资产

(1)转入待处置资产时,借记“待处置资产损溢”科目(捐赠、调出固定资产、无形资产的,还应借记“累计折旧”“累计摊销”科目),贷记“存货”“固定资产”“无形资产”等科目。

(2)实际捐出、调出时,借记“其他支出”科目(捐出、调出存货)或“非流动资产基金——固定资产、无形资产”科目(捐出、调出固定资产、无形资产),贷记“待处置资产损溢”科目。

4. 转让(出售)长期股权投资、固定资产、无形资产

(1)转入待处置资产时,借记“待处置资产损溢”科目(处置资产价值,转让固定资产、无形资产的,还应借记“累计折旧”“累计摊销”科目),贷记“长期投资”“固定资产”“无形资产”等科目。

(2)实际转让时,借记“非流动资产基金——长期投资、固定资产、无形资产”科目,贷记“待处置资产损溢”科目(处置资产价值)。转让过程中取得价款、发生相关税费,以及转让价款扣除相关税费后的净收入的账务处理,按照国家有关规定,比照“2. 盘亏或者毁损、报废的存货、固定资产”有关毁损、报废存货、固定资产进行处理。

第二节　事业单位负债的管理与核算

事业单位的负债是指事业单位所承担的能以货币计量，需要以资产或者劳务偿还的债务。事业单位的负债按照流动性，分为流动负债和非流动负债。事业单位的负债应当按照合同金额或实际发生额进行计量。事业单位的负债在业务内容与核算方法上有些与事业单位类似，如应缴税费、应缴国库款或应缴财政款、应付职工薪酬等；有些与事业单位不同，如短期借款、应付账款、长期借款、长期应付款等。

一、流动负债的管理与核算

流动负债是指事业单位预计在1年内（含1年）偿还的负债。事业单位的流动负债包括短期借款、应缴款项、应付职工薪酬、应付及预收款项等。

（一）短期借款的管理与核算

短期借款是指事业单位借入的期限在1年内（含1年）的各种借款。

为核算短期借款业务，事业单位应设置"短期借款"总账科目，并应当按照贷款单位和贷款种类进行明细核算。本科目期末贷方余额，反映事业单位尚未偿还的短期借款本金。主要账务处理如下：

（1）借入各种短期借款时，按照实际借入的金额，借记"银行存款"科目，贷记本科目。

（2）银行承兑汇票到期，本单位无力支付票款的，按照银行承兑汇票的票面金额，借记"应付票据"科目，贷记本科目。

（3）支付短期借款利息时，借记"其他支出"科目，贷记"银行存款"科目。

（4）归还短期借款时，借记本科目，贷记"银行存款"科目。

【例9-34】 2016年10月1日，某事业单位向工商银行借入金额24万元，期限8个月，年利率为6%，每季度支付一次利息。应编制如下会计分录：

应付利息=(240 000×6%/12)×3=3 600(元)

借：银行存款　　240 000

　贷：短期借款　　240 000

借：其他支出——利息支出　　3 600

　贷：银行存款　　3 600

(二)应缴款项的管理与核算

应缴款项是指事业单位应缴未缴的各种款项,包括应缴税费、应缴国库款、应缴财政专户款等。

1. 应缴税费的管理与核算

应缴税费是指事业单位按照税法等规定计算应缴纳的各种税费,包括营业税、增值税、城市维护建设税、教育费附加、车船税、房产税、城镇土地使用税、企业所得税等。事业单位代扣代缴的个人所得税,也属于应缴税费的核算内容。事业单位应缴纳的印花税不需要预提应缴税费,直接通过支出等有关科目核算。

为核算应缴税费业务,事业单位应设置“应缴税费”总账科目,并应当按照应缴纳的税费种类进行明细核算。属于增值税一般纳税人的事业单位,其应缴增值税明细账中应设置“进项税额”“已交税金”“销项税额”“进项税额转出”等专栏。本科目期末借方余额,反映事业单位多缴纳的税费金额;本科目期末贷方余额,反映事业单位应缴未缴的税费金额。主要账务处理如下:

(1)发生营业税、城市维护建设税、教育费附加纳税义务的,按税法规定计算的应缴税费金额,借记“待处置资产损溢——处置净收入”科目(出售不动产应缴的税费)或有关支出科目,贷记本科目。实际缴纳时,借记本科目,贷记“银行存款”科目。

(2)属于增值税一般纳税人的事业单位购入非自用材料的,按确定的成本(不含增值税进项税额),借记“存货”科目,按增值税专用发票上注明的增值税额,借记本科目(应缴增值税——进项税额),按实际支付或应付的金额,贷记“银行存款”“应付账款”等科目。

属于增值税一般纳税人的事业单位所购进的非自用材料发生盘亏、毁损、报废、对外捐赠、无偿调出等税法规定不得从增值税销项税额中抵扣进项税额的,将所购进的非自用材料转入待处置资产时,按照材料的账面余额与相关增值税进项税额转出金额的合计金额,借记“待处置资产损溢”科目,按材料的账面余额,贷记“存货”科目,按转出的增值税进项税额,贷记本科目(应缴增值税——进项税额转出)。

属于增值税一般纳税人的事业单位销售应税产品或提供应税服务,按包含增值税的价款总额,借记“银行存款”“应收账款”“应收票据”等科目,按扣除增值税销项税额后的价款金额,贷记“经营收入”等科目,按增值税专用发票上注明的增值税金额,贷记本科目(应缴增值税——销项税额)。

属于增值税一般纳税人的事业单位实际缴纳增值税时，借记本科目（应缴增值税——已交税金），贷记“银行存款”科目。

属于增值税小规模纳税人的事业单位销售应税产品或提供应税服务，按实际收到或应收的价款，借记“银行存款”“应收账款”“应收票据”等科目，按实际收到或应收价款扣除增值税额后的金额，贷记“经营收入”等科目，按应缴增值税金额，贷记本科目（应缴增值税）。实际缴纳增值税时，借记本科目（应缴增值税），贷记“银行存款”科目。

（3）发生房产税、城镇土地使用税、车船税纳税义务的，按税法规定计算的应缴税金数额，借记有关科目，贷记本科目。实际缴纳时，借记本科目，贷记“银行存款”科目。

（4）代扣代缴个人所得税的，按税法规定计算应代扣代缴的个人所得税金额，借记“应付职工薪酬”科目，贷记本科目。实际缴纳时，借记本科目，贷记“银行存款”科目。

（5）发生企业所得税纳税义务的，按税法规定计算的应缴税金数额，借记“非财政补助结余分配”科目，贷记本科目。实际缴纳时，借记本科目，贷记“银行存款”科目。

（6）发生其他纳税义务的，按照应缴纳的税费金额，借记有关科目，贷记本科目。实际缴纳时，借记本科目，贷记“银行存款”等科目。

【例 9-35】 某事业单位非独立核算部门为增值税一般纳税人，其适用的税率为 17%。2016 年 10 月 10 日销售应税产品一批，价款 35 万元，按规定应收取增值税额 59 500 元，收到对方出具的期限为 3 个月的商业汇票一张。应编制如下会计分录：

借：应收票据	409 500	
贷：经营收入		350 000
应缴税费——应缴增值税（销项税额）		59 500

2. 应缴国库款的管理与核算

应缴国库款是指事业单位按规定应缴入国库的款项（应缴税费除外）。

为核算应缴国库款业务，事业单位应设置“应缴国库款”总账科目，并应当按照应缴国库的各款项类别进行明细核算。本科目期末贷方余额，反映事业单位应缴入国库但尚未缴纳的款项。主要账务处理如下：

(1)按规定计算确定或实际取得应缴国库的款项时,借记有关科目,贷记本科目。

(2)事业单位处置资产取得的应上缴国库的处置净收入的账务处理,参见“待处置资产损溢”科目。

(3)上缴款项时,借记本科目,贷记“银行存款”等科目。

【例 9-36】 2016 年 10 月,某事业单位取得罚没收入 3 500 元、无主财物变价收入 8 000 元,全部存入银行。该事业单位应编制如下会计分录:

借:银行存款　　11 500

　贷:应缴国库款　　11 500

同时,

借:应缴国库款　　11 500

　贷:银行存款　　11 500

3. 应缴财政专户款的管理与核算

应缴财政专户款是指核算事业单位按规定应缴入财政专户的款项。

为了核算应缴财政专户款业务,事业单位应设置“应缴财政专户款”总账科目,并应当按照应缴财政专户的各款项类别进行明细核算。本科目期末贷方余额,反映事业单位应缴入财政专户但尚未缴纳的款项。主要账务处理如下:

① 取得应缴财政专户的款项时,借记有关科目,贷记本科目。

② 上缴款项时,借记本科目,贷记“银行存款”等科目。

【例 9-37】 2016 年收取委托培养费 120 000 元、教育考试考务费 580 000 元,全部款项已存入银行。集中上缴财政专户。财政部门通过授权方式核拨 30 000 元。该事业单位应编制如下会计分录:

(1)收到相关的专户存款:

借:银行存款　　700 000

　贷:应缴财政专户款　　700 000

(2)上缴财政专户:

借:应缴财政专户款　　700 000

　贷:银行存款　　700 000

(3)收到返还的事业收入:

借:零余额账户用款额度　　30 000

　贷:事业收入　　30 000

应缴国库款和应缴财政专户款的区别

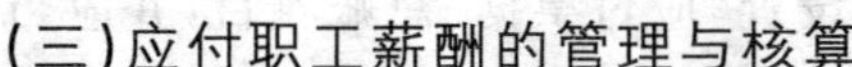

(三)应付职工薪酬的管理与核算

应付职工薪酬是指事业单位按有关规定应付给职工及为职工支付的各种薪酬，包括基本工资、绩效工资、国家统一规定的津贴补贴、社会保险费、住房公积金等。

为核算应付职工薪酬业务，事业单位应设置“应付职工薪酬”总账科目，并应当根据国家有关规定按照“工资(离退休费)”“地方(部门)津贴补贴”“其他个人收入”以及“社会保险费”“住房公积金”等进行明细核算。本科目期末贷方余额，反映事业单位应付未付的职工薪酬。主要账务处理如下：

(1)计算当期应付职工薪酬，借记“事业支出”“经营支出”等科目，贷记本科目。

(2)向职工支付工资、津贴补贴等薪酬，借记本科目，贷记“财政补助收入”“零余额账户用款额度”“银行存款”等科目。

(3)按税法规定代扣代缴个人所得税，借记本科目，贷记“应缴税费——应缴个人所得税”科目。

(4)按照国家有关规定缴纳职工社会保险费和住房公积金，借记本科目，贷记“财政补助收入”“零余额账户用款额度”“银行存款”等科目。

(5)从应付职工薪酬中支付其他款项，借记本科目，贷记“财政补助收入”“零余额账户用款额度”“银行存款”等科目。

【例 9-38】 2016 年 9 月，甲事业单位薪酬结算汇总，应付薪酬 3 636 000 元。根据财政直接支付入账通知书和工资发放明细表。应编制如下会计分录：

借：应付职工薪酬　　3 636 000

　贷：财政补助收入　　3 636 000

(四)应付及预收款项的管理与核算

应付及预收款项是指事业单位在开展业务活动中发生的各项债务，包括应付票据、应付账款、其他应付款等应付款项和预收账款。

1. 应付票据的管理与核算

应付票据是指事业单位因购买材料、物资等而开出、承兑的商业汇票，包括银行承兑汇票和商业承兑汇票。同时，事业单位应当设置“应付票据备查簿”，详细登记每一应付票据的种类、号数、出票日期、到期日、票面金额、交易合同号、收款人姓名或单位名称，以及付款日期和金额等资料。应付票据到期结清票款后，应当在备查簿内逐笔注销。

为核算应付票据业务，事业单位应设置“应付票据”总账科目，并应当按照债权单位进行明细核算。本科目期末贷方余额，反映事业单位开出、承兑的尚未到期的商业汇票票面金额。主要账务处理如下：

(1)开出、承兑商业汇票时，借记“存货”等科目，贷记本科目。以承兑商业汇票抵付应付账款时，借记“应付账款”科目，贷记本科目。

(2)支付银行承兑汇票的手续费时，借记“事业支出”“经营支出”等科目，贷记“银行存款”等科目。

(3)商业汇票到期时，应当分以下情况处理：

① 收到银行支付到期票据的付款通知时，借记本科目，贷记“银行存款”科目；

② 银行承兑汇票到期，本单位无力支付票款的，按照汇票票面金额，借记本科目，贷记“短期借款”科目；

③ 商业承兑汇票到期，本单位无力支付票款的，按照汇票票面金额，借记本科目，贷记“应付账款”科目。

【例 9-39】 2016 年 3 月 1 日，某事业单位开出面值为 46 800 元，期限 3 个月的银行承兑汇票，用于购买专项研究材料，材料价款 40 000 元，增值税 6 800 元，材料已验收入库。支付银行承兑汇票手续费 23.4 元。应编制如下会计分录：

(1)开出银行承兑汇票：

借：存货　　46 800

　贷：应付票据　　46 800

同时，

借：事业支出　　23.4

　贷：银行存款　　23.4

(2)2016 年 5 月 31 日票据到期，支付票款：

借：应付票据　　46 800

　贷：银行存款　　46 800

2. 应付账款的管理与核算

应付账款是指事业单位因购买材料、物资等而应付的款项。

为核算应付账款业务，事业单位应设置“应付账款”总账科目，并应当按照债权单位(或个人)进行明细核算。本科目期末贷方余额，反映事业单位尚未支付的应付账款。主要账务处理如下：

(1)购入材料、物资等已验收入库但货款尚未支付的,按照应付未付金额,借记“存货”等科目,贷记本科目。

(2)偿付应付账款时,按照实际支付的款项金额,借记本科目,贷记“银行存款”等科目。

(3)开出、承兑商业汇票抵付应付账款,借记本科目,贷记“应付票据”科目。

(4)无法偿付或债权人豁免偿还的应付账款,借记本科目,贷记“其他收入”科目。

【例 9-40】 2016 年 5 月 3 日,某事业单位购入科研材料,货款 20 万元,增值税 34 000 元,对方代垫运杂费 2 000 元,材料已验收入库,款未付。应编制如下会计分录:

借:存货　　236 000

　贷:应付账款　　236 000

3. 预收账款的管理与核算

预收账款是指事业单位按合同规定预收的款项。

为核算预收账款业务,事业单位应设置“预收账款”总账科目,并应当按照债权单位(或个人)进行明细核算。本科目期末贷方余额,反映事业单位按合同规定预收但尚未实际结算的款项。主要账务处理如下:

(1)从付款方预收款项时,按照实际预收的金额,借记“银行存款”等科目,贷记本科目。

(2)确认有关收入时,借记本科目,按照应确认的收入金额,贷记“经营收入”等科目,按照付款方补付或退回付款方的金额,借记或贷记“银行存款”等科目。

(3)无法偿付或债权人豁免偿还的预收账款,借记本科目,贷记“其他收入”科目。

【例 9-41】 某事业单位(一般纳税人)接受一批订货,按合同约定,货款暂估为 18 000 元,预计 6 个月完成。订货方需预付货款,完工时按实际售价结算,多退少补。应编制如下会计分录:

(1)收到定金时:

借:银行存款　　18 000

　贷:预收账款　　18 000

(2)假如6个月后产品完工并发出后,结算价格为20 000元:

借:预收账款 23 400

贷:经营收入 20 000

应缴税费——应缴增值税(销项税额) 3 400

(3)事业单位收到补付的货款时:

借:银行存款 5 400

贷:预收账款 5 400

4.其他应付款的管理与核算

其他应付款是指事业单位除应缴税费、应缴国库款、应缴财政专户款、应付职工薪酬、应付票据、应付账款、预收账款之外的其他各项偿还期限在1年内(含1年)的应付及暂收款项,如存入保证金等。

为核算其他应付款业务,事业单位应设置"其他应付款"总账科目,并应当按照其他应付款的类别以及债权单位(或个人)进行明细核算。本科目期末贷方余额,反映事业单位尚未支付的其他应付款。主要账务处理如下:

(1)发生其他各项应付及暂收款项时,借记"银行存款"等科目,贷记本科目。

(2)支付其他应付款项时,借记本科目,贷记"银行存款"等科目。

(3)无法偿付或债权人豁免偿还的其他应付款项,借记本科目,贷记"其他收入"科目。

【例9-42】 2016年6月15日,甲事业单位在销售研发产品的过程中,出借给乙单位一批包装物,收到乙单位支付的押金6 000元,存入银行。应编制如下会计分录:

(1)收到押金:

借:银行存款 6 000

贷:其他应付款——押金 6 000

(2)归还包装物,退还押金:

借:其他应付款——押金 6 000

贷:银行存款 6 000

(3)如果该事业单位出借包装物期满,因乙单位撤销,该事业单位收取的押金无法偿还:

借:其他应付款——押金 6 000

贷:其他收入 6 000

二、非流动负债的管理与核算

非流动负债是指流动负债以外的负债。事业单位的非流动负债包括长期借款、长期应付款等。

(一)长期借款的管理与核算

长期借款是指事业单位借入的期限超过1年(不含1年)的各种借款。

为核算长期借款业务,事业单位应设置"长期借款"总账科目,并应当按照贷款单位和贷款种类进行明细核算。对于基建项目借款,还应按具体项目进行明细核算。本科目期末贷方余额,反映事业单位尚未偿还的长期借款本金。主要账务处理如下:

(1)借入各项长期借款时,按照实际借入的金额,借记"银行存款"科目,贷记本科目。

(2)为购建固定资产支付的专门借款利息,分以下情况处理:

① 属于工程项目建设期间支付的,计入工程成本,按照支付的利息,借记"在建工程"科目,贷记"非流动资产基金——在建工程"科目;同时,借记"其他支出"科目,贷记"银行存款"科目。

② 属于工程项目完工交付使用后支付的,计入当期支出但不计入工程成本,按照支付的利息,借记"其他支出"科目,贷记"银行存款"科目。

(3)其他长期借款利息,按照支付的利息金额,借记"其他支出"科目,贷记"银行存款"科目。

(4)归还长期借款时,借记本科目,贷记"银行存款"科目。

【例9-43】 某事业单位为建造某工程,借入长期借款350万元,期限3年,利率10%,单利每年付息一次。存款支付280万元工程款,该工程于第一年末达到可使用状态交付使用,结转固定资产价值。应编制如下会计分录:

(1)取得借款:

借:银行存款　　3 500 000

　贷:长期借款——基建借款　　3 500 000

(2)支付工程款:

借:在建工程　　2 800 000

　贷:非流动资产基金——在建工程　　2 800 000

同时,

借:事业支出　　2 800 000

　贷:银行存款　　2 800 000

(3)支付第一年借款利息:

借:在建工程——某工程　　350 000

　贷:非流动资产基金——在建工程　　350 000

同时,

借:其他支出　　350 000

　贷:银行存款　　350 000

(4)第一年末结转固定资产:

借:固定资产——房屋建筑物　　3 150 000

　贷:非流动资产基金——固定资产　　3 150 000

同时,

借:非流动资产基金——在建工程　　3 150 000

　贷:在建工程——某工程　　3 150 000

(5)支付第二年、第三年的利息:

借:其他支出——利息支出　　350 000

　贷:银行存款　　350 000

(6)归还到期本金:

借:长期借款　　3 500 000

　贷:银行存款　　3 500 000

(二)长期应付款的管理与核算

长期应付款是指事业单位发生的偿还期限超过1年(不含1年)的应付款项,如以融资租赁租入固定资产的租赁费、跨年度分期付款购入固定资产的价款等。

为核算长期应付款业务,事业单位应设置"长期应付款"总账科目,并应当按照长期应付款的类别以及债权单位(或个人)进行明细核算。本科目期末贷方余额,反映事业单位尚未支付的长期应付款。主要账务处理如下:

(1)发生长期应付款时,借记"固定资产""在建工程"等科目,贷记本科目、"非流动资产基金"等科目。

(2)支付长期应付款时,借记"事业支出""经营支出"等科目,贷记"银行存款"等科目;同时,借记本科目,贷记"非流动资产基金"科目。

(3)无法偿付或债权人豁免偿还的长期应付款,借记本科目,贷记"其他收入"科目。

第三节　事业单位收入的管理与核算

事业单位的收入是指事业单位开展业务及其活动依法取得的非偿还性资金,包括财政补助收入、事业收入、上级补助收入、附属单位上缴收入、经营收入和其他收入等。事业单位的收入一般应当在收到款项时予以确认,并按照实际收到的金额进行计量。采用权责发生制确认的收入,应当在提供服务或者发出存货,同时收起价款或者取得索取价款的凭证时予以确认,并按照实际收到的金额或者有关凭据注明的金额进行计量。

一、财政补助收入的管理与核算

(一)财政补助收入的管理

财政补助收入是指事业单位从同级财政部门取得的各类财政拨款,包括基本支出补助和项目支出补助。其中,同级财政部门是指事业单位的预算管理部门,事业单位的单位预算需要经过同级财政部门批准后才能开始执行。

目前,我国的事业单位按照预算管理的方式不同,可以区分为全额拨款事业单位和差额拨款事业单位。其中,全额拨款事业单位在资金来源渠道上主要是财政拨款,如公益一类事业单位。该类事业单位在资金来源上与事业单位类似。差额拨款事业单位在资金来源渠道上需要同时依靠财政拨款和事业收入,如公益二类事业单位。该类事业单位可以取得的财政拨款的数额,取决于该事业单位的活动的特点以及通过开展专业业务活动可以从市场上取得的事业收入的数额。

事业单位应按照国家有关财政预算资金管理的规定,加强对财政补助收入的管理。主要管理要求如下:

1. 严格按照经批准的部门预算、用款计划和规定用途申请取得财政补助

事业单位的部门预算和分月用款额度都要事先经过财政部门批准。需要增加或减少财政补助收入,应当首先编制追加或减少预算,在经过财政部门批准后再按变更后的预算申请取得财政部门补助收入。按照部门预算要求,财政补助收入区分为基本支出财政补助收入和项目支出财政补助收入。财政补助收入应当分别按照基本支出和项目支出的具体支出科目申请,取得后应当分别核算,不能相互混淆。未经财政部门同意,不得擅自变更财政补助收入用途。

2. 按规定的财政资金支付方式申请取得财政补助

在实行国库集中收付制度改革的情况下，财政资金的支付方式有财政直接支付和财政授权支付两种。在未实行国库集中收付制度改革的情况下，仍然运用传统的财政资金实拨方式。财政部门在确定事业单位部门预算和用款计划的同时也确定了财政资金的支付方式。

3. 事业单位应按照综合预算原则安排收入和支出

将财政补助收入与财政专户返还收入、上级补助收入、事业收入、附属单位缴款和其他收入等各种来源的收入同时缴入收入预算，统筹安排使用，统一管理。

(二)财政补助收入的核算

为核算财政补助收入业务，事业单位应设置"财政补助收入"总账科目，并应当设置"基本支出"和"项目支出"两个明细科目；两个明细科目下按照《政府收支分类科目》中"支出功能分类"的相关科目进行明细核算；同时在"基本支出"明细科目下按照"人员经费"和"日常公用经费"进行明细核算，在"项目支出"明细科目下按照具体项目进行明细核算。期末结账后，本科目应无余额。主要账务处理如下：

1. 财政直接支付方式下财政补助收入的核算

(1)财政直接支付方式下，事业单位根据财政国库支付执行机构委托代理银行转来的"财政直接支付入账通知书"及原始凭证，按照通知书中的直接支付入账金额，借记有关科目，贷记该科目。

(2)年度终了，根据本年度财政直接支付预算指标数与当年财政直接支付实际支出数的差额，借记"财政应返还额度——财政直接支付"科目，贷记该科目。

【例 9-44】 2016 年 12 月 16 日，甲事业单位与乙单位签合同采购设备 60 万元，已验货，提交了财政直接支付申请，并收到财政直接支付入账通知书。应编制如下会计分录：

借：事业支出　　600 000

　贷：财政补助收入——基本支出　　600 000

同时，

借：固定资产　　600 000

　贷：非流动资产基金——固定资产　　600 000

2. 财政授权支付方式下财政补助收入的核算

(1)财政授权支付方式下，事业单位根据代理银行转来的“授权支付到账通知书”，按照通知书中的授权支付额度，借记“零余额账户用款额度”科目，贷记本科目。

(2)年度终了，事业单位本年度财政授权支付预算指标数大于零余额账户用款额度下达数的，根据未下达的用款额度，借记“财政应返还额度——财政授权支付”科目，贷记本科目。

【例 9-45】 某事业单位于 2016 年 12 月 2 日，收到代理银行转来的“财政授权支付额度到账通知书”，本月授权额度 45 万元，用于本单位基本支出。应编制如下会计分录：

借：零余额账户用款额度　　450 000

　贷：财政补助收入——基本支出——日常公用经费　　450 000

3. 其他方式下财政补助收入的核算

其他方式下，实际收到财政补助收入时，按照实际收到的金额，借记“银行存款”等科目，贷记本科目。

【例 9-46】 某事业单位于 2016 年 12 月 10 日，收到开户银行转来的收款通知，收到财政部门拨入一笔项目支出预算专项经费 30 万元，用于繁荣当地文化事业。应编制如下会计分录：

借：银行存款　　300 000

　贷：财政补助收入——项目支出——文化支出　　300 000

4. 财政补助收入退回的核算

因购货退回等发生国库直接支付款项退回的，属于以前年度支付的款项，按照退回金额，借记“财政应返还额度”科目，贷记“财政补助结转”“财政补助结余”“存货”等有关科目；属于本年度支付的款项，按照退回金额，借记本科目，贷记“事业支出”“存货”等有关科目。

【例 9-47】 2016 年 2 月 20 日，甲事业单位收到通知，本年 1 月 25 日从乙单位购进的存货因质量问题需要退货。该货款之前是通过财政直接支付的方式进行支付的。该批存货价款为 500 000 元，已列入事业支出 50 000 元，其余已确认为存货。应编制如下会计分录：

借:财政补助收入——基本支出——日常公用经费　500 000

　贷:存货　450 000

　　事业支出　50 000

5.财政补助收入期末结账的核算

期末,将本科目本期发生额转入财政补助结转,借记该科目,贷记"财政补助结转"科目。

【例 9-48】 2016 年,某事业单位财政补助收入情况为:财政补助收入(直接支付)为 356 000 000 元,财政补助收入(授权支付)为 244 000 000 元。年末,结转财政补助收入。该事业单位应编制如下会计分录:

借:财政补助收入——财政直接支付　356 000 000

　财政补助收入——财政授权支付　244 000 000

　贷:财政补助结转　600 000 000

财政补助收入的账务处理

二、事业收入与经营收入的管理与核算

(一)事业收入的管理与核算

1.事业收入的管理

事业收入是指事业单位开展专业业务活动及其辅助活动取得的收入。事业收入是事业单位主要的资金来源,所以事业单位必须对事业收入进行管理。事业收入的管理要求如下:

(1)合法合规。各项收入的来源应当合法合规,应当严格执行国家规定的收费范围和标准。

(2)纳入预算。各项事业收入应当全部纳入单位预算,统一核算,统一管理。若有专项收入,则应该按照专项用途使用。

(3)票据管理。各项事业收入应该采用财政、税务等部门统一印制的票据,并建立健全各种票据的管理制度。

(4)银行账户管理。各项事业收入应当按照规定及时存入开户银行,加强银行账户的统一管理,防止收入流失。

(5)财政专户管理。对按照规定需要上缴财政专户的资金,不得隐瞒、滞留、截留、挪用和坐支。严禁设立小金库,严禁设置账外账,严禁公款私存。

2. 事业单位收入的核算

事业收入分类

为核算事业单位的事业收入，事业单位应该设置"事业收入"总账科目，并应当按照事业收入类别、项目、《政府收支分类科目》中"支出功能分类"相关科目等进行明细核算。事业收入中如有专项资金收入，还应按具体项目进行明细核算。期末结账后，本科目应无余额。主要账务处理如下：

(1)采用财政专户返还方式管理的事业收入。

① 收到应上缴财政专户的事业收入时，按照收到的款项金额，借记"银行存款""库存现金"等科目，贷记"应缴财政专户款"科目。

② 向财政专户上缴款项时，按照实际上缴的款项金额，借记"应缴财政专户款"科目，贷记"银行存款"等科目。

③ 收到从财政专户返还的事业收入时，按照实际收到的返还金额，借记"银行存款"等科目，贷记本科目。

【例 9-49】 2016 年 1—11 月份代行行政职能累计收取费用 3 500 万元，存入银行。12 月份收取费用 500 万元，按照相关政策，应从财政专户取得返还款项 200 万元，并已存入银行。应编制如下会计分录：

(1)收到财政专户款：

借：银行存款　　5 000 000

　贷：应缴财政专户款　　5 000 000

(2)上缴财政专户：

借：应缴财政专户款　　50 000 000

　贷：银行存款　　50 000 000

(3)收到返还的事业收入：

借：银行存款　　2 000 000

　贷：事业收入　　2 000 000

(2)其他事业收入。

收到事业收入时，按照收到的款项金额，借记"银行存款""库存现金"等科目，贷记本科目。涉及增值税业务的，相关账务处理参照"经营收入"科目。

【例 9-50】 2016 年 5 月，某事业单位确认除采用财政专用返还方式管理以外的事业收入 350 000 元，应缴增值税 59 500 元，取得的款项已存入银行。应编制如下会计分录：

借：银行存款　　409 500

　贷：事业收入　　350 000

　　应缴税费　　59 500

(3)期末结转。

期末，将本科目本期发生额中的专项资金收入结转入非财政补助结转，借记本科目下各专项资金收入明细科目，贷记"非财政补助结转"科目；将本科目本期发生额中的非专项资金收入结转入事业结余，借记本科目下各非专项资金收入明细科目，贷记"事业结余"科目。

【例 9-51】 2016 年某事业单位取得事业收入65 000 000 元，其中专项资金收入 42 000 000 元，其余为非专项资金收入。应编制如下会计分录：

借：事业收入　　65 000 000

　贷：非财政补助结转　　42 000 000

　　事业结余　　23 000 000

事业收入的账务处理

(二)经营收入的管理与核算

经营收入是指事业单位在专业业务活动及其辅助活动之外开展非独立核算经营活动取得的收入。经营收入主要包括销售收入、经营服务收入、租赁收入、其他经营收入等。

为核算经营收入业务，事业单位应设置"经营收入"总账科目，并应当按照经营活动类别、项目、《政府收支分类科目》中"支出功能分类"相关科目等进行明细核算。期末结账后，本科目应无余额。主要账务处理如下：

(1)经营收入应当在提供服务或发出存货，同时收讫价款或者取得索取价款的凭据，按照实际收到或应收的金额确认收入。

① 实现经营收入时，按照确定的收入金额，借记"银行存款""应收账款""应收票据"等科目，贷记本科目。

② 属于增值税小规模纳税人的事业单位实现经营收入，按实际出售价款，借记"银行存款""应收账款""应收票据"等科目，按出售价款扣除增值税额后的金额，贷记本科目，按应缴增值税金额，贷记"应缴税费——应缴增值税"科目。

③ 属于增值税一般纳税人的事业单位实现经营收入，按包含增值税的价款总额，借记"银行存款""应收账款""应收票据"等科目，按扣除增值税销项税额

后的价款金额，贷记本科目，按增值税专用发票上注明的增值税金额，贷记“应缴税费——应缴增值税（销项税额）”科目。

（2）期末，将本科目本期发生额转入经营结余，借记本科目，贷记“经营结余”科目。

经营收入的账务处理

【例 9-52】 某研究院是增值税一般纳税人，适用的税率为 17%，2016 年 12 月所属加工车间销售自制商品 500 件，开出的增值税专用发票注明售价 150 000 元，增值税额 25 500 元，该批商品加工成本 125 000 元。款项全部存银行。应编制如下会计分录：

（1）收到销售收入：

借：银行存款　　175 500

　贷：经营收入　　150 000

　　应缴税费——应交增值税（销项税额）　　25 500

（2）同时结转成本：

借：经营支出　　125 000

　贷：存货　　125 000

【例 9-53】 年末，将经营收入科目余额 344.5 万元转入经营结余。应编制如下会计分录：

借：经营收入　　3 445 000

　贷：经营结余　　3 445 000

三、上级补助收入与附属单位上缴收入的管理与核算

（一）上级补助收入的管理与核算

上级补助收入是事业单位从主管部门和上级单位取得的非财政补助收入。

为核算上级补助收入业务，事业单位应设置“上级补助收入”总账科目，并应当按照发放补助单位、补助项目、《政府收支分类科目》中“支出功能分类”相关科目等进行明细核算。上级补助收入中如有专项资金收入，还应按具体项目进行明细核算。期末结账后，本科目应无余额。主要账务处理如下：

上级补助收入与财政补助收入的主要差别

上级补助收入与附属单位上缴收入的账务处理

(1)收到上级补助收入时，按照实际收到的金额，借记“银行存款”等科目，贷记本科目。

(2)期末，将本科目本期发生额中的专项资金收入结转入非财政补助结转，借记本科目下各专项资金收入明细科目，贷记“非财政补助结转”科目；将本科目本期发生额中的非专项资金收入结转入事业结余，借记本科目下各非专项资金收入明细科目，贷记“事业结余”科目。

【例 9-54】 2016 年 7 月 5 日，某事业单位收到上级主管部门非财政补助收入 500 万元，其中专项资金 300 万元，款项已存入银行。应编制如下会计分录：

(1)确认收入：

借：银行存款　　5 000 000

　贷：上级补助收入　　5 000 000

(2)期末，转销收入时：

借：上级补助收入　　5 000 000

　贷：非财政补助结转　　3 000 000

　　事业结余　　2 000 000

(二)附属单位上缴收入的管理与核算

附属单位上缴收入是指事业单位附属独立核算单位按照有关规定上缴的收入。

事业单位经营收入与附属单位上缴收入的主要区别

为核算附属单位上缴收入业务，事业单位应设置“附属单位上缴收入”总账科目，并应当按照附属单位、缴款项目、《政府收支分类科目》中“支出功能分类”相关科目等进行明细核算。附属单位上缴收入中如有专项资金收入，还应按具体项目进行明细核算。期末结账后，本科目应无余额。主要账务处理如下：

(1)收到附属单位缴来款项时，按照实际收到金额，借记“银行存款”等科目，贷记本科目。

(2)期末，将本科目本期发生额中的专项资金收入结转入非财政补助结转，借记本科目下各专项资金收入明细科目，贷记“非财政补助结转”科目；将本科目本期发生额中的非专项资金收入结转入事业结余，借记本科目下各非专项资金收入明细科目，贷记“事业结余”科目。

【例 9-55】　2016 年 12 月 20 日，甲事业单位收到下属独立核算乙单位缴款 400 万元，其中专项资金 280 万元，丙单位缴款 135 万元，均为非专项资金。应编制如下会计分录：

(1)确认附属单位上缴收入时：

借：银行存款　　5 350 000

　贷：附属单位上缴收入——乙单位　　4 000 000

　　　　　　　　　　——丙单位　　1 350 000

(2)期末转销时：

借：附属单位上缴收入——乙单位　　4 000 000

　　　　　　　　　——丙单位　　1 350 000

　贷：非财政补助结转　　2 800 000

　　　事业结余　　2 550 000

四、其他收入的管理与核算

其他收入是指核算事业单位除财政补助收入、事业收入、上级补助收入、附属单位上缴收入、经营收入以外的各项收入，包括投资收益、银行存款利息收入、租金收入、捐赠收入、现金盘盈收入、存货盘盈收入、收回已核销应收及预付款项、无法偿付的应付及预收款项等。

为核算其他收入业务，事业单位应设置"其他收入"总账科目，并应当按照其他收入的类别、《政府收支分类科目》中"支出功能分类"相关科目等进行明细核算。对于事业单位对外投资实现的投资净损益，应单设"投资收益"明细科目进行核算；其他收入中如有专项资金收入(如限定用途的捐赠收入)，还应按具体项目进行明细核算。期末结账后，本科目应无余额。主要账务处理如下：

1. 投资收益

(1)对外投资持有期间收到利息、利润等时，按实际收到的金额，借记"银行存款"等科目，贷记本科目(投资收益)。

(2)出售或到期收回国债投资本息，按照实际收到的金额，借记"银行存款"等科目，按照出售或收回国债投资的成本，贷记"短期投资""长期投资"科目，按其差额，贷记或借记本科目(投资收益)。

【例 9-56】 2016 年 4 月某事业单位取得投资收益情况如下：收到购买国债利息收入 20 000 元，收到联营投资企业乙公司分配的 2015 年利润 50 万元，均已存入银行。根据有关规定，本单位分享 40％的利润，其余部分上缴财政。该事业单位应编制如下会计分录：

(1)收到国债利息收入：

借：银行存款　　20 000

　贷：其他收入——投资收益　　20 000

(2)收到投资乙公司分配的利润：

借：银行存款　　500 000

　贷：应缴财政专户款　　300 000

　　其他收入——投资收益　　200 000

2. 银行存款利息收入、租金收入

收到银行存款利息、资产承租人支付的租金，按照实际收到的金额，借记"银行存款"等科目，贷记本科目。

3. 捐赠收入

(1)接受捐赠现金资产，按照实际收到的金额，借记"银行存款"等科目，贷记本科目。

(2)接受捐赠的存货验收入库，按照确定的成本，借记"存货"科目，按照发生的相关税费、运输费等，贷记"银行存款"等科目，按照其差额，贷记本科目。

接受捐赠固定资产、无形资产等非流动资产，不通过本科目核算。

4. 现金盘盈收入

每日现金账款核对中如发现现金溢余，属于无法查明原因的部分，借记"库存现金"科目，贷记本科目。

5. 存货盘盈收入

盘盈的存货，按照确定的入账价值，借记"存货"科目，贷记本科目。

6. 收回已核销应收及预付款项

已核销应收账款、预付账款、其他应收款在以后期间收回的，按照实际收回的金额，借记"银行存款"等科目，贷记本科目。

7. 无法偿付的应付及预收款项

无法偿付或债权人豁免偿还的应付账款、预收账款、其他应付款及长期应付款，借记“应付账款”“预收账款”“其他应付款”“长期应付款”等科目，贷记本科目。

【例 9-57】 2016 年 12 月某事业单位在年终财产清查中，发现一些负债无法偿还。应付乙公司 6 000 元，丁公司的长期应付 30 000 元。该事业单位应编制如下会计分录：

借：应付账款——乙公司	6 000	
长期应付款——丁公司	30 000	
贷：其他收入——无法支付偿还款项收入		36 000

期末，将本科目本期发生额中的专项资金收入结转入非财政补助结转，借记本科目下各专项资金收入明细科目，贷记“非财政补助结转”科目；将本科目本期发生额中的非专项资金收入结转入事业结余，借记本科目下各非专项资金收入明细科目，贷记“事业结余”科目。

事业单位收入期末结转账务处理

第四节　事业单位支出的管理与核算

事业单位的支出或费用是指事业单位开展业务及其他活动发生的资金耗费和损失。事业单位的支出或者费用包括事业支出、上缴上级支出、对附属单位补助支出、经营支出和其他支出等。事业单位的支出一般应当在实际支付时予以确认，并按照实际支付金额进行计量。采用权责发生制确认的支出或费用，应当在其发生时予以确认，并按照实际发生额进行计量。

一、事业支出与经营支出的管理与核算

(一)事业支出的管理与核算

1. 事业支出的管理

事业支出是事业单位开展专业业务活动及其辅助活动发生的基本支出和项目支出。

基本支出、项目支出

对事业支出的管理遵循如下具体要求：

(1)事业单位在开展非独立核算经营活动中，应当正确归集实际发生的各项费用数；不能归集的，应当按照规定的比例合理分摊。经营支出应当与经营收入配比。

(2)事业单位从财政部门和主管部门取得的有指定项目和用途的专项资金,应当专款专用、单独核算,并按照规定向财政部门或者主管部门报送专项资金使用情况;项目完成后,应当报送专项资金支出决算和使用效果的书面报告,接受财政部门或者主管部门的检查、验收。

(3)事业单位应当依法加强各类票据管理,确保票据来源合法、内容真实、使用正确,不得使用虚假票据。

(4)事业单位应当加强支出的绩效管理,提高资金使用的有效性。

2. 事业支出的核算

为核算事业支出业务,事业单位应设置"事业支出"总账科目,并应当按照"基本支出"和"项目支出","财政补助支出""非财政专项资金支出"和"其他资金支出"等层级进行明细核算,并按照《政府收支分类科目》中"支出功能分类"相关科目进行明细核算;"基本支出"和"项目支出"明细科目下应当按照《政府收支分类科目》中"支出经济分类"的款级科目进行明细核算;同时在"项目支出"明细科目下按照具体项目进行明细核算。期末结账后,本科目应无余额。主要账务处理如下:

(1)为从事专业业务活动及其辅助活动人员计提的薪酬等,借记本科目,贷记"应付职工薪酬"等科目。

【例 9-58】 某事业单位实行国库集中支付制度,经财政部门批准,其工资实行财政直接支付。2016 年 3 月 5 日,该单位收到代理银行开具的工资发放明细表,职工工资总额 4 620 000 元。此外,划转到相关账户由本单位为职工负担的社会保险费 300 000 元。应编制如下会计分录:

(1)分配职工薪酬:

	借方	贷方
借:事业支出	4 620 000	
贷:应付职工薪酬		4 620 000

(2)支付职工薪酬:

	借方	贷方
借:应付职工薪酬	4 620 000	
贷:财政补助收入		4 620 000

(3)确认单位负担的社会保险费:

	借方	贷方
借:事业支出	300 000	
贷:财政补助收入		300 000

(2)开展专业业务活动及其辅助活动领用的存货,按领用存货的实际成本,借记本科目,贷记"存货"科目。

【例 9-59】 某事业单位某项目领用A材料24 310元，材料为非财政专项资金购入。该事业单位应编制如下会计分录：

借：事业支出——非财政专项资金支出——项目支出 24 310

贷：存货 24 310

(3)开展专业业务活动及其辅助活动中发生的其他各项支出，借记本科目，贷记“库存现金”“银行存款”“零余额账户用款额度”“财政补助收入”等科目。

【例 9-60】 事业单位购置设备等物品一般采用政府采购方式。2016年8月10日，某事业单位收到代理银行转来的“财政直接支付入账通知书”，音响设备价款250 000元。应编制如下会计分录：

借：事业支出——财政补助支出——项目支出——专项设备支出 250 000

贷：财政补助收入 250 000

同时，

借：固定资产 250 000

贷：非流动资产基金 250 000

(4)期末，将本科目(财政补助支出)本期发生额结转入“财政补助结转”科目，借记“财政补助结转——基本支出结转、项目支出结转”科目，贷记本科目(财政补助支出——基本支出、项目支出)或本科目(基本支出——财政补助支出、项目支出——财政补助支出)；将本科目(非财政专项资金支出)本期发生额结转入“非财政补助结转”科目，借记“非财政补助结转”科目，贷记该科目(非财政专项资金支出)或本科目(项目支出——非财政专项资金支出)；将本科目(其他资金支出)本期发生额结转入“事业结余”科目，借记“事业结余”科目，贷记本科目(其他资金支出)或本科目(基本支出——其他资金支出、项目支出——其他资金支出)。

【例 9-61】 2016年12月末，某事业单位事业支出(其他资金支出)47 250元。该事业单位应编制如下会计分录：

借：事业结余 47 250

贷：事业支出 47 250

(二)经营支出的管理与核算

1.经营支出的管理

经营支出是指事业单位在专业业务活动及其辅助活动之外开展非独立核算经营活动发生的支出。事业单位开展非独立核算经营活动的,应当正确归集开展经营活动发生的各项费用数;无法直接归集的,应当按照规定的标准或比例合理分摊。事业单位的经营支出与经营收入应当配比。

2.经营支出的核算

为核算经营支出业务,事业单位应设置"经营支出"总账科目,并应当按照经营活动类别、项目、《政府收支分类科目》中"支出功能分类"相关科目等进行明细核算。期末结账后,本科目应无余额。主要账务处理如下:

(1)为在专业业务活动及其辅助活动之外开展非独立核算经营活动人员计提的薪酬等,借记本科目,贷记"应付职工薪酬"等科目。

(2)在专业业务活动及其辅助活动之外开展非独立核算经营活动领用、发出的存货,按领用、发出存货的实际成本,借记本科目,贷记"存货"科目。

(3)在专业业务活动及其辅助活动之外开展非独立核算经营活动中发生的其他各项支出,借记本科目,贷记"库存现金""银行存款""应缴税费"等科目。

(4)期末,将本科目本期发生额转入经营结余,借记"经营结余"科目,贷记本科目。

【例9-62】 2016年某事业单位从事以下经营活动,应编制如下会计分录:

(1)领用劳保用品3 000元。

借:经营支出　3 000

　贷:存货　3 000

(2)经营部门王某出差报销差旅费5 000元,预借6 000元,退回1 000元。

借:经营支出　5 000

　库存现金　1 000

　贷:其他应收款　6 000

(3)用支票支付经营部门电费、网络费5 800元。

借:经营支出　5 800

　贷:银行存款　5 800

(4)对经营用设备进行维修,领用维修材料6 000元,购置零星配料支付现金300元。

借:经营支出　　6 300

　贷:库存现金　　300

　　存货　　6 000

【例 9-63】 2016 末,将经营支出 20 100 元转入经营结余,应编制如下会计分录:

借:经营结余　　20 100

　贷:经营支出　　20 100

二、上缴上级支出与对附属单位补助支出的管理与核算

(一)上缴上级支出的管理与核算

上缴款项和补助款项等

上缴上级支出是事业单位按照财政部门和主管部门的规定上缴上级单位的支出。

为核算上缴上级支出业务,事业单位应设置"上缴上级支出"总账科目,并应当按照收缴款项单位、缴款项目、《政府收支分类科目》中"支出功能分类"相关科目等进行明细核算。期末结账后,本科目应无余额。主要账务处理如下:

(1)按规定将款项上缴上级单位的,按照实际上缴的金额,借记本科目,贷记"银行存款"等科目。

(2)期末,将本科目本期发生额转入事业结余,借记"事业结余"科目,贷记本科目。

【例 9-64】 2016 年 6 月 30 日,某主管单位所属独立核算二级事业单位按规定的标准上缴上级单位款项 25 000 元,款项已经支付。该二级单位应编制如下会计分录:

借:上缴上级支出　　25 000

　贷:银行存款　　25 000

【例 9-65】 2016 年年末,某事业单位结转上缴上级支出科目余额 25 000 元。应编制如下会计分录:

借:事业结余　　25 000

　贷:上缴上级支出　　25 000

(二)对附属单位补助支出的管理与核算

对附属单位补助支出是事业单位用财政补助收入之外的收入对附属单位补助发生的支出。

为核算对附属单位的补助支出业务,事业单位应设置“对附属单位补助支出”总账科目,并应当按照接受补助单位、补助项目、《政府收支分类科目》中“支出功能分类”相关科目等进行明细核算。期末结账后,本科目应无余额。主要账务处理如下:

(1)发生对附属单位补助支出的,按照实际支出的金额,借记本科目,贷记“银行存款”等科目。

(2)期末,将本科目本期发生额转入事业结余,借记“事业结余”科目,贷记本科目。

【例 9-66】 2016 年,某事业单位发生的对附属单位补助及其转销业务如下:

(1)1 月 10 日,对附属机构甲单位拨款 500 000 元,应编制如下会计分录:

借:对附属单位补助支出　　500 000

　贷:银行存款　　500 000

(2)12 月 20 日,收到附属单位按规定缴回的 30 000 元剩余资金,应编制如下会计分录:

借:银行存款　　30 000

　贷:对附属单位补助支出　　30 000

(3)12 月 31 日,将对附属单位补助支出科目的借方余额 470 000 元转销,应编制如下会计分录:

借:事业结余　　470 000

　贷:对附属单位补助支出　　470 000

三、其他支出的管理与核算

其他支出是指事业单位除事业支出、上缴上级支出、对附属单位补助支出、经营支出以外的各项支出,包括利息支出、捐赠支出、现金盘亏损失、资产处置损失、接受捐赠(调入)非流动资产发生的税费支出等。

为了核算其他支出业务,事业单位应设置“其他支出”总账科目,并应当按照其他支出的类别、《政府收支分类科目》中“支出功能分类”相关科目等进行明

细核算。其他支出中如有专项资金支出,还应按具体项目进行明细核算。期末结账后,本科目应无余额。主要账务处理如下:

1. 利息支出

支付银行借款利息时,借记本科目,贷记"银行存款"科目。

【例 9-67】 2016 年 9 月 30 日,某事业单位归还银行借款本金 480 000 元,借款期限 3 个月,年利率 6%。该事业单位应编制如下会计分录:

借:短期借款 480 000
　其他支出——利息支出 7 200
　贷:银行存款 487 200

2. 捐赠支出

(1)对外捐赠现金资产,借记本科目,贷记"银行存款"等科目。

(2)对外捐出存货,借记本科目,贷记"待处置资产损溢"科目。

对外捐赠固定资产、无形资产等非流动资产,不通过本科目核算。

【例 9-68】 2016 年 6 月 30 日,甲事业单位向乙灾区捐赠存货一批,该批存货账面余额 300 000 元,同时货币资金 100 000 元,以支票付讫。该事业单位应编制如下会计分录:

借:其他支出 300 000
　贷:待处置资产损溢 300 000

同时,

借:其他支出 100 000
　贷:银行存款 100 000

3. 现金盘亏损失

每日现金账款核对中如发现现金短缺,属于无法查明原因的部分,报经批准后,借记本科目,贷记"库存现金"科目。

4. 资产处置损失

报经批准核销应收及预付款项、处置存货,借记本科目,贷记"待处置资产损溢"科目。

【例 9-69】 2016 年 1 月 5 日甲事业单位非独立核算部门向乙单位销售存货，价款 50 万元，增值税 8.5 万元，代垫运杂费保险费 3 000 元，乙公司欠款一直未还。年末乙单位破产清算，甲事业单位获得清算资金 300 000 元，存入银行。其余款项无法收回。甲事业单位应编制如下会计分录：

(1)确认销售收入：

借：应收账款　　588 000

　贷：经营收入　　500 000

　　应缴税费　　85 000

　　银行存款　　3 000

(2)将应收账款转让待处置资产损溢：

借：待处置资产损溢　　588 000

　贷：应收账款　　588 000

(3)将待处置资产损溢转销：

借：银行存款　　300 000

　其他支出　　288 000

　贷：待处置资产损溢　　588 000

5.接受捐赠(调入)非流动资产发生的税费支出

接受捐赠、无偿调入非流动资产发生的相关税费、运输费等，借记本科目，贷记“银行存款”等科目。

以固定资产、无形资产取得长期股权投资，所发生的相关税费计入本科目。具体账务处理参见“长期投资”科目。

【例 9-70】 2016 年 2 月 25 日甲事业单位接受乙单位捐赠一项固定资产，与资产相关的凭证、同类或类似资产的市场价格无法可靠取得，该资产按照名义金额入账。甲事业单位接受捐赠资产时支付相关税费、运输费共计 3 800 元，以存款支付。应编制如下会计分录：

借：固定资产　　1

　贷：非流动资产基金　　1

同时，

借：其他支出　　3 800

　贷：银行存款　　3 800

期末，将本科目本期发生额中的专项资金支出结转入非财政补助结转，借记“非财政补助结转”科目，贷记本科目下各专项资金支出明细科目；将本科目本期发生额中的非专项资金支出结转入事业结余，借记“事业结余”科目，贷记本科目下各非专项资金支出明细科目。

事业单位支出业务期末结转

【例9-71】　2016年6月30日，某事业单位总额280 000元，其中属于专项资金支出150 000元，非专项资金支出130 000元，期末，将其他支出科目本期发生额转入“非财政补助结转”“事业结余”科目。应编制如下会计分录：

借：非财政补助结余　　150 000

　　事业结余　　130 000

　贷：其他支出　　280 000

第五节　事业单位净资产的管理与核算

事业单位的净资产是指事业单位的资产扣除负债后的余额。事业单位的净资产包括事业基金、非流动资产基金、专用基金、财政补助结转结余、非财政补助结转结余等。事业单位的出资者不要求取得投资回报，也不要求收回投资，因而在事业单位不存在所有者权益问题。事业单位的净资产与企业的所有者权益不同。

一、事业单位基金的管理与核算

(一)事业基金的管理与核算

事业基金是指事业单位拥有的非限定用途的净资产，主要为非财政补助结余扣除结余分配后滚存的金额。

为核算事业基金业务，事业单位应设置“事业基金”总账科目。事业单位发生需要调整以前年度非财政补助结余的事项，通过本科目核算。国家另有规定的，从其规定。本科目期末贷方余额，反映事业单位历年积存的非限定用途净资产的金额。主要账务处理如下：

(1)年末，将“非财政补助结余分配”科目余额转入事业基金，借记或贷记“非财政补助结余分配”科目，贷记或借记本科目。

【例 9-72】 2016 年经计算，某事业单位将非财政补助结余资金 500 000 元转入事业基金。应编制如下会计分录：

借：非财政补助结余分配　　500 000
　贷：事业基金　　500 000

(2)年末，将留归本单位使用的非财政补助专项（项目已完成）剩余资金转入事业基金，借记“非财政补助结转——××项目”科目，贷记本科目。

(3)以货币资金取得长期股权投资、长期债券投资，按照实际支付的全部价款（包括购买价款以及税金、手续费等相关税费）作为投资成本，借记“长期投资”科目，贷记“银行存款”等科目；同时，按照投资成本金额，借记本科目，贷记“非流动资产基金——长期投资”科目。

【例 9-73】 2013 年月 1 日某事业单位用存款 30 万元与乙单位联营开办化工厂。应编制如下会计分录：

借：长期投资——长期股权投资　　300 000
　贷：银行存款　　300 000

同时，

借：事业基金　　300 000
　贷：非流动资产基金——长期投资　　300 000

事业基金的账务处理

(4)对外转让或到期收回长期债券投资本息，按照实际收到的金额，借记“银行存款”等科目，按照收回长期投资的成本，贷记“长期投资”科目，按照其差额，贷记或借记“其他收入——投资收益”科目；同时，按照收回长期投资对应的非流动资产基金，借记“非流动资产基金——长期投资”科目，贷记本科目。

(二)非流动资产基金的管理与核算

非流动资产基金是指事业单位长期投资、固定资产、在建工程、无形资产等非流动资产占用的金额。

为核算非流动资产基金业务，事业单位应设置“非流动资产基金”总账科目，并应当设置“长期投资”“固定资产”“在建工程”“无形资产”等明细科目，进行明细核算。本科目期末贷方余额，反映事业单位非流动资产占用的金额。主要账务处理如下：

(1)非流动资产基金应当在取得长期投资、固定资产、在建工程、无形资产等非流动资产或发生相关支出时,借记“长期投资”“固定资产”“在建工程”“无形资产”等科目,贷记本科目等有关科目;同时,借记“事业支出”等有关科目,贷记“财政补助收入”“零余额账户用款额度”“银行存款”等科目。

【例 9-74】 2016 年 3 月 6 日,甲事业单位与乙单位签订采购合同,买设备费用为 550 000 元,收到发票和设备,设备已验收使用,财政直接支付货款。甲事业单位应编制如下会计分录:

借:固定资产　　550 000

　贷:非流动资产基金——固定资产　　550 000

同时,

借:事业支出　　550 000

　贷:财政补助收入　　550 000

(2)计提固定资产折旧、无形资产摊销时,按照计提的折旧、摊销金额,借记本科目(固定资产、无形资产),贷记“累计折旧”“累计摊销”科目。

【例 9-75】 某事业单位 2016 年 5 月计提固定资产折旧 258 000 元,无形资产摊销 6 500 元。该事业单位应编制如下会计分录:

借:非流动资产基金——固定资产　　258 000

　　　　　　　　——无形资产　　6 500

　贷:累计折旧　　258 000

　　累计摊销　　6 500

(3)处置长期投资、固定资产、无形资产,以及以固定资产、无形资产对外投资时,应当冲销该资产对应的非流动资产基金。

① 以固定资产、无形资产对外投资,按照评估价值加上相关税费作为投资成本,借记“长期投资”科目,贷记本科目(长期投资),按发生的相关税费,借记“其他支出”科目,贷记“银行存款”等科目;同时,按照投出固定资产、无形资产对应的非流动资产基金,借记本科目(固定资产、无形资产),按照投出资产已提折旧、摊销,借记“累计折旧”“累计摊销”科目,按照投出资产的账面余额,贷记“固定资产”“无形资产”科目。

非流动资产基金的主要账务处理

② 出售或以其他方式处置长期投资、固定资产、无形资产，转入待处置资产时，借记“待处置资产损溢”“累计折旧”(处置固定资产)或“累计摊销”(处置无形资产)科目，贷记“长期投资”“固定资产”“无形资产”等科目。实际处置时，借记本科目(有关资产明细科目)，贷记“待处置资产损溢”科目。

【例 9-76】 2016 年 4 月某事业单位以固定资产对外投资，账面原值 160 000 元，已提折旧 20 000 元，评估价 150 000 元，相关税费 8 000 元，存款支付。该事业单位应编制如下会计分录：

(1)将固定资产转销：

借：非流动资产基金——固定资产　　140 000
　　累计折旧　　20 000
　贷：固定资产　　160 000

(2)确认长期投资成本：

借：长期投资——长期股权投资　　158 000
　贷：非流动资产基金——长期投资　　158 000

(3)支付相关税费：

借：其他支出　　8 000
　贷：银行存款　　8 000

(三)专用基金的管理与核算

1. 专用基金的管理

专用基金是指事业单位按规定提取或者设置的具有专门用途的净资产，主要包括修购基金、职工福利基金等。专用基金的提取与管理遵循如下具体要求：

(1)专用基金的提取要求。

① 修购基金的提取。

修购基金，即按照事业收入和经营收入的一定比例提取，在修缮费和设备购置费中列支(各列 50%)，以及按照其他规定转入，用于事业单位固定资产维修和购置的资金。事业收入和经营收入较少的事业单位可以不提取修购基金，实行固定资产折旧的事业单位可以不提取修购基金。该基金可以按年提取也可以按月提取。

提取修购基金的公式如下：

提取额＝事业收入×提取率＋经营收入×提取率

② 职工福利基金的提取。

职工福利基金，即按照结余的一定比例提取以及按照其他规定提取转入，用于单位职工的集体福利设施、集体福利待遇等的资金。

提取职工福利基金的计算公式如下：

职工福利基金提取额＝可计提职工福利基金的结余额×提取比例

(2)专用基金的管理要求。

专用基金的管理应遵循先提后用、收支平衡、专款专用的原则。具体做到：

① 按比例提取：提取比例符合财务规则要求。

② 按规定支出：各项专用基金都有专门用途，按规定支出。

③ 收支有计划：各项专用基金编制收支计划。

2. 专用基金的核算

为核算专用基金业务，事业单位应设置“专用基金”总账科目，并应当按照专用基金的类别进行明细核算。本科目期末贷方余额，反映事业单位专用基金余额。主要账务处理如下：

(1)提取修购基金。

按规定提取修购基金的，按照提取金额，借记“事业支出”“经营支出”科目，贷记本科目(修购基金)。

【例 9-77】 某事业单位 2016 年取得事业收入 800 万元，经营收入 400 万元，提取修购基金为事业收入和经营收入的 50%。该事业单位应编制如下会计分录：

修购基金＝8 000 000×50%＋4 000 000×50%＝6 000 000(元)

借：事业支出	4 000 000
经营支出	2 000 000
贷：专用基金——修购基金	6 000 000

(2)提取职工福利基金。

年末，按规定从本年度非财政补助结余中提取职工福利基金的，按照提取金额，借记“非财政补助结余分配”科目，贷记本科目(职工福利基金)。

【例 9-78】 某事业单位 2016 年实现非财政补助事业结余 400 000 元，经营结余600 000 元。已转入非财政补助结余分配。该事业单位经营结余按 25%计算所得税，按非财政补助事业结余和税后的经营结余的10%计提职工福利基金。该事业单位应编制如下会计分录：

(1)计算所得税费用时：

所得税＝600000×25%＝150 000(元)

借：非财政补助结余分配　150 000

　贷：应缴税费——应缴所得税　150 000

(2)提取职工福利基金时：

提取职工福利基金＝(400 000＋600 000－150 000)×10%＝85 000元

借：非财政补助结余分配——提取职工福利基金　85 000

　贷：专用基金　85 000

(3)提取、设置其他专用基金。

若有按规定提取的其他专用基金，按照提取金额，借记有关支出科目或“非财政补助结余分配”等科目，贷记本科目。

若有按规定设置的其他专用基金，按照实际收到的基金金额，借记“银行存款”等科目，贷记本科目。

(4)使用专用基金。

按规定使用专用基金时，借记本科目，贷记“银行存款”等科目；使用专用基金形成固定资产的，还应借记“固定资产”科目，贷记“非流动资产基金——固定资产”科目。

【例 9-79】 某事业单位用修购基金购置一台设备价款20 000元，存款支付。该事业单位应编制如下会计分录：

借：固定资产　20 000

　贷：非流动资产基金——固定资产　20 000

同时，

借：专用基金　20 000

　贷：银行存款　20 000

二、财政补助结转结余的管理与核算

(一)财政补助结转的管理与核算

财政补助结转是指事业单位滚存的财政补助结转资金，包括基本支出

结转和项目支出结转。财政补助结转一般是对基本支出和未完工项目的结转。

为核算财政补助结转业务，事业单位应设置“财政补助结转”总账科目，并设置“基本支出结转”“项目支出结转”两个明细科目，并在“基本支出结转”明细科目下按照“人员经费”“日常公用经费”进行明细核算，在“项目支出结转”明细科目下按照具体项目进行明细核算；还应按照《政府收支分类科目》中“支出功能分类科目”的相关科目进行明细核算。事业单位发生需要调整以前年度财政补助结转的事项，通过该科目核算。本科目期末贷方余额，反映事业单位财政补助结转资金数额。主要账务处理如下：

(1)期末，将财政补助收入本期发生额结转入该科目，借记“财政补助收入——基本支出、项目支出”科目，贷记本科目(基本支出结转、项目支出结转)；将事业支出(财政补助支出)本期发生额结转入本科目，借记本科目(基本支出结转、项目支出结转)，贷记“事业支出——财政补助支出(基本支出、项目支出)”或“事业支出——基本支出(财政补助支出)、项目支出(财政补助支出)”科目。

(2)年末，完成上述(1)结转后，应当对财政补助各明细项目执行情况进行分析，按照有关规定将符合财政补助结余性质的项目余额转入财政补助结余，借记或贷记该科目(项目支出结转——××项目)，贷记或借记“财政补助结余”科目。

(3)按规定上缴财政补助结转资金或注销财政补助结转额度的，按照实际上缴资金数额或注销的资金额度数额，借记该科目，贷记“财政应返还额度”“零余额账户用款额度”“银行存款”等科目。取得主管部门归集调入财政补助结转资金或额度的，做相反会计分录。

(二)财政补助结余的管理与核算

财政补助结转的主要账务处理

财政补助结余是指事业单位滚存的财政补助项目支出结余资金。

财政补助结余一般是对已经完工项目的结转资金。为了核算财政补助结余业务，应设置“财政补助结余”总账科目，并应当按照《政府收支分类科目》中“支出功能分类科目”的相关科目进行明细核算。事业单位发生需要调整以前年度财政补助结余的事项，通过本科目核算。本科目期末贷方余额，反映事业单位财政补助结余资金数额。主要账务处理如下：

(1)年末，对财政补助各明细项目执行情况进行分析，按照有关规定将符合财政补助结余性质的项目余额转入财政补助结余，借记或贷记“财政补助结转——项目支出结转（××项目）”科目，贷记或借记本科目。

（2）按规定上缴财政补助结余资金或注销财政补助结余额度的，按照实际上缴资金数额或注销的资金额度数额，借记本科目，贷记“财政应返还额度”“零余额账户用款额度”“银行存款”等科目。取得主管部门归集调入财政补助结余资金或额度的，做相反会计分录。

【例 9-80】 甲事业单位 2016 年 12 月 31 日，财政补助收入与事业支出情况如表 9-1 所示。

表 9-1　**甲事业单位财政补助收入与事业支出情况表**　单位：万元

财政补助收入					事业支出				
基本支出		项目支出			基本支出		项目支出		
人员经费支出	日常公用经费支出	甲项目	乙项目	丙项目	人员经费支出	日常公用经费支出	甲项目	乙项目	丙项目
150	540	30	135	22.5	147	585	25	130	0.5
690		187.5			732		175.5		

（1）结转财政补助收入和事业支出：

① 结转财政补助收入：

借：财政补助收入——基本支出——人员经费支出　1 500 000
　　　　　　　　　　　　　　——日常公用经费支出　5 400 000
　　　　　　　　——项目支出——甲项目　300 000
　　　　　　　　　　　　　　——乙项目　1 350 000
　　　　　　　　　　　　　　——丙项目　225 000
　贷：财政补助结转——基本结转　6 900 000
　　　　　　　　　——项目结转　1 875 000

② 结转事业支出：

借：财政补助结转——基本支出　7 320 000
　　　　　　　　——项目支出　1 755 000
　贷：事业支出——基本支出——人员经费支出　1 470 000
　　　　　　　　　　　　——日常公用经费支出　5 850 000
　　　　　　——项目支出——甲项目　250 000
　　　　　　　　　　　　——乙项目　1 300 000
　　　　　　　　　　　　——丙项目　205 000

(2)对财政补助各明细账执行情况进行分析，截至2016年12月31日，甲项目、乙项目已经完工，丙项目尚未完工。

按照有关规定将甲、乙项目结余资金转入财政补助结余。

借：财政补助结转——基本支出——甲项目　　50 000

　　　　　　　　　　　　　　——乙项目　　50 000

　贷：财政补助结余　　100 000

(3)按照规定应将当年财政补助结余资金的80%上缴财政。

该事业单位零余额账户上缴时：

借：财政补助结余　　80 000

　贷：零余额账户用款额度　　80 000

三、非财政补助结转结余的管理与核算

非财政补助结转结余主要包括非财政补助结转和非财政补助结余等。

(一)非财政补助结转的管理与核算

非财政补助结转是指事业单位除财政补助收支以外的各专项资金收入与其相关支出相抵后剩余滚存的、须按规定用途使用的结转资金。

为核算非财政补助结转业务，事业单位应设置"非财政补助结转"总账科目，并应当按照非财政专项资金的具体项目进行明细核算。事业单位发生需要调整以前年度非财政补助结转的事项，通过本科目核算。本科目期末贷方余额，反映事业单位非财政补助专项结转资金数额。主要账务处理如下：

(1)期末，将事业收入、上级补助收入、附属单位上缴收入、其他收入本期发生额中的专项资金收入结转入该科目，借记"事业收入""上级补助收入""附属单位上缴收入""其他收入"科目下各专项资金收入明细科目，贷记本科目；将事业支出、其他支出本期发生额中的非财政专项资金支出结转入该科目，借记该科目，贷记"事业支出——非财政专项资金支出"或"事业支出——项目支出(非财政专项资金支出)""其他支出"科目下各专项资金支出明细科目。

(2)年末，完成上述(1)结转后，应当对非财政补助专项结转资金各项目情况进行分析，将已完成项目的项目剩余资金区分以下情况处理：缴回原专项资金拨入单位的，借记本科目(××项目)，贷记"银行存款"等科目；留归本单位使用的，借记本科目(××项目)，贷记"事业基金"科目。

非财政补助结转的主要账务处理

【例 9-81】 某事业单位 2016 年度取得上级补助科学研究项目收入 580 万元，该项目支出为 42 万元，项目已完成，结余资金 160 万元。按照科学研究项目的合同约定，结余资金的 60%须缴回上级单位，其余部分留归该事业单位。该事业单位应编制如下会计分录：

(1)结转上级补助科学研究项目收支：

借：上级补助收入　　5 800 000

　贷：非财政补助结转　　5 800 000

借：非财政补助结转　　4 200 000

　贷：事业支出　　4 200 000

(2)将结余资金缴回上级单位：

借：非财政补助结转　　960 000

　贷：银行存款　　960 000

(3)结余资金留归本单位：

借：非财政补助结转　　640 000

　贷：事业基金　　640 000

(二)非财政补助结余的管理与核算

非财政补助结余主要包括事业结余和经营结余等。

1. 事业结余的管理与核算

事业结余是指事业单位一定期间除财政补助收支、非财政专项资金收支和经营收支以外各项收支相抵后的余额。

为核算事业结余业务，事业单位应设置“事业结余”总账科目。本科目期末如为贷方余额，反映事业单位自年初至报告期末累计实现的事业结余；如为借方余额，反映事业单位自年初至报告期末累计发生的事业亏损。年末结账后，本科目应无余额。主要账务处理如下：

(1)期末，将事业收入、上级补助收入、附属单位上缴收入、其他收入本期发生额中的非专项资金收入结转入该科目，借记“事业收入”“上级补助收入”“附属单位上缴收入”“其他收入”科目下各非专项资金收入明细科目，贷记本科目；将事业支出、其他支出本期发生额中的非财政、非专项资金支出，以及对附属单位补助支出、上缴上级支出的本期发生额结转入该科目，借记本科目，贷记“事业支出——其他资金支出”或“事业支出——基本支出(其他资金支出)、项目支出(其他资金支出)”科目、“其他支出”科目下各非专项资金支出明细科目、“对附属单位补助支出”“上缴上级支出”科目。

(2)年末,完成上述(1)结转后,将本科目余额结转入“非财政补助结余分配”科目,借记或贷记本科目,贷记或借记“非财政补助结余分配”科目。

【例 9-82】 甲事业单位 2016 年 1 月至 11 月事业结余科目贷方余额累计数额为 320 万元,2016 年 12 月份事业收支各科目余额如下:

表 9-2　　**甲事业单位事业收支情况表**　　单位:元

科目名称		借方金额	科目名称	贷方金额
事业支出	基本支出	2 340 000	事业收入	3 800 000
	项目支出	1 160 000		
上缴上级支出		200 000	上级补助收入	200 000
对附属单位补助支出		100 000	附属单位上缴收入	300 000
其他支出（非专项资金）		50 000	其他收入（非专项资金）	100 000

(1)将上述收入科目的余额转入“事业结余”科目的贷方:

借:事业收入　3 800 000
　上级补助收入　200 000
　附属单位上缴收入　300 000
　其他收入　100 000
　贷:事业结余　4 400 000

(2)将上述支出科目的余额转入“事业结余”科目的借方:

借:事业结余　3 850 000
　贷:事业支出——基本支出　2 340 000
　　　　　——项目支出　1 160 000
　　上缴上级支出　200 000
　　对附属单位补助支出　100 000
　　其他支出　50 000

(3)年末,将“事业结余”科目余额转入“非财政补助结余分配”:

借:事业结余　3 750 000
　贷:非财政补助结余分配　3 750 000

2. 经营结余的管理与核算

经营结余是指事业单位一定期间各项经营收支相抵后余额弥补以前年度

经营亏损后的余额。

为核算经营结余业务，事业单位应设置"经营结余"总账科目。本科目期末如为贷方余额，反映事业单位自年初至报告期末累计实现的经营结余弥补以前年度经营亏损后的经营结余；如为借方余额，反映事业单位截至报告期末累计发生的经营亏损。年末结账后，本科目一般无余额；如为借方结余，反映事业单位累计发生的经营亏损。主要账务处理如下：

(1)期末，将经营收入本期发生额结转入该科目，借记"经营收入"科目，贷记本科目；将经营支出本期发生额结转入该科目，借记本科目，贷记"经营支出"科目。

(2)年末，完成上述(1)结转后，如本科目为贷方余额，将本科目余额结转入"非财政补助结余分配"科目，借记本科目，贷记"非财政补助结余分配"科目；如本科目为借方余额，为经营亏损，不予结转。

【例 9-83】 甲事业单位 2016 年 1 月至 11 月"经营结余"科目的借方余额为 35 000 元。12 月经营收入科目的贷方发生额 168 000 元，经营支出科目的借方发生额为 108 000 元。该事业单位应编制如下会计分录：

(1)结转经营收入：

借：经营收入　　168 000

　贷：经营结余　　168 000

(2)结转经营支出：

借：经营结余　　108 000

　贷：经营支出　　108 000

(3)计算年度经营损益并将其转入"非财政补助结余分配"。

年度经营损益＝－35 000＋(168 000－108 000)＝25 000(元)

借：经营结余　　25 000

　贷：非财政补助结余分配　　25 000

事业结余和经营结余的主要账务处理

(三)非财政补助结余分配的管理与核算

非财政补助结余分配是指事业单位本年度非财政补助结余分配的情况和结果。

为核算非财政补助结余分配业务，事业单位应设置"非财政补助结余分配"总账科目。年末结账后，本科目应无余额。主要账务处理如下：

(1)年末,将“事业结余”科目余额结转入该科目,借记或贷记“事业结余”科目,贷记或借记本科目;将“经营结余”科目贷方余额结转入本科目,借记“经营结余”科目,贷记本科目。

(2)有企业所得税缴纳义务的事业单位计算出应缴纳的企业所得税,借记本科目,贷记“应缴税费——应缴企业所得税”科目。

非财政补助结余分配的账务和处理

(3)按照有关规定提取职工福利基金的,按提取的金额,借记本科目,贷记“专用基金——职工福利基金”科目。

(4)年末,按规定完成上述(1)至(3)处理后,将本科目余额结转入事业基金,借记或贷记本科目,贷记或借记“事业基金”科目。

【例 9-84】 承前例,即例 9-82 和例 9-83,按规定该事业单位事业结余和经营结余依法缴纳企业所得税,适用税率 25%。

(1)确认应缴纳的企业所得税额:

应缴纳的企业所得税额=(3 750 000+25 000)×25%

=943 750(元)

借:非财政补助结余分配　　943 750

　贷:应缴税费　　943 750

(2)将“非财政补助结余分配”科目余额结转入“事业基金”科目:

事业基金=(3 750 000+25 000)×(1-25%)

=2 831 250(元)

借:非财政补助结余分配　　2 831 250

　贷:事业基金　　2 831 250

知识归纳

(1)为了实现事业单位会计的双重目标,即同时反映单位的财务状况和预算执行情况,事业单位会计对同时涉及财务状况变化和预算执行情况变化,并且两者的变化情况存在差异的经济业务或事项,采用双分录的会计处理方法,即为涉及预算执行情况变化的经济业务或事业编制相应的会计分录。

(2)经营结余如果为贷方余额,则将经营结余的余额结转入“非财政补助结余分配”科目;如果经营结余科目是借方余额,为经营亏损,不予结转。

独立思考

(1)事业单位支出包括哪些内容及相关账务处理?

(2)简述事业单位固定资产取得的方式及每种方式下的账务处理。

(3)简述事业单位无形资产取得的方式及相关账务处理。

(4)事业单位净资产包括哪些内容及相关账务处理?

参考文献

[1] 赵建勇.政府与非营利组织会计.3版.北京:中国人民大学出版社,2017.

[2] 罗朝辉,牟涛.政府与非营利组织会计.2版.成都:西南财经大学出版社,2016.

第十章 事业单位会计报表

【内容提要】

本章主要内容包括事业单位资产负债表、收入支出表和财政补助收入支出表的编制。本章的教学重点是资产负债表和收入支出表的编制，教学难点是财政补助收入支出表的编制。

【能力要求】

通过本章的学习，学生应该了解事业单位的会计报表体系，熟悉事业单位会计报表的编制要求和编制程序，并能读懂事业单位的资产负债表、收入支出表、财政补助收入支出表。

第一节 事业单位会计报表概述

一、事业单位会计报表的概念

事业单位会计报表是反映事业单位某一特定日期的财务状况和某一期间的事业成果、预算执行等会计信息的文件，由会计报表及其附注构成。事业单位会计报表应当根据登记完整、核对无误的账簿记录和其他有关资料编制，做到数字真实、计算准确、内容完整、报送及时。

二、事业单位会计报表的种类

事业单位的会计报表至少应当包括资产负债表、收入支出表或者收入费用表、财政补助收入支出表及报表附注。一般资产负债表和收入支出表是每月月末编制，同时还要编制年报，财政补助收入支出表和附注只需要编制年报，如表 10-1 所示。

表 10-1 **财务报表类别**

编号	财务报表名称	编制期
会事业 01 表	资产负债表	月度、年度
会事业 02 表	收入支出表	月度、年度
会事业 03 表	财政补助收入支出表	年度
	附注	年度

第二节　事业单位会计报表的编制

一、资产负债表的编制

(一)资产负债表的概念与作用

资产负债表是指反映事业单位在某一特定日期(如月末、季末、年末)全部资产、负债和所有者权益情况的财务状况的会计报表。其中,财务状况是指事业单位在某一特定日期占有或者使用的资产、承担的负债以及剩余的净资产的数额及其结构和相互关系。按照规定,事业单位的资产负债表应当按照月度和年度编制。

事业单位资产负债表的作用主要表现在以下几个方面:

(1)反映事业单位资产的构成及其状况,分析事业单位在某一特定日期所拥有的经济资源及其分布情况。

(2)可以反映事业单位某一日期的负债总额及其结构,揭示事业单位的资产来源及其构成。

(3)可以反映某一特定日期净资产总额及其构成情况的信息。比如,可以提供某一特定日期净资产总额、事业基金数额等信息。

(二)资产负债表的格式

事业单位的资产负债表采用的平衡等式为:资产＝负债＋所有者权益。事业单位资产负债表的格式如表 10-2 所示。

表 10-2　　资产负债表

会事业 01 表

编制单位：　　年　月　日　　(单位:元）

资产	期末余额	年初余额	负债和净资产	期末余额	年初余额
流动资产：			流动负债：		
货币资金			短期借款		
短期投资			应缴税费		
财政应返还额度			应缴国库款		
应收票据			应缴财政专户款		
应收账款			应付职工薪酬		
预付账款			应付票据		
其他应收款			应付账款		
存货			预收账款		
其他流动资产			其他应付款		
流动资产合计			其他流动负债		
非流动资产：			流动负债合计		
长期投资			非流动负债：		
固定资产			长期借款		
固定资产原价			长期应付款		
减：累计折旧			非流动负债合计		
文物文化资产			负债合计		
在建工程			净资产：		
无形资产			事业基金		
无形资产原价			非流动资产基金		
减：累计摊销			专用基金		
待处置资产损溢			财政补助结转		
非流动资产合计			财政补助结余		
			非财政补助结转		
			非财政补助结余		

续表

资产	期末余额	年初余额	负债和净资产	期末余额	年初余额
			1. 事业结余		
			2. 经营结余		
			净资产合计		
资产总计			负债和净资产总计		

资产负债表应当按照资产、负债和净资产分类列示。资产和负债应当分别按照流动资产和非流动资产、流动负债和非流动负债分类列示。

资产负债表的编制方法

(三)资产负债表的编制方法

资产负债表的具体编制方法参见二维码。

二、收入支出表的编制

(一)收入支出表的概念和作用

收入支出表,又称收入费用表,是指反映事业单位在某一会计期间的事业成果及其分配情况的报表。将收入支出表中的数据与经批准的单位收支预算数据进行比较,可以全面了解和评价事业单位收支预算执行情况。

收入支出表的作用主要表现在以下几个方面:

(1)可以提供某一会计期间财政补助收入、财政补助支出以及财政补助结转结余总额情况的信息。

(2)可以提供某一会计期间事业类收入、事业支出总额及其构成情况以及事业类结转结余情况的信息。

(3)可以提供某一会计期间经营收入、经营支出总额以及经营结余情况的信息。

(4)可以提供某一会计期间非财政补助结转结余情况的信息。

(5)可以提供某一会计期间非财政补助结余分配情况的信息。

(二)收入支出表的格式

事业单位收入支出表采用的基本计算公式为:收入－支出＝结转结余,非财政补助结转结余－非财政补助结转＝非财政补助结余,非财政补助结余－非财政补助结余分配＝转入事业基金。由此，事业单位收入支出表的格式如表 10-3 所示。

表 10-3

收入支出表

会事业 02 表

编制单位：　　　　　　　　　年　月　　　　　　　　　单位：元

项目	行次	本月数	本年累计数
一、本期财政补助结转结余	1		
财政补助收入	2		
减：事业支出（财政补助支出）	3		
二、本期事业结转结余	4		
（一）事业类收入	5		
1. 事业收入	6		
2. 上级补助收入	7		
3. 附属单位上缴收入	8		
4. 其他收入	9		
其中：捐赠收入	10		
减：（二）事业类支出	11		
1. 事业支出（非财政补助支出）	12		
2. 上缴上级支出	13		
3. 对附属单位补助支出	14		
4. 其他支出	15		
三、本期经营结余	16		
经营收入	17		
减：经营支出	18		
四、弥补以前年度亏损后的经营结余	19		
五、本年非财政补助结转结余	20		
减：非财政补助结转	21		
六、本年非财政补助结余	22		
减：应缴企业所得税			
减：提取专用基金			
七、转入事业基金			

在事业单位收入支出表中，相对于事业类收入、事业类支出和事业类结转结余的列示内容较为详细而言，财政补助收入、财政补助支出和财政补助结转结余的列示内容较为简单。主要是财政补助收入、财政补助支出和财政补助结转结余的详细内容，会在专门的财政补助收入支出表中反映。

收入支出表的编制方法

(三)收入支出表的编制方法

收入支出表的具体编制方法参见二维码。

三、财政补助收入支出表的编制

(一)财政补助收入支出表的概念与作用

财政补助收入支出表是指反映事业单位在某一会计期间财政补助收入、支出、结转及结余情况的报表。按照规定，事业单位的财政补助收入支出表一般应当按照年度编制。

财政补助收入支出表的作用主要表现在以下几个方面：

(1)可以详细提供某一会计期间财政补助收入和财政补助支出的信息。比如，可以详细提供某一会计期间财政基本支出补助收入、财政项目支出补助收入等。

(2)可以详细提供某一会计期间各项资金增减变动原因的信息。比如，可以提供某一会计期间有关项目年初财政补助结转结余、本年归集调入或上缴结转结余等信息。

(二)财政补助收入支出表的格式

事业单位财政补助收入支出表需要详细反映各项财政补助资金由年初数额变化为年末数额的有关内容，其中包括年初数额的调整、本年归集调入、本年上缴、本年财政补助收入、本年财政补助支出等内容。事业单位财政补助收入支出表的格式如表10-4所示。

表10-4　　财政补助收入支出表

会事业03表

编制单位：　　年　月　　单位：元

项目	本年数	上年数
一、年初财政补助结转结余		—
(一)基本支出结转		—

续表

项目	本年数	上年数
1.人员经费		—
2.日常公用经费		—
(二)项目支出结转		—
××项目		—
(三)项目支出结余		—
二、调整年初财政补助结转结余		
(一)基本支出结转		
1.人员经费		
2.日常公用经费		—
(二)项目支出结转		
××项目		
(三)项目支出结余		
三、本年归集调入财政补助结转结余		
(一)基本支出结转		
1.人员经费		
2.日常公用经费		—
(二)项目支出结转		
××项目		
(三)项目支出结余		
四、本年上缴财政补助结转结余		
(一)基本支出结转		
1.人员经费		
2.日常公用经费		
(二)项目支出结转		—
××项目		—
(三)项目支出结余		—

财政补助收入支出表的编制方法

(三)财政补助收入支出表的编制方法

财政补助收入支出表的具体编制方法参见二维码。

四、附注

事业单位的会计报表附注至少应当披露下列内容：

① 遵循《事业单位会计准则》《事业单位会计制度》的声明；

② 单位整体财务状况、业务活动情况的说明；

③ 会计报表中列示的重要项目的进一步说明，包括其主要构成、增减变动情况等；

④ 重要资产处置情况的说明；

⑤ 重大投资、借款活动的说明；

⑥ 以名义金额计量的资产名称、数量等情况，以及以名义金额计量理由的说明；

⑦ 以前年度结转结余调整情况的说明；

⑧ 有助于理解和分析会计报表需要说明的其他事项。

知识归纳

(1)事业单位的会计报表至少应当包括资产负债表、收入支出表或者收入费用表、财政补助收入支出表及报表附注。一般资产负债表和收入支出表是每月月末编制，同时还要编制年报，财政补助收入支出表和附注只需要编制年报。

(2)资产负债表是指反映事业单位在某一特定日期(如月末、季末、年末)全部资产、负债和所有者权益情况的财务状况的会计报表。其中，财务状况是指事业单位在某一特定日期占有或者使用的资产、承担的负债以及剩余的净资产的数额及其结构和相互关系。

(3)收入支出表，是指反映事业单位在某一会计期间的事业成果及其分配情况的报表。将收入支出表中的数据与经批准的单位收支预算数据进行比较，可以全面了解和评价事业单位收支预算执行情况。

(4)财政补助收入支出表是指反映事业单位在某一会计期间财政补助收入、支出、结转及结余情况的报表。

独立思考

(1)事业单位财务会计报表包括哪些内容?

(2)简述事业单位财务会计报表的编制程序。

(3)事业单位资产负债表各项目该怎样填列?

(4)事业单位收入支出表各项目该怎样填列?

(5)事业单位财政补助收入支出表各项目该怎样填列?

参考文献

[1] 赵建勇.政府与非营利组织会计.3版.北京:中国人民大学出版社,2017.

[2] 罗朝晖,牟涛.政府与非营利组织会计.2版.成都:西南财经大学出版社,2016.

第五编

民间非营利组织会计

第十一章　民间非营利组织会计概述

【内容提要】

本章主要内容包括民间非营利组织会计的概念、特点、一般原则、要素及科目设置。本章的教学重点为民间非营利组织会计的特点、要素及科目设置；教学难点为民间非营利组织会计特点、要素。

【能力要求】

通过本章的学习，学生应对民间非营利组织会计有一个总体的了解，理解民间非营利组织会计的核算特点。

第一节　民间非营利组织会计的概念

一、民间非营利组织的含义

民间非营利组织，是指通过筹集社会民间资金举办的、不以营利为目的，从事教育、科技、文化、卫生、宗教等社会公益事业，提供公共产品的社会服务组织，包括依照国家法律、行政法规登记的社会团体、基金会、民办非企业单位和寺院、宫观、清真寺、教堂等。

社会团体、基金会、民办非企业单位

根据《民间非营利组织会计制度》的规定，民间非营利组织应当同时具备以下三个特征：

(1)该组织不以营利为宗旨和目的。这一特征强调民间非营利组织的非营利性，以与企业的营利性相区别。但是强调民间非营利组织目的的非营利性，并不排除其因提供商品或者社会服务而获取相应收入或者收取合理费用，只要这些营利活动的所得最终用于组织的非营利事业。

(2)资源提供者向该组织投入资源不取得经济回报。这一特征强调民间非营利组织的资金或者其他资源提供者不能从民间非营利组织中获取回报,如果出资者等可以从组织中获取回报,应当将其视为企业,适用企业会计准则和企业制度。

(3)资源提供者不享有该组织的所有权。这一特征强调资金或者其他资源提供者在将资源投入民间非营利组织后不再享有相关所有者权益,如与所有者权益有关的资产出售、转让、处置权以及清算时剩余财产的分配权等。这一特征既将民间非营利组织与企业区分开来,也将其与各行政事业单位区分开来,因为行政事业单位尽管也属于非营利组织,但是国家对这些组织及其净资产拥有所有权。

二、民间非营利组织会计的含义

民间非营利组织会计,是对民间非营利组织的财务收支活动进行连续、系统、综合的记录、计量和报告,以价值指标客观地反映业务活动过程,从而为业务管理和其他相关的管理工作提供信息的活动。

第二节 民间非营利组织会计的特点

一、民间非营利组织会计的核算特点

(1)以权责发生制为会计核算基础。《民间非营利组织会计制度》明确规定,民间非营利组织会计核算采用权责发生制。这是由于权责发生制较收付实现制更有助于民间非营利组织加强资产、负债的管理,提高民间非营利组织会计信息质量,增强其会计信息的有用性。

(2)在采用历史成本计价的基础上,引入公允价值计量基础。公允价值的引入是由民间非营利组织的特殊业务活动所决定的,如通过接受捐赠等业务取得的资产,可能很难或者根本无法确定其实际成本,此时以历史成本原则就无法满足对资产计量的要求,采用公允价值则可以解决资产计量问题。

(3)由于民间非营利组织资源提供者既不享有组织的所有权,也不取得经济回报,因此,其会计要素不应包括所有者利益和利润,而是设置了净资产这一要素。

(4)由于民间非营利组织采用权责发生制作为会计核算基础,因此设置了费用要素,而没有使用行政、事业单位的支出要素。

二、民间非营利组织会计核算的一般原则

民间非营利组织在进行会计核算时应当遵循客观性原则、相关性原则、可比性原则、及时性原则、可理解性原则、配比性原则、历史成本原则、实质重于形式原则、谨慎性原则、重要性原则、合理划分费用性支出与资本性支出原则。

第三节　民间非营利组织会计科目设置

民间非营利组织的会计要素划分为反映财务状况的会计要素和反映业务活动情况的会计要素。反映财务状况的会计要素包括资产、负债和净资产，其会计等式为：资产－负债＝净资产；反映业务活动情况的会计要素包括收入和费用，其会计等式为：收入－费用＝净资产变动额。民间非营利组织的会计科目是对民间非营利组织会计核算对象的具体内容进行科学分类。针对民间非营利组织会计的五要素设置相应的会计科目，民间非营利组织会计科目表如表 11-1 所示。

表 11-1　　民间非营利组织会计科目表

序号	科目编号	科目名称
一、资产类(23 个)		
1	1001	现金
2	1002	银行存款
3	1009	其他货币资金
4	1101	短期投资
5	1102	短期投资跌价准备
6	1111	应收票据
7	1121	应收账款
8	1122	其他应收款
9	1131	坏账准备
10	1141	预付账款
11	1201	存货

续表

序号	科目编号	科目名称
一、资产类(23个)		
12	1202	存货跌价准备
13	1301	待摊费用
14	1401	长期股权投资
15	1402	长期债权投资
16	1421	长期投资减值准备
17	1501	固定资产
18	1502	累计折旧
19	1505	在建工程
20	1506	文物文化资产
21	1509	固定资产清理
22	1601	无形资产
23	1701	受托代理资产
二、负债类(12个)		
24	2101	短期借款
25	2201	应付票据
26	2202	应付账款
27	2203	预收账款
28	2204	应付工资
29	2206	应交税金
30	2209	其他应付款
31	2301	预提费用
32	2401	预计负债
33	2501	长期借款
34	2502	长期应付款
35	2601	受托代理负债

续表

序号	科目编号	科目名称
三、净资产类(2个)		
36	3101	非限定性净资产
37	3102	限定性净资产
四、收入费用类(11个)		
38	4101	捐赠收入
39	4201	会费收入
40	4301	提供服务收入
41	4401	政府补助收入
42	4501	商品销售收入
43	4601	投资收益
44	4901	其他收入
45	5101	业务活动成本
46	5201	管理费用
47	5301	筹资费用
48	5401	其他费用

知识归纳

(1)民间非营利组织会计,是对民间非营利组织的财务收支活动进行连续、系统、综合的记录、计量和报告,以价值指标客观地反映业务活动过程,从而为业务管理和其他相关的管理工作提供信息的活动。

(2)民间非营利组织会计的核算特点:以权责发生制为会计核算基础;在采用历史成本计价的基础上,引入公允价值计量基础;其会计要素不包括所有者利益和利润,而是设置了净资产这一要素;民间非营利组织设置了费用要素,而没有使用行政、事业单位的支出要素。

(3)民间非营利组织的会计要素划分为反映财务状况的会计要素和反映业务活动情况的会计要素。反映财务状况的会计要素包括资产、负债和净资产;反映业务活动情况的会计要素包括收入和费用。

独立思考

(1)什么是民间非营利组织？这类组织的特点是什么？

(2)民间非营利组织会计的核算特点是什么？

(3)民间非营利组织会计要素包含哪些具体内容？

参考文献

[1]　赵建勇.政府与非营利组织会计.3版.北京：中国人民大学出版社，2017.

[2]　罗朝晖，牟涛.政府与非营利组织会计.2版.成都：西南财经大学出版社，2016.

第十二章　民间非营利组织会计的管理与核算

【内容提要】

本章主要内容包括民间非营利组织会计的资产、负债、净资产、收入、费用等会计要素的管理与核算要求。本章的教学重点为民间非营利组织会计资产、收入与费用的管理与核算，特别是文物文化资产、受托代理资产、捐赠收入与会费收入的核算；教学难点为民间非营利组织会计净资产的管理与核算。

【能力要求】

通过本章的学习，学生应掌握民间非营利组织会计核算和账务处理基本流程，可以独立完成民间非营利组织会计的日常业务处理。

第一节　民间非营利组织资产的管理与核算

民间非营利组织资产是指过去的交易或者事项形成并由民间非营利组织拥有或者控制的资源，该资源预期会给民间非营利组织带来经济利益或者服务潜力，包括流动资产、长期投资、固定资产、无形资产和受托代理资产等。

民间非营利组织资产确认要求

其中，流动资产是指预期可在1年内(含1年)变现或者耗用的资产，主要包括现金、银行存款、短期投资、应收款项、预付账款、存货、待摊费用等。长期投资是指除短期投资以外的投资，包括长期股权投资和长期债权投资等。固定资产是指为行政管理、提供服务、生产商品或者出租目的而持有的，预计使用年限超过1年，单位价值较高的有形资产。

民间非营利组织会计资产其他科目的核算

民间非营利组织的现金、银行存款、其他货币资金、应收款项、坏账准备和无形资产等资产的含义、确认、计量和会计处理与企业会计基本相似在此不再阐述。这里对民间非营利组织比较特殊的资产类科目——“文物文化资产”“受托代理资产”和常用的资产类科目——“存货”“固定资产”的核算进行简要介绍。

一、文物文化资产的管理与核算

文物文化资产是指用于展览、教育或研究等目的的历史文物、艺术品以及其他具有文化或者历史价值并作长期或者永久保存的典藏等。

为核算文物文化资产业务，民间非营利组织应设置“文物文化资产”总账科目，并应当设置文物文化资产登记簿和文物文化资产卡片，按文物文化资产类别等设置明细账，进行明细核算。本科目期末借方余额，反映民间非营利组织期末文物文化资产的价值。主要账务处理如下：

(1)取得文物文化资产时，应当按照取得时的实际成本入账。其中：

① 外购的文物文化资产。按照实际支付的买价、相关税费以及为使文物文化资产达到预定可使用状态前发生的可直接归属于该文物文化资产的其他支出(如运输费、安装费、装卸费等)，借记本科目，贷记“银行存款”“应付账款”等科目。

② 接受捐赠的文物文化资产。按照所确定的成本，借记本科目，贷记“捐赠收入”科目。

(2)文物文化资产毁损或者以其他方式处置文物文化资产时，按照所处置文物文化资产的账面余额，借记“固定资产清理”科目，贷记本科目。

(3)文物文化资产盘点。民间非营利组织对文物文化资产应当定期或者至少每年实地盘点一次。对盘盈、盘亏的文物文化资产，应当及时查明原因，并根据管理权限，报经批准后：

① 盘盈文物文化资产时，按照其公允价值，借记本科目，贷记“其他收入”科目。

② 盘亏文物文化资产时，按照固定资产账面余额扣除可以收回的保险赔偿和过失人的赔偿等后的金额，借记“管理费用”科目，按照可以收回的保险赔偿和过失人赔偿等，借记“现金”“银行存款”“其他应收款”等科目，按照文物文化资产的账面余额，贷记本科目。

【例 12-1】 某民间非营利组织2016年发生如下经济业务：

(1)以银行存款购买一项文物文化资产。该项文物文化资产的购买价格为6 350元。应编制如下会计分录：

借:文物文化资产　　6 350

　贷:银行存款　　6 350

(2)接受捐赠人捐赠一项文物文化资产。捐赠人提供的有关计价凭据显示,该项文物文化资产的价值为9 600元。应编制如下会计分录：

借:文物文化资产　　9 600

　贷:捐赠收入　　9 600

(3)出售一项文物文化资产。该文物文化资产的账面余额为4 500元,将其转入固定资产清理账户。应编制如下会计分录：

借:固定资产清理　　4 500

　贷:文物文化资产　　4 500

二、受托代理资产的管理与核算

受托代理资产是指民间非营利组织接受委托方委托从事受托代理业务而收到的资产。民间非营利组织应当对受托代理资产比照接受捐赠资产的原则进行确认和计量,但在确认一项受托代理资产时,应当同时确认一项受托代理负债。

为核算受托代理资产业务,民间非营利组织应设置"受托代理资产"总账科目,本科目期末借方余额,反映民间非营利组织期末尚未转出的受托代理资产价值。主要账务处理如下：

(1)收到受托代理资产时,按照应确认的入账金额,借记本科目,贷记"受托代理负债"科目。

(2)转赠或者转出受托代理资产,按照转出受托代理资产的账面余额,借记"受托代理负债"科目,贷记本科目。

另外,民间非营利组织应当设置"受托代理资产登记簿",并根据具体情况设置明细账,进行明细核算。民间非营利组织收到的受托代理资产如果为现金、银行存款或其他货币资金,可以不通过本科目核算,而在"现金""银行存款""其他货币资金"科目下设置"受托代理资产"明细科目进行核算,即在取得这些受托代理资产时,借记"现金——受托代理资产""银行存款——受托代理资产"等科目。

【例 12-2】 某民间非营利组织 2016 年发生如下经济业务：

(1)受托代理一项实物资产，计价 16 800 元。委托方要求民间非营利组织将受托代理实物资产转赠给某组织，供其开展专业业务活动时使用。应编制如下会计分录：

借：受托代理资产　　16 800

　贷：受托代理负债　　16 800

(2)将收到的一项现金资产 1 000 元，按照委托方的要求，转赠给某个人。应编制如下会计分录：

借：受托代理负债　　1 000

　贷：现金——受托代理资产　　1 000

三、存货的管理与核算

存货是指民间非营利组织在日常业务活动中持有以备出售或捐赠的，或者为了出售或捐赠仍处在生产过程中的，或者将在生产、提供服务或日常管理过程中耗用的材料、物资、商品等，包括材料、库存商品、委托加工材料，以及达不到固定资产标准的工具、器具等。

为核算存货业务，民间非营利组织应设置"存货"总账科目，并应当按照存货的种类和存在形式设置明细账进行明细核算，本科目期末借方余额，反映存货实际库存价值。主要账务处理如下：

(1)存货在取得时，应当以其成本入账，具体处理情况如下：

① 外购的存货，按照采购成本(一般包括实际支付的采购价格、相关税费、运输费、装卸费、保险费以及其他可直接归属于存货采购的费用)，借记本科目，贷记"银行存款""应付账款"等科目。民间非营利组织可以根据需要在本科目下设置"材料""库存商品"等明细科目。

② 自行加工或委托加工完成的存货，按照采购成本、加工成本(包括直接人工以及按照合理方法分配的与存货加工有关的间接费用)和其他成本(指除采购成本、加工成本以外的，使存货达到目前场所和状态所发生的其他支出)，借记本科目，贷记"银行存款""应付账款""应付工资"等科目。民间非营利组织可以根据实际情况，在本科目下设置"生产成本"等明细科目，归集相关成本。

(2)存货在发出时，应当根据实际情况采用个别计价法、先进先出法或者加权平均法，确定发出存货的实际成本，具体如下：

① 业务活动过程中领用存货，按照确定的成本，借记“管理费用”等科目，贷记本科目。

② 对外出售或捐赠存货，按照确定的出售存货成本，借记“业务活动成本”等科目，贷记本科目。

(3)存货盘点。民间非营利组织的各种存货，应当定期进行清查盘点，每年至少盘点一次。对于发生的盘盈、盘亏以及变质、毁损等存货，应当及时查明原因，并根据管理权限，报经批准后，在期末结账前处理完毕。

① 如为存货盘盈，按照其公允价值，借记本科目，贷记“其他收入”科目。

② 如为存货盘亏或者毁损，按照存货账面价值扣除残料价值、可以收回的保险赔偿和过失人的赔偿等后的金额，借记“管理费用”科目，按照可以收回的保险赔偿和过失人赔偿等，借记“现金”“银行存款”“其他应收款”等科目。

(4)存货减值准备的计提。期末，民间非营利组织应当对存货是否发生了减值进行检查。如果存货的可变现净值低于其账面价值，应当按照可变现净值低于账面价值的差额计提存货跌价准备。如果存货的可变现净值高于其账面价值，应当在该存货期初已计提跌价准备的范围内转回可变现净值高于账面价值的差额。

① 如果存货的期末可变现净值低于账面价值，按照可变现净值低于账面价值的差额，借记“管理费用——存货跌价损失”科目，贷记本科目。

② 如果以前期间已计提跌价准备的存货价值在当期得以恢复，即存货的期末可变现净值高于账面价值，按照可变现净值高于账面价值的差额，在原已计提跌价准备的范围内，借记本科目，贷记“管理费用——存货跌价损失”科目。

【例 12-3】 某民间非营利组织 2016 年发生如下经济业务：

(1)以银行存款 3 000 元购入一批存货，以备日常业务活动使用。应编制如下会计分录：

借：存货　　3 000

　贷：银行存款　　3 000

(2)收到捐赠人捐赠的一批日常生活用品 6 350 元。按照捐赠人的要求，该批日常品限制用于本组织设置的某项专业业务活动。应编制如下会计分录：

借：存货　　6 350

　贷：捐赠收入——限定性收入　　6 350

(3)对外捐赠存货 500 套，每套实际成本 100 元。应编制如下会计分录：

借：业务活动成本　　50 000

　贷：存货　　50 000

(4)期末对某项存货进行检查，其账面价值35 000元，其可变现净值33 000元。发生跌价损失，应计提减值准备2 000元(35 000元—33 000元)。应编制如下会计分录：

借：管理费用——存货跌价准备　　2 000

　贷：存货跌价准备　　2 000

四、固定资产的管理与核算

固定资产是指为行政管理、提供服务、生产商品或者出租目的而持有的，预计使用年限超过1年，单位价值较高的资产。

为核算固定资产业务，民间非营利组织应设置“固定资产”总账科目，并应当设置“固定资产登记簿”和“固定资产卡片”，按固定资产类别设置明细账，进行明细核算。对于经营租入的固定资产，应当另设辅助簿进行登记，不在本科目核算。本科目期末借方余额，反映民间非营利组织期末固定资产的账面原价。主要账务处理如下：

(1)固定资产在取得时，应当按照取得时的实际成本入账。取得时的实际成本包括买价、包装费、运输费、交纳的有关税金等相关费用，以及为使固定资产达到预定可使用状态前必要的支出。具体如下：

① 外购的固定资产，按照实际支付的买价、相关税费以及为使固定资产达到预定可使用状态前发生的可直接归属于该固定资产的其他支出(如运输费、安装费、装卸费等)，借记本科目，贷记“银行存款”“应付账款”等科目。

② 自行建造的固定资产，按照建造该项固定资产达到预定可使用状态前所发生的全部支出，借记本科目，贷记“在建工程”科目。

③ 融资租入的固定资产，按照租赁协议或者合同确定的价款、运输费、途中保险费、安装调试费以及融资租入固定资产达到预定可使用状态前发生的借款费用等，借记本科目“融资租入固定资产”明细科目，贷记“长期应付款”科目。

④ 接受捐赠的固定资产，按照所确定的成本，借记本科目，贷记“捐赠收入”科目。

(2)计提折旧。按照应提取的折旧金额，借记“存货——生产成本”“管理费用”等科目，贷记“累计折旧”科目。

(3)与固定资产有关的后续支出。如果使可能流入民间非营利组织的经济利益或者服务潜力超过了原先的估计，如延长了固定资产的使用寿命，或者使服务质量实质性提高，或者使商品成本实质性降低，则应当计入固定资产账面价值，但其增计后的金额不应当超过该固定资产的可收回金额。其他后续支出，应当计入当期费用。

发生后续支出时，按照应当计入固定资产账面价值的金额，借记“在建工程”“固定资产”科目，贷记“银行存款”等科目，按照应当计入当期费用的金额，借记“管理费用”等科目，贷记“银行存款”等科目。

(4)固定资产出售、报废或者毁损，或以其他方式处置时。按照所处置固定资产的账面价值，借记“固定资产清理”科目，按照已提取的折旧，借记“累计折旧”科目，按照固定资产账面余额，贷记本科目。

(5)固定资产盘点。民间非营利组织对固定资产应当定期或者至少每年实地盘点一次。对盘盈、盘亏的固定资产，应当及时查明原因，并根据管理权限，报经批准后，在期末前结账处理完毕：

① 盘盈时，按照其公允价值，借记本科目，贷记“其他收入”科目。

② 盘亏时，按照固定资产账面价值扣除可以收回的保险赔偿和过失人的赔偿后的金额，借记“管理费用”科目，按照可以收回的保险赔偿和过失人赔偿等，借记“现金”“银行存款”“其他应收款”等科目，按照已提取的累计折旧，借记“累计折旧”科目，按照固定资产的账面余额，贷记本科目。

【例 12-4】 某民间非营利组织于 2016 年 3 月 12 日购入不需安装办公设备一台，发票价格为 40 000 元，发生运输费 2 000 元，款项全部付清。设备预计使用年限为 8 年。按年限平均法计提折旧。2017 年 1 月 8 日出售该设备，出售价款为 36 000 元，发生清理费 1 000 元。应编制如下会计分录：

(1)购入设备时：

借：固定资产	42 000	
贷：银行存款		42 000

(2)从 2016 年 4 月到 2017 年 1 月每月计提折旧：

借：管理费用	437.5	
贷：累计折旧		437.5

(3)设备出售时：

借：固定资产清理	37 625	
累计折旧	4 375	
贷：固定资产		42 000

借：固定资产清理　　1 000

　贷：银行存款　　1 000

借：银行存款　　36 000

　贷：固定资产情理　　36 000

借：其他费用　　2 625

　贷：固定资产清理　　2 625

第二节　民间非营利组织负债的管理与核算

民间非营利组织负债是指过去的交易或者事项形成的现时义务，履行该义务预期会导致含有经济利益或者服务潜力的资源流出民间非营利组织。负债应当按其流动性分为流动负债、长期负债和受托代理负债等。流动负债是指将在1年内(含1年)偿还的负债，包括短期借款、应付款项、应付工资、应交税金、预收账款、预提费用和预计负债等。长期负债是指偿还期限在1年以上(不含1年)的负债，包括长期借款、长期应付款和其他长期负债。受托代理负债是指民间非营利组织因从事受托代理业务、接受受托代理资产而产生的负债。受托代理负债应当按照相对应的受托代理资产的金额予以确认和计量。各项负债应当按照实际发生额确认和计量。受托代理负债应当按照相对应的受托代理资产的金额确认和计量。

民间非营利组织的大多数负债与企业会计的会计处理比较相似，如应付款项、应交税金和预计负债，且受托代理负债已在资产介绍时涉及，因而这些科目在此不再阐述。这里对特殊的负债类科目——“预提费用”和常用的负债类科目——“短期借款”“长期应付款”的核算进行简要介绍。

一、预提费用的管理与核算

预提费用是指民间非营利组织按照规定预先提取的已经发生但尚未支付的费用，如预提的租金、保险费、借款利息等。

为核算预提费用业务，民间非营利组织应设置“预提费用”总账科目，并应当按照费用种类设置明细账，进行明细核算。本科目期末贷方余额，反映民间非营利组织已预提但尚未支付的各项费用。主要账务处理如下：

民间非营利组织会计负债其他科目的核算

(1)按照规定预提计入本期费用时，借记“筹资费用”“管理费用”等科目，贷记本科目。

(2)实际支出时,借记本科目,贷记“银行存款”等科目。

【例12-5】 某民间福利基金会2016年1月1日借入短期借款500 000元,年利率4%,借款期限一年,借款利息按季支付。应编制如下会计分录:

(1)2016年1月和2月分别预提利息:

借:筹资费用　　1 667

　贷:预提费用——预提借款利息　　1 667

(2)2016年3月支付第一季度利息:

借:筹资费用　　1 667

　预提费用——预提借款利息　　3 334

　贷:银行存款　　5 001

二、短期借款的管理与核算

短期借款是指民间非营利组织向银行或其他金融机构等借入的期限在1年以下(含1年)的各种借款。

为核算短期借款业务,民间非营利组织应设置“短期借款”总账科目,本科目应当按照债权人设置明细账,并按照借款种类及期限等进行明细核算。本科目期末贷方余额,反映民间非营利组织尚未偿还的短期借款本金。主要账务处理如下:

(1)借入各种短期借款时,按照实际借得的金额,借记“银行存款”科目,贷记本科目。发生短期借款利息时,借记“筹资费用”科目,贷记“预提费用”“银行存款”等科目。

(2)归还借款时,借记本科目,贷记“银行存款”科目。

【例12-6】 某民间非营利组织2016年发生如下经济业务:

(1)因开展业务活动的需要从银行获得短期借款5 000元,款项已存入银行账户。应编制如下会计分录:

借:银行存款　　5 000

　贷:短期借款　　5 000

(2)以银行存款归还到期短期借款本金8 000元。同时,支付到期短期借款利息1 000元。应编制如下会计分录:

借:短期借款　　8 000

　筹资费用　　1 000

　贷:银行存款　　9 000

三、长期应付款的管理与核算

长期应付款是指民间非营利组织的各项长期应付款项，如融资租入固定资产的租赁费等。

为核算长期应付款业务，民间非营利组织应设置"长期应付款"总账科目，本科目应当按照长期应付款的种类设置明细账，进行明细核算。本科目期末贷方余额，反映尚未支付的各种长期应付款。主要账务处理如下：

(1)发生长期应付款时，借记有关科目，贷记本科目。

(2)支付长期应付款时，借记本科目，贷记"银行存款"科目。

【例 12-7】 某民间非营利组织于 2016 年发生以下经济业务：

(1)因融资租入固定资产发生长期应付款 4 000 元。应编制如下会计分录：

借：固定资产　　4 000

　贷：长期应付款　　4 000

(2)以银行存款支付长期应付款 500 元。应编制如下会计分录：

借：长期应付款　　500

　贷：银行存款　　500

第三节 民间非营利组织收入的管理与核算

民间非营利组织收入是指民间非营利组织开展业务活动取得的、导致本期净资产增加的经济利益或者服务潜力的流入。收入按照其来源分为捐赠收入、会费收入、提供服务收入、政府补助收入、投资收益、商品销售收入等主要业务活动收入和其他收入等；收入按交易过程是否有实物或权利的交割分为交换交易所形成的收入和非交换交易所形成的收入；收入按是否存在限定条件分为非限定性收入和限定收入。

一、捐赠收入的管理与核算

交换交易所形成的收入和非交换交易所形成的收入

捐赠收入是指民间非营利组织接受其他单位或者个人捐赠所取得的收入。民间非营利组织的捐赠收入属于非交换性交易收入。民间非营利组织应当视相关资产提供者对资产的使用是否设置了限制，分别对限定性收入和非限定性收入进行核算。民间非营利组织接受的劳务捐赠，不予

非限定性收入和限定收入

捐赠的内涵

确认，但应当在会计报表附注中作相关披露。民间非营利组织因受托代理业务而从委托方收到的受托代理资产，不属于捐赠收入的核算范围。

为核算捐赠收入业务，民间非营利组织应设置“捐赠收入”总账科目，并应在“捐赠收入”科目下设置“限定性收入”和“非限定性收入”明细科目。主要账务处理如下：

(1)接受的捐赠，按照应确认的金额，借记“现金”“银行存款”“短期投资”“存货”“长期股权投资”“长期债权投资”“固定资产”“无形资产”等科目，贷记“捐赠收入——限定性收入”或“捐赠收入——非限定性收入”科目。

对于接受的附加条件捐赠，如果存在需要偿还全部或部分捐赠资产或者相应金额的现时义务时(比如因无法满足捐赠所附加条件而必须将部分捐赠款退还给捐赠人时)，按照需要偿还的金额，借记“管理费用”科目，贷记“其他应付款”等科目。

(2)如果限定性捐赠收入的限制在确认收入的当期得以解除，应当将其转为非限定性捐赠收入，借记“捐赠收入——限定性收入”科目，贷记“捐赠收入——非限定性收入”科目。

(3)期末，将本科目各明细科目的余额分别转入限定性净资产和非限定性净资产，借记“捐赠收入——限定性收入”科目，贷记“限定性净资产”科目，借记“捐赠收入——非限定性收入”科目，贷记“非限定性净资产”科目。期末结转后，本科目应无余额。

【例 12-8】 某民间非营利组织 2016 年发生如下经济业务：

(1)收到社会捐赠的汽车一辆，发票价值为 100 000 元(捐赠人未对捐款款项的使用作出明确的限制条件)。应编制如下会计分录：

借：固定资产　　100 000

　贷：捐赠收入——非限定性收入　　100 000

(2)接受一笔捐赠款 500 000 元(捐赠人捐赠时，提出了有关使用限制条件，即该笔款项只能用来救助孤寡老人，并且使用年限为 10 年，余额应退还)，该民间非营利组织有关人员根据所在区域估计在 10 年内，可能使用的款项为 450 000 元。应编制如下会计分录：

借：银行存款　　500 000

　贷：捐赠收入——限定性收入　　500 000

同时，

借：管理费用　50 000

　贷：其他应付款　50 000

(3)在确认捐赠收入的当期按照捐赠人提出的限制条件将捐赠款项用于购买办公设备一台 8 000 元，款项已以银行存款支付。应编制如下会计分录：

借：固定资产　8 000

　贷：银行存款　8 000

同时，

借：捐赠收入——限定性收入　8 000

　贷：捐赠收入——非限定性收入　8 000

注：在例 12-8(3)小题中，当民间非营利组织按照捐赠人提出的限制条件使用了捐赠款项时，捐赠人提出的限制条件即得到解除，相应的捐赠收入应当从"限定性收入"转入"非限定性收入"。在例 12-8(3)小题中，假设民间非营利组织在确认限定性捐赠收入的当期即按要求使用了限定性捐赠收入或解除了用途限制条件。如果民间非营利组织确认限定捐赠收入与使用限定性捐赠收入不在同一会计期间，那么，限定性捐赠收入在期末结转至"限定性净资产"后即无余额。此时，需要在限定性净资产与非限定性净资产之间进行重分类，或作结转的会计分录。

(4)期末，将"捐赠收入——限定性收入"贷方余额 500 000 元、"捐赠收入——非限定性收入"贷方余额 100 000 元分别转入"限定性净资产"和"非限定性净资产"。应编制如下会计分录：

借：捐赠收入——限定性收入　500 000

　　　　　——非限定性收入　100 000

　贷：限定性净资产　500 000

　　非限定性净资产　100 000

二、会费收入的管理与核算

会费收入是指民间非营利组织根据章程等的规定向会员收取的会费。民间非营利组织的会费收入通常属于非交换交易收入(有时为交换性交易收入)。一般情况下，民间非营利组织的会费收入为非限定性收入，除非相关资产提供者对资产的使用设置了限制。

为核算会费收入业务，民间非营利组织应设置"会费收入"总账科目，并应当在"会费收入"科目下设置"非限定性收入"明细科目，如果存在限定性会费收入，还应当设置“限定性收入”明细科目；同时，民间非营利组织还应当按照会费种类（如团体会费、个人会费等），在“非限定性收入”或“限定性收入”科目下设置明细科目，进行明细核算。主要账务处理如下：

（1）向会员收取会费，在满足收入确认条件时，借记“现金”“银行存款”“应收账款”等科目，贷记“会费收入——非限定性收入”科目（如果存在限定性会费收入，应当贷记“会费收入——限定性收入”科目）。

（2）期末，将本科目的余额转入非限定性净资产，借记“会费收入——非限定性收入”科目，贷记“非限定性净资产”科目（如果存在限定性会费收入，则将其金额转入限定性净资产，借记“会费收入——限定性收入”科目，贷记“限定性净资产”科目）。期末结转后，本科目应无余额。

【例 12-9】 某民间非营利组织 2016 年发生如下经济业务：

（1）收到一单位交来的团体会费 10 000 元，该会费收入属于非限定性收入，已存入银行。应编制如下会计分录：

借：银行存款　　10 000

　贷：会费收入——非限定性收入（团体会费）　　10 000

（2）收到某会员 300 元会费，该会费收入属于非限定性收入，已存入银行。应编制如下会计分录：

借：银行存款　　300

　贷：会费收入——非限定性收入（个人会费）　　300

（3）期末，将“会费收入——非限定性收入”贷方余额 100 000 元转入“非限定性净资产”。应编制如下会计分录：

借：会费收入——非限定性收入　　100 000

　贷：非限定性净资产　　100 000

三、提供服务收入的管理与核算

提供服务收入是指民间非营利组织根据章程等的规定向其服务对象提供服务取得的收入，包括学杂费收入、医疗费收入、培训收入等。民间非营利组织提供服务收入属于交换性交易收入。一般情况下，民间非营利组织的提供服务收入为非限定性收入，除非相关资产提供者对资产的使用设置了限制。

为核算提供服务收入业务，民间非营利组织应设置“提供服务收入”总账科目，并应当在“提供服务收入”科目下设置“非限定性收入”明细科目，如果存在限定性提供服务收入，还应当设置“限定性收入”明细科目；同时，还应当按照提供服务的种类，在“非限定性收入”或“限定性收入”科目下设置明细科目，进行明细核算。主要账务处理如下：

(1)提供服务取得收入时，按照实际收到或应当收取或预收的价款，借记“现金”“银行存款”“应收账款”“预收账款”等科目，按照应当确认的提供服务收入金额，贷记“提供服务收入——非限定性收入”科目(如果存在限定性提供服务收入，应当贷记“提供服务收入——限定性收入”科目)。

(2)期末，将本科目的余额转入非限定性净资产，借记“提供服务收入——非限定性收入”科目，贷记“非限定性净资产”科目(如果存在限定性提供服务收入，则将其金额转入限定性净资产，借记“提供服务收入——限定性收入”科目，贷记“限定性净资产”科目)。期末结转后，本科目应无余额。

【例 12-10】 某民间非营利组织 2016 年发生如下经济业务：

(1)收到本年度上学期学费 50 000 元，该学费收入属于非限定性收入，已存入银行。应编制如下会计分录：

借：银行存款　　50 000

　贷：提供服务收入——非限定性收入(学费收入)　　50 000

(2)期末，将“提供服务收入——非限定性收入”贷方余额 80 000 元转入“非限定性净资产”。应编制如下会计分录：

借：提供服务收入——非限定性收入　　80 000

　贷：非限定性净资产　　80 000

四、政府补助收入的管理与核算

政府补助收入是指民间非营利组织因为政府拨款或者政府机构给予的补助而取得的收入。民间非营利组织的政府补助收入属于非交换性交易收入。民间非营利组织的政府补助收入应当根据相关资产提供者对资产的使用是否设置了限制，划分为限定性收入和非限定性收入分别进行核算。

为核算政府补助收入业务，民间非营利组织应设置“政府补助收入”总账科目，并应在“政府补助收入”科目下设置“限定性收入”和“非限定性收入”明细科目。主要账务处理如下：

(1)接受的政府补助，按照应确认的金额，借记“现金”“银行存款”等科目，贷记“政府补助收入——限定性收入”或“政府补助收入——非限定性收入”科目。

对于接受的附条件政府补助，如果民间非营利组织存在需要偿还全部或部分政府补助资产或者相应金额的现时义务时(比如因无法满足政府补助所附条件而必须退还部分政府补助时)，按照需要偿还的金额，借记“管理费用”科目，贷记“其他应付款”等科目。

(2)如果限定性政府补助收入的限制在确认收入的当期得以解除，应当将其转为非限定性捐赠收入，借记“政府补助收入——限定性收入”科目，贷记“政府补助收入——非限定性收入”科目。

(3)期末，将本科目各明细科目的余额分别转入限定性净资产和非限定性净资产，借记“政府补助收入——限定性收入”科目，贷记“限定性净资产”科目，借记“政府补助收入——非限定性收入”科目，贷记“非限定性净资产”科目。期末结转后，本科目应无余额。

【例 12-11】 某民间非营利组织 2016 年发生如下经济业务：

(1)收到政府部门的补助款 20 000 元(政府部门未对补助款项的使用作出明确的限制)，款项存入银行。应编制如下会计分录：

借：银行存款　　20 000

　贷：政府补助收入——非限定性收入　　20 000

(2)按照政府提出的使用时间限制条件，已经达到限制可以使用政府补助收入 15 000 元的时间。民间非营利组织从受到政府的时间限制补助收入至到达可使用政府补助收入的时间处在同一会计期间。应编制如下会计分录：

借：政府补助收入——限定性收入　　15 000

　贷：政府补助收入——非限定性收入　　15 000

注：在例 12-11(2)小题中，民间非营利组织解除附带使用时间的限制条件的政府补助收入。如果民间非营利组织从收到时间限制政府补助收入至到达可以使用的政府补助收入时间跨越两个会计期间或两个会计年度，那么，期末“政府补助收入——限定性收入”科目余额转入“限定性净资产”科目后无余额。此时，需要在“限定性资产净资产”科目与“非限定性净资产科目”之间进行重分类或进行转账。

在例 12-11(2)小题中，如果政府在向民间非营利组织提供补助时，同时提出时间限制条件和用途限制条件，如同时提出了所提供的补助应当在第二年用于购买办公设备等，那么，民间非营利组织在仅达到限制可以使用补助的时间时，或者在仅满足时间限制条件时，还不能将限定性收入转入非限定性收入。主要原因是尽管时间限制条件已经解除，但用途限制条件尚未解除。民间非营利组织应当在所有限定条件都已经解除时，才能将限定性收入转入非限定性收入。

(3)期末,将政府补助收入中限定性收入贷方余额 180 000 元和非限定性收入贷方余额 60 000 元分别转入"限定性净资产"和"非限定性净资产"。应编制如下会计分录:

借:政府补助收入——限定性收入　　180 000
　　　　　　　——非限定性收入　　60 000
　贷:限定性净资产　　180 000
　　　非限定性净资产　　60 000

五、商品销售收入的管理与核算

商品销售收入是指民间非营利组织销售商品(如出版物、药品)等所形成的收入。民间非营利组织的商品销售收入属于交换性交易收入。一般情况下,民间非营利组织的提供服务收入为非限定性收入,除非相关资产提供者对资产的使用设置了限制。

为核算商品销售收入业务,民间非营利组织应设置"商品销售收入"总账科目,并应当在"商品销售收入"科目下设置"非限定性收入"明细科目,如果存在限定性提供服务收入,还应当设置"限定性收入"明细科目;同时,还应当按照销售商品的种类,在"非限定性收入"或"限定性收入"科目下设置明细科目,进行明细核算。主要账务处理如下:

(1)销售商品取得收入时,按照实际收到或应当收取的价款,借记"现金""银行存款""应收票据""应收账款"等科目,按照应当确认的商品销售收入金额,贷记"商品销售收入——非限定性收入"科目(如果存在限定性商品销售收入,应当贷记"商品销售收入——限定性收入"科目),按照预收的价款,贷记"预收账款"科目。在以后期间确认商品销售收入时,借记"预收账款"科目,贷记"商品销售收入——非限定性收入"科目(如果存在限定性商品销售收入,应当贷记"商品销售收入——限定性收入"科目)。

(2)销售退回,是指民间非营利组织售出的商品,由于质量、品种不符合要求等原因而发生的退货。销售退回应当分别按以下情况处理:

① 未确认收入的已发出商品的退回,不需要进行会计处理。

② 已确认收入的销售商品退回,一般情况下直接冲减退回当月的商品销售收入、商品销售成本等:按照应当冲减的商品销售收入,借记"商品销售收入——非限定性收入"(如果所冲减收入属于限定性收入,应当借记"商品销售收入——限定性收入"),按照已收或应收的金额,贷记"银行存款""应收账款""应收票据"等科目,按照退回商品的成本,借记"存货"科目,贷记"业务活动成

本”科目。如果该项销售发生现金折扣,应当在退回当月一并处理。

③ 报告期间资产负债表日至财务报告批准报出日之间发生的报告期间或以前期间的销售退回,应当作为资产负债表日后事项的调整事项处理,调整报告期间会计报表的相关项目:按照应冲减的商品销售收入,借记“非限定性净资产”科目(如果所调整收入属于限定性收入,应当借记“限定性净资产”科目),按照已收或应收的金额,贷记“银行存款”“应收账款”“应收票据”等科目;按照退回商品的成本,借记“存货”科目,贷记“非限定性净资产”科目。

(3)现金折扣,是指民间非营利组织为了尽快回笼资金而发生的理财费用。现金折扣在实际发生时直接计入当期筹资费用:按照实际收到的金额,借记“银行存款”等科目,按照应给予的现金折扣,借记“筹资费用”科目,按照应收的账款,贷记“应收账款”“应收票据”等科目。

购买方实际获得的现金折扣,冲减取得当期的筹资费用:按照应付的账款,借记“应付账款”“应付票据”等科目,按照实际获得的现金折扣,贷记“筹资费用”科目,按照实际支付的价款,贷记“银行存款”等科目。

(4)销售折让,是指在商品销售时直接给予购买方的折让。销售折让应当在实际发生时直接从当期实现的销售收入中抵减。

(5)期末,将本科目的余额转入非限定性净资产,借记“商品销售收入——非限定性收入”科目,贷记“非限定性净资产”科目(如果存在限定性商品销售收入,则将其金额转入限定性净资产,借记“商品销售收入——限定性收入”科目,贷记“限定性净资产”科目)。期末结转后,本科目应无余额。

【例 12-12】 某民间非营利组织 2016 年发生如下经济业务:

(1)销售商品一批,发票注明价款 40 000 元。货物已发出,款项尚未收到。应编制如下会计分录:

借:应收账款　　40 000

　贷:商品销售收入　　40 000

(2)由于产品品种的原因发生销售退回商品一批,该商品售价 120 000 元,成本为 101 000 元,款项以银行存款支付。应编制如下会计分录:

借:商品销售收入　　120 000

　贷:银行存款　　120 000

同时转回销售成本:

借:存货　　101 000

　贷:业务活动成本　　101 000

(3)期末,将"商品销售收入——非限定性收入"贷方余额 30 000 元转入"非限定性净资产"。应编制如下会计分录:

借:商品销售收入——非限定性收入　　30 000

　贷:非限定性净资产

六、投资收益的管理与核算

投资收益是指民间非营利组织因对外投资取得的投资净损益。民间非营利组织的投资收益属于交换性交易收入。一般情况下,民间非营利组织的投资收益为非限定性收入,除非相关资产提供者对资产的使用设置了限制。

为核算商品投资收益业务,民间非营利组织应设置"投资收益"总账科目,并应当在"投资收益"科目下设置"非限定性收入"明细科目,如果存在限定性提供服务收入,还应当设置"限定性收入"明细科目。主要账务处理如下:

1. 短期投资形成的投资收益

出售短期投资或到期收回债券本息,按照实际收到的金额,借记"银行存款"科目,按照已计提的减值准备,借记"短期投资跌价准备"科目,按照所出售或收回短期投资的账面余额,贷记"短期投资"科目,按照未领取的现金股利或利息,贷记"其他应收款"科目,按照其差额,借记或贷记本科目。

2. 长期股权投资形成的投资收益

(1)采用成本法核算的,被投资单位宣告发放现金股利或利润时,按照宣告发放的现金股利或利润中属于民间非营利组织应享有的部分,确认当期投资收益,借记"其他应收款"科目,贷记本科目。

(2)采用权益法核算的,在期末,按照应当享有或应当分担的被投资单位当年实现的净利润或发生的净亏损的份额,调整长期股权投资账面价值,如被投资单位实现净利润,借记"长期股权投资"科目,贷记本科目,如被投资单位发生净亏损,借记本科目,贷记"长期股权投资"科目,但以长期股权投资账面价值减记至零为限。

(3)处置长期股权投资时,按照实际取得的价款,借记"银行存款"等科目,按照已计提的减值准备,借记"长期投资减值准备"科目,按照所处置长期股权投资的账面余额,贷记"长期股权投资"科目,按照未领取的现金股利,贷记"其他应收款"科目,按照其差额,借记或贷记本科目。

3. 长期债权投资形成的投资收益

(1)长期债权投资持有期间,应当按照票面价值与票面利率按期计算确认利息收入，如为到期一次还本付息的债券投资，借记“长期债权投资——债券投资（应收利息）”科目，贷记“投资收益”，如为分期付息、到期还本的债权投资，借记“其他应收款”科目，贷记本科目。

长期债券投资的初始投资成本与债券面值之间的差额，应当在债券存续期间，按照直线法于确认相关债券利息收入时摊销，如初始投资成本高于债券面值，按照应当分摊的金额，借记“投资收益”科目，贷记“长期债权投资”科目，如初始投资成本低于债券面值，按照应当分摊的金额，借记“长期股权投资”科目，贷记本科目。

(2)处置长期债权投资时，按照实际取得的价款，借记“银行存款”等科目，按照已计提的减值准备，借记“长期投资减值准备”科目，按照所处置长期债券投资的账面余额，贷记“长期债权投资”科目，按照未领取的现金股利，贷记“其他应收款”科目或“长期债权投资——债券投资（应收利息）”科目，按照其差额，借记或贷记本科目。

期末，将本科目的余额转入非限定性净资产，借记“投资收益——非限定性收入”科目，贷记“非限定性净资产”科目。如果存在限定性投资收益，则将其金额转入限定性净资产，借记“投资收益——限定性收入”科目，贷记“限定性净资产”科目。期末结转后，本科目应无余额。

【例 12-13】 某民间非营利组织 2016 年发生如下经济业务：

(1)出售短期投资，实际收到款项 2 000 元，该短期投资账面余额 1 800 元，已计提减值准备 300 元，没有尚未领取的利息。应编制如下会计分录：

借：银行存款　　2 000
　　短期投资跌价准备　　300
　贷：短期投资　　1 800
　　　投资收益　　500

(2)期末，将“投资收益——限定性收入”贷方余额 20 000 元转入“非限定性净资产”。应编制如下会计科目：

借：投资收益——限定性收入　　20 000
　贷：非限定性净资产　　20 000

七、其他收入的管理与核算

其他收入是指民间非营利组织除捐赠收入、会费收入、提供服务收入、商品销售收入、政府补助收入、投资收益等主要业务活动收入以外的其他收入，如确实无法支付的应付款项、存货盘盈、固定资产盘盈、固定资产处置净收入、无形资产处置净收入等。一般情况下,民间非营利组织的其他收入为非限定性收入,除非相关资产提供者对资产的使用设置了限制。

为核算商品其他收入业务,民间非营利组织应设置"其他收入"总账科目,并应当在"其他收入"科目下设置"非限定性收入"明细科目,如果存在限定性提供服务收入,还应当设置"限定性收入"明细科目,同时,还应当按照其他收入种类,在"非限定性收入"或"限定性收入"科目下设置明细科目,进行明细核算。主要账务处理如下:

(1)现金、存货、固定资产等盘盈的,根据管理权限报经批准后,借记"现金""存货""固定资产""文物文化资产"等科目,贷记"其他收入——非限定性收入"科目,如果存在限定性其他收入,应当贷记"其他收入——限定性收入"科目。

(2)对于固定资产处置净收入,借记"固定资产清理"科目,贷记本科目。

(3)对于无形资产处置净收入,按照实际取得的价款,借记"银行存款"等科目,按照该项无形资产的账面余额,贷记"无形资产"科目,按照其差额,贷记本科目。

(4)确认无法支付的应付款项,借记"应付账款"等科目,贷记本科目。

(5)在非货币性交易中收到补价情况下应确认的损益,借记有关科目,贷记"其他收入"科目。

(6)期末,将本科目的余额转入非限定性净资产,借记"其他收入——非限定性收入"科目,贷记"非限定性净资产"科目。如果存在限定性的其他收入,则将其金额转入限定性净资产,借记"其他收入——限定性收入"科目,贷记"限定性净资产"科目。期末结转后,本科目应无余额。

【例 12-14】 某民间非营利组织 2016 年发生如下经济业务:

(1)发生存货盘盈,同类存货的公允价值为 3 000 元,按照有关管理权限批准计入其他收入的"非限定性收入"。应编制如下会计分录:

借:存货　　3 000

　贷:其他收入——非限定性收入(存货盘盈)　　3 000

(2)期末,将"其他收入——非限定性收入"贷方余额 800 元转入"非限定性净资产"。应编制如下会计分录:

借:其他收入——非限定性收入　　800

　贷:非限定性净资产　　800

第四节　民间非营利组织费用的管理与核算

民间非营利组织的费用是指民间非营利组织为开展业务活动所发生的、导致本期净资产减少的经济利益或者服务潜力的流出。费用应当按照其功能分为业务活动成本、管理费用、筹资费用和其他费用等。

一、业务活动成本的管理与核算

业务活动成本是指民间非营利组织为了实现其业务活动目标、开展其项目活动或者提供服务所发生的费用。如果民间非营利组织从事的项目、提供的服务或者开展的业务比较单一,可以将相关费用全部归集在业务活动成本项目下进行核算和列报;如果民间非营利组织从事的项目、提供的服务或者开展的业务种类较多,民间非营利组织应当在业务活动成本项目下分项目、服务或者业务大类进行核算和列报。

为核算业务活动成本业务,民间非营利组织应设置“业务活动成本”总账科目,主要账务处理如下:

(1)发生业务活动成本时,借记本科目,贷记“现金”“银行存款”“存货”“应付账款”等科目。

(2)期末,将本科目的余额转入非限定性净资产,借记“非限定性净资产”科目,贷记本科目。期末结转后,本科目应无余额。

【例 12-15】 某民间非营利组织 2016 年发生如下经济业务:

(1)某民间非营利组织 2016 年 1 月,按照捐赠人的要求将 2008 年收到的一笔金额为 50 000 元的款项,用于购买学生教材。2016 年 2 月将该批教材赠送给希望小学的学生。应编制如下会计分录:

① 购买教材时:

借:存货　　50 000

　　贷:银行存款　　50 000

同时,

借:限定性净资产　　50 000

　　贷:非限定性净资产　　50 000

② 捐赠书籍时:

借:业务活动成本　　50 000

　　贷:存货　　50 000

注:在例 12-15(1)小题中,当民间非营利组织按照捐赠人提出的限制条件使用了捐赠款项时,捐赠人提出的限制条件即得到解除,又由于该民间非营利组织确认限定捐赠收入与使用限定性捐赠收入不在同一会计期间,那么,限定性捐赠收入在期末结转至"限定性净资产"后即无余额。此时,需要在限定性净资产与非限定性净资产之间进行重分类。相应的捐赠收入应当从"限定性净资产"转入"非限定性净资产"。

(2)期末,将"业务活动成本"的借方余额 10 000 元转入"非限定性净资产"。应编制如下会计分录:

借:非限定性净资产　　10 000

　贷:业务活动成本　　10 000

二、管理费用的管理与核算

管理费用指民间非营利组织为组织和管理其业务活动所发生的各项费用,包括民间非营利组织董事会(或者理事会或者类似权力机构)经费和行政管理人员的工资、奖金、津贴、福利费、住房公积金、住房补贴、社会保障费,离退休人员工资与补助,以及办公费、水电费、邮电费、物业管理费、差旅费、折旧费、修理费、无形资产摊销费、存货盘亏损失、资产减值损失、因预计负债所产生的损失、聘请中介机构费和应偿还的受赠资产等。

为核算管理费用业务,民间非营利组织应设置"管理费用"总账科目,并应当按照管理费用种类设置明细账,进行明细核算,主要账务处理如下:

(1)现金、存货、固定资产等盘亏,根据管理权限报经批准后,按照相关资产账面价值扣除可以收回的保险赔偿和过失人的赔偿等后的金额,借记本科目,按照可以收回的保险赔偿和过失人赔偿等,借记"现金""银行存款""其他应收款"等科目,按照已提取的累计折旧,借记"累计折旧"科目,按照相关资产的账面余额,贷记相关资产科目。

(2)对于因提取资产减值准备而确认的资产减值损失,借记本科目,贷记相关资产减值准备科目。冲减或转回资产减值准备,借记相关资产减值准备科目,贷记本科目。

(3)提取行政管理用固定资产折旧,借记本科目,贷记"累计折旧"科目。

(4)无形资产摊销时,借记本科目,贷记"无形资产"科目。

(5)发生的应归属于管理费用的应付工资、应交税金等,借记本科目,贷记"应付工资""应交税金"等科目。

(6)对于因确认预计负债而确认的损失,借记本科目,贷记"预计负债"科目。

(7)发生的其他管理费用,借记本科目,贷记"现金""银行存款"等科目。

(8)期末,将本科目的余额转入非限定性净资产,借记本科目,贷记"非限定性净资产"科目。期末结转后,本科目应无余额。

【例 12-16】 某民间非营利组织 2016 年发生如下经济业务:

(1)计提行政管理部门固定资产折旧 5 000 元。应编制如下会计分录:

借:管理费用　　5 000

　贷:累计折旧　　5 000

(2)计算应支付给管理部门工作人员的工资计 100 000 元。应编制如下会计分录:

借:管理费用　　100 000

　贷:应付工资　　100 000

(3)因担保,很可能要负担 10 000 元的赔款。应编制如下会计分录;

借:管理费用　　10 000

　贷:预计负债　　10 000

(4)期末,将上述管理费用转入净资产。应编制如下会计分录:

借:非限定性净资产　　115 000

　贷:管理费用　　115 000

三、筹资费用的管理与核算

筹资费用是指民间非营利组织为筹集业务活动所需资金而发生的费用,包括民间非营利组织获得捐赠资产而发生的费用以及应当计入当期费用的借款费用、汇兑损失(减汇兑收益)等。民间非营利组织为了获得捐赠资产而发生的费用包括举办募款活动费,准备、印刷和发放募款宣传资料费以及其他与募款或者争取捐赠有关的费用。

为核算筹资费用业务,民间非营利组织应设置"筹资费用"总账科目,并应当按照筹资费用种类设置明细账,进行明细核算。主要账务处理如下:

(1)发生的筹资费用,借记本科目,贷记"预提费用""银行存款""长期借款"等科目。发生的应冲减筹资费用的利息收入、汇兑收益,借记"银行存款""长期借款"等科目,贷记本科目。

(2)期末,将本科目的余额转入非限定性净资产,借记"非限定性净资产"科目,贷记本科目。期末结转后,本科目应无余额。

【例 12-17】 某民间非营利组织 2016 年 12 月发生如下经济业务:

(1)发生了一笔为取得捐赠收入的费用 1 000 元,用银行存款支付。应编制如下会计分录:

借:筹资费用　　1 000

　贷:银行存款　　1 000

(2)应计提当月的利息费用为 1 500 元。应编制如下会计分录:

借:筹资费用　　1 500

　贷:预提费用　　1 500

(3)期末,将管理费用 6 000 元转入净资产。应编制如下会计分录:

借:非限定性净资产　　6 000

　贷:管理费用　　6 000

四、其他费用的管理与核算

其他费用是指民间非营利组织发生的、无法归属到上述业务活动成本、管理费用或者筹资费用中的费用,包括固定资产处置净损失、无形资产处置净损失等。

为核算其他费用业务,民间非营利组织应设置"其他费用"总账科目,并应当按照费用种类设置明细账,进行明细核算。主要账务处理如下:

(1)发生的固定资产处置净损失,借记本科目,贷记"固定资产清理"科目。

(2)发生的无形资产处置净损失,按照实际取得的价款,借记"银行存款"等科目,按照该项无形资产的账面余额,贷记"无形资产"科目,按照其差额,借记本科目。

(3)期末,将本科目的余额转入非限定性净资产,借记"非限定性净资产"科目,贷记本科目。期末结转后,本科目应无余额。

【例 12-18】 民间非营利组织 2016 年 12 月发生如下经济业务:

(1)处置一项无形资产,该无形资产账面余额 5 000 元。出售取得实际价款为 4 500 元,处置损失为 500(5 000－4 500)元。应编制如下会计分录:

借:银行存款　　4 500

　　其他费用　　500

　贷:无形资产　　5 000

(2)期末,将其他费用 4 500 元转入非限定性净资产。应编制如下会计分录:

借:非限定性净资产　　4 500
　贷:其他费用　　4 500

第五节　民间非营利组织净资产的管理与核算

民间非营利组织净资产是指资产减去负债后的余额。净资产应当按照其是否受到限制,分为限定性净资产和非限定性净资产等。

一、限定性净资产的管理与核算

(一)限定性净资产的管理

如果资产或者资产所产生的经济利益(如资产的投资收益和利息等)的使用受到资产提供者或者国家有关法律、行政法规所设置的时间限制或(和)用途限制,则由此形成的净资产即为限定性净资产。国家有关法律、行政法规对净资产的使用直接设置限制的,该受限制的净资产亦为限定性净资产。

时间限制,是指资产提供者或者国家有关法律、行政法规要求民间非营利组织在收到资产后的特定时期之内或特定日期之后使用该项资产,或者对资产的使用设置了永久限制。用途限制,是指资产提供者或者国家有关法律、行政法规要求民间非营利组织将收到的资产用于某一特定的用途。民间非营利组织的董事会、理事会或类似权力机构对净资产的使用所作的限定性决策、决议或拨款限额等,属于民间非营利组织内部管理上对资产使用所作的限制,不属于限定性净资产的概念。

如果限定性净资产的限制已经解除,应当对净资产进行重新分类,将限定性净资产转为非限定性净资产。当存在下列情况之一时,可以认为限定性净资产的限制已经解除:

① 所限定净资产的限制时间已经到期;

② 所限定净资产规定的用途已经实现(或者目的已经达到);

③ 资产提供者或者国家有关法律、行政法规撤销了所设置的限制。

如果限定性净资产受到两项或两项以上的限制,应当在最后一项限制解除时,才能认为该项限定性净资产的限制已经解除,否则该项净资产仍然属于限定性净资产。

(二)限定性净资产的核算

为核算限定性净资产业务，民间非营利组织应设置“限定性净资产”总账科目，本科目期末贷方余额，反映民间非营利组织历年积存的限定性净资产。主要账务处理如下：

(1)期末结转限定性收入。期末，应当将各收入类科目所属“限定性收入”明细科目的余额转入本科目，借记“捐赠收入——限定性收入”“政府补助收入——限定性收入”等科目，贷记本科目。

(2)限定性净资产的重分类。如果限定性净资产的限制已经解除，应当对净资产进行重新分类，将限定性净资产转为非限定性净资产，借记本科目，贷记“非限定性净资产”科目。

(3)调整以前期间限定性收入、费用项目。如果因调整以前期间收入、费用项目而涉及调整限定性净资产的，应当就需要调整的金额，借记或贷记有关科目，贷记或借记本科目。

【例 12-19】 期末，某民间非营利组织“捐赠收入——限定性收入”余额为 10 000 元，“会费收入——限定性收入”余额为 5 000 元，“提供服务收入——限定性收入”余额为 2 000 元，“政府补助收入——限定性收入”余额为 30 000 元，“商品销售收入——限定性收入”余额为 5 000 元，“投资收益——限定性收入”余额为 3 000 元，“其他收入——限定性收入”余额为 5 000 元。应编制如下会计分录：

借：捐赠收入——限定性收入　10 000
　会费收入——限定性收入　5 000
　提供服务收入——限定性收入　2 000
　政府补助收入——限定性收入　30 000
　商品销售收入——限定性收入　5 000
　投资收益——限定性收入　3 000
　其他收入——限定性收入　5 000
　贷：限定性净资产　60 000

【例 12-20】 某民间非营利组织按照政府提出的要求使用时间限制条件，已经达到限制可以使用政府补助收入 30 000 元的时间，民间非营利组织从确认政府的时间限制性补助收入至解除政府补助收入的时间限制条件跨越三个会计年度。应编制如下会计分录：

借：限定性净资产　30 000
　贷：非限定性净资产　30 000

注:在例 12-20 中,民间非营利组织限定性政府补助收入在期末已经结转至"限定性净资产"科目,因此,在限制条件解除时直接在净资产类科目之间进行重分类,而不在收入类科目之间进行重新分类。

二、非限定性资产的管理与核算

(一)非限定性资产的管理

民间非营利组织的非限定性净资产是指民间非营利组织净资产中除限定性净资产之外的其他净资产。非限定性净资产的使用要与民间非营利组织运行目的或总体目标相符合,不能随意使用在不符合民间非营利组织运行目的的活动上。

民间非营利组织应当在期末将当期非限定性收入的实际发生额、当期费用的实际发生额和当期由限定性净资产转为非限定性净资产的金额转入非限定性净资产。

(二)非限定性资产的核算

为核算非限定性净资产,民间非营利组织应设置"非限定性净资产"总账科目,主要账务处理如下:

(1)期末结转非限定性收入和成本费用项目。

① 期末结转非限定性收入。期末,应将各收入类科目所属"非限定性收入"明细科目的余额转入本科目,借记"捐赠收入——非限定性收入""会费收入——非限定性收入""提供服务收入——非限定性收入""政府补助收入——非限定性收入""商品销售收入——非限定性收入""投资收益——非限定性收入""其他收入——非限定性收入"科目,贷记本科目。

② 期末结转成本费用项目。将各费用类科目的余额转入本科目,借记本科目,贷记"业务活动成本""管理费用""筹资费用""其他费用"科目。

(2)限定性净资产的重分类。如果限定性净资产的限制已经解除,应当对净资产进行重新分类,将限定性净资产转为非限定性净资产,借记"限定性净资产"科目,贷记本科目。

(3)调整以前期间非限定性收入、费用项目。如果因调整以前期间收入、费用项目而涉及调整非限定性净资产的,应当就需要调整的金额,借记或贷记有关科目,贷记或借记本科目。

【例 12-21】 期末，某民间非营利组织各收入类科目的"非限定性收入"明细科目余额为："捐赠收入——非限定性收入"150 000 元，"提供服务收入——非限定性收入"350 000 元，"商品销售收入——非限定性收入"50 000 元，"其他收入——非限定性收入"60 000 元；各费用类科目的借方余额为"业务活动成本"250 000 元，"管理费用"100 000 元，"其他费用"18 000 元。应编制如下会计分录：

(1)结转收入：

借：捐赠收入——非限定性收入　150 000
　　提供服务收入——非限定性收入　350 000
　　商品销售收入——非限定性收入　50 000
　　其他收入——非限定性收入　60 000
　贷：非限定性净资产　610 000

(2)结转费用：

借：非限定性净资产　368 000
　贷：业务活动成本　250 000
　　　管理费用　100 000
　　　其他费用　18 000

知识归纳

(1)民间非营利组织会计的资产是指过去的交易或者事项形成并由民间非营利组织拥有或者控制的资源，该资源预期会为民间非营利组织带来经济利益或者服务潜力，包括流动资产、长期投资、固定资产、无形资产和受托代理资产等。

(2)民间非营利组织会计的负债是指过去的交易或者事项形成的现时义务，履行该义务预期会导致含有经济利益或者服务潜力的资源流出民间非营利组织。负债应当按其流动性分为流动负债、长期负债和受托代理负债等。

(3)民间非营利组织会计的收入是指民间非营利组织开展业务活动取得的、导致本期净资产增加的经济利益或者服务潜力的流入。收入按照其来源分为捐赠收入、会费收入、提供服务收入、政府补助收入、投资收益、商品销售收入等主要业务活动收入和其他收入等。

(4)民间非营利组织会计的费用是指民间非营利组织为开展业务活动所发生的、导致本期净资产减少的经济利益或者服务潜力的流出。费用应当按照其功能分为业务活动成本、管理费用、筹资费用和其他费用等。

(5)民间非营利组织的净资产是指资产减去负债后的余额。净资产应当按照其是否受到限制,分为限定性净资产和非限定性净资产等。

独立思考

(1)什么是文物文化资产、受托代理资产?如何进行核算?

(2)民间非营利组织的"捐赠收入、会费收入"科目核算什么内容?如何进行核算?

(3)民间非营利组织的"业务活动成本"科目核算什么内容?如何进行核算?

(4)什么是限定性净资产和非限定性净资产?二者核算内容有何区别?

(5)民间非营利组织与行政单位、事业单位在会计核算方法和内容上有何区别?

参考文献

[1] 赵建勇.政府与非营利组织会计.3版.北京:中国人民大学出版社,2017.

[2] 罗朝晖,牟涛.政府与非营利组织会计.2版.成都:西南财经大学出版社,2016.

[3] 初春红,王翠春,朱海妮.政府与非营利组织会计.北京:中国经济出版社,2013.

第十三章　民间非营利组织会计报表

【内容提要】

本章主要内容包括民间非营利组织会计资产负债表、业务活动表、现金流量表的编制。本章的教学重点为资产负债表、业务活动表各项目的填列；教学难点为现金流量表的各项目的填列。

【能力要求】

通过本章的学习，学生应了解民间非营利组织会计报表体系，熟悉民间非营利组织会计报表的编制要求和编报程序，并能读懂和编制民间非营利组织会计的资产负债表、业务活动表、现金流量表。

第一节　民间非营利组织会计报表概述

一、民间非营利组织会计报表的概念

民间非营利组织财务会计报表是反映民间非营利组织财务状况、业务活动情况和现金流量等的书面文件，一般由会计报表、会计报表附注和财务情况说明书组成。民间非营利组织会计报表至少应当包括资产负债表、业务活动表、现金流量表。

民间非营利组织会计报表的使用者通常有资源提供者、债权人、有关管理部门及其他单位和个人。不同的使用者依据报告信息作出不同的政策。民间非营利组织现有的资源提供者，利用财务会计报告信息了解监督提供资源的使用情况；有关政府管理部门，利用报告信息了解有关民间非营利组织的运转情况和发展过程中存在的问题，以便进行宏观监督、指导和政策上的支持；民间非营利组织的管理者通过会计报告信息，了解管理水平，或者受托责任的履行情况。

二、民间非营利组织会计报表的种类

(1)按会计报表的内容,民间非营利组织会计报表可分为:资产负债表、业务活动表、现金流量表以及相关附表和报表附注。

(2)按会计报表的编制时间,民间非营利组织会计报表可分为:年度报表、中期报表。

(3)按报表使用者不同,民间非营利组织会计报表可分为:内部报表、外部报表。

第二节　民间非营利组织会计报表的编制

一、资产负债表的编制

(一)资产负债表的概念及作用

资产负债表是用来反映民间非营利组织某一会计期末全部的资产、负债和净资产情况的报表。

通过资产负债表可以了解民间非营利组织的财务实力,了解组织的资金配置结构与筹资结构,了解民间非营利组织的资产变现能力及发展能力。

(二)资产负债表的格式

资产负债表的理论基础是“资产＝负债＋净资产”这一会计恒等式。其基本结构采用账户式的结构:左边是资产类,右边是负债类和净资产类。按照会计恒等理论,资产负债表的左边资产项目的金额合计应等于右边负债和净资产项目的金额合计,左右两边要自动平衡。其基本格式如表 13-1 所示。

表 13-1　资产负债表

编制单位:　年　月　日　单位:元

资产	行次	年初数	期末数	负债和净资产	行次	年初数	期末数
流动资产:				流动负债:			
货币资金	1			短期借款	61		
短期投资	2			应付款项	62		
应收款项	3			应付工资	63		
预付账款	4			应交税金	65		
存货	8			预收账款	66		

续表

资产	行次	年初数	期末数	负债和净资产	行次	年初数	期末数
待摊费用	9			预提费用	71		
一年内到期的长期债权投资	15			预计负债	72		
其他流动资产	18			一年内到期的长期负债	74		
流动资产合计	20			其他流动负债	78		
				流动负债合计	80		
长期投资：							
长期股权投资	21			长期负债：			
长期债权投资	24			长期借款	81		
长期投资合计	30			长期应付款	84		
				其他长期负债	88		
固定资产：				长期负债合计	90		
固定资产原价	31						
减：累计折旧	32			受托代理负债：			
固定资产净值	33			受托代理负债	91		
在建工程	34						
文物文化资产	35			负债合计	100		
固定资产清理	38						
固定资产合计	40						
无形资产：							
无形资产	41			净资产：			
				非限定性净资产	101		
受托代理资产：				限定性净资产	105		
受托代理资产	51			净资产合计	110		
资产总计	60			负债和净资产总计	120		

(三)资产负债表的编制方法

资产负债表的编制方法详见二维码。

资产负债表的编制方法

二、业务活动表的编制

(一)业务活动表的概念及作用

业务活动表是反映民间非营利组织在某一会计期间内开展业务活动的实际情况。业务活动表是一定期间的收入与其同一会计期间相关的成本费用进行配比的结果。业务活动表体现了民间非营利组织的实际绩效,反映了民间非营利组织净资产的形成内容。

报表的使用者通过阅读该表可以了解民间非营利组织的业务活动情况。民间非营利组织管理者可以依此来检查民间非营利组织目标和计划的完成情况,其他的有关各方可以据此作出有关决策。

(二)业务活动表的格式

业务活动表的格式如表 13-2 所示。

表 13-2 **业务活动表**

编制单位: 年 月 单位:元

项目	行次	本月数			本年累计数		
		非限定性	限定性	合计	非限定性	限定性	合计
一、收入							
其中:捐赠收入	1						
会费收入	2						
提供服务收入	3						
商品销售收入	4						
政府补助收入	5						
投资收益	6						
其他收入	9						

续表

项目	行次	本月数			本年累计数		
		非限定性	限定性	合计	非限定性	限定性	合计
收入合计	11						
二、费用							
(一)业务活动成本	12						
其中:	13						
	14						
	15						
	16						
(二)管理费用	21						
(三)筹资费用	24						
(四)其他费用	28						
费用合计	35						
三、限定性净资产转为非限定性净资产	40						
四、净资产变动额(若为净资产减少额,以"-"号填列)	45						

(三)业务活动表的编制方法

业务活动表的编制方法详见二维码。

业务活动表的编制

三、现金流量表的编制

(一)现金流量表的概念及作用

现金流量表反映民间非营利组织一定会计期间内有关现金和现金等价物的流入和流出情况的报表。编制现金流量表的主要目的在于为会计报表的使用者提供民间非营利组织一定会计期间内的现金流入和流出信息,以便报表的使用者了解和评价民间非营利组织获得现金和现金等价物的能力,并据以预测民间非营利组织未来现金流量。现金的管理已经成为所有民间非营利组织财务管理的一个重要方面，受到捐赠人、会员、民间非营利组织管理者、债权人以及政府管理部门的关注。

民间非营利组织编制现金流量表的主要作用有以下几方面：

(1)现金流量表有助于评价民间非营利组织的支付能力和偿债能力。通过编制现金流量表，并配合资产负债表和业务活动表，可以了解民间非营利组织现金来源和用途是否合理，了解民间非营利组织的现金是否能偿还到期的债务和购建必要的固定资产，了解民间非营利组织在多大程度上依赖于外部资金，等等。

(2)现金流量表有助于预测民间非营利组织未来现金流量。评价过去是为了预测未来，通过现金流量表所反映的民间非营利组织过去一定期间内的现金流量，可以预测民间非营利组织未来现金流量，从而为民间非营利组织编制现金流量计划、组织现金调度、合理节约地使用现金创造条件。

(3)现金流量表有助于分析民间非营利组织影响现金净流量的因素。业务活动表中列示的净资产指标，反映了民间非营利组织业务活动的结果，这是体现民间非营利组织业务活动的重要指标。但是业务活动表是按权责发生制编制的，它不能反映民间非营利组织业务活动的现金有多少来源于业务活动，有多少来源于投资和筹资活动。通过编制现金流量表，可以了解民间非营利组织的现金从哪儿来、用到哪儿去了及其增减变化的原因，为进一步分析提供了资料。

(二)现金流量表的格式

现金流量表的报告方法是按直接法报告，即按现金流入和流出的主要类别直接反映业务活动的现金流量。其基本结构如表 13-3 所示。

表 13-3　　现金流量表

编制单位：　　年度　　单位：元

项目	行次	金额
一、业务活动产生的现金流量：		
接受捐赠收到的现金	1	
收取会费收到的现金	2	
提供服务收到的现金	3	
销售商品收到的现金	4	
政府补助收到的现金	5	

续表

项目	行次	金额
收到的其他与业务活动有关的现金	8	
现金流入小计	13	
提供捐赠或者资助支付的现金	14	
支付给员工以及为员工支付的现金	15	
购买商品、接受服务支付的现金	16	
支付的其他与业务活动有关的现金	19	
现金流出小计	23	
业务活动产生的现金流量净额	24	
二、投资活动产生的现金流量：		
收回投资所收到的现金	25	
取得投资收益所收到的现金	26	
处置固定资产和无形资产所收回的现金	27	
收到的其他与投资活动有关的现金	30	
现金流入小计	34	
购建固定资产和无形资产所支付的现金	35	
对外投资所支付的现金	36	
支付的其他与投资活动有关的现金	39	
现金流出小计	43	
投资活动产生的现金流量净额	44	
三、筹资活动产生的现金流量：		
借款所收到的现金	45	
收到的其他与筹资活动有关的现金	48	
现金流入小计	50	
偿还借款所支付的现金	51	
偿付利息所支付的现金	52	
支付的其他与筹资活动有关的现金	55	
现金流出小计	58	

续表

项目	行次	金额
筹资活动产生的现金流量净额	59	
四、汇率变动对现金的影响额	60	
五、现金及现金等价物净增加额	61	

(三)现金流量表的编制方法

现金流量表的编制方法详见二维码。

现金流量表的编制

四、会计报表附注

民间非营利组织的会计报表附注至少应当披露以下内容：

① 重要会计政策及其变更情况的说明；

② 董事会(或者理事会或者类似权力机构)成员和员工的数量、变动情况以及获得的薪金等报酬情况的说明；

③ 会计报表重要项目及其增减变动情况的说明；

④ 资产提供者设置了时间或用途限制的相关资产情况的说明；

⑤ 受托代理业务情况的说明，包括受托代理资产的构成、计价基础和依据、用途等；

⑥ 重大资产减值情况的说明；

⑦ 公允价值无法可靠取得的受赠资产和其他资产的名称、数量、来源和用途等情况的说明；

⑧ 对外承诺和或有关事项情况的说明；

⑨ 接受劳务捐赠情况的说明；

⑩ 资产负债表日后非调整事项的说明；

⑪ 有助于理解和分析会计报表需要说明的其他事项。

五、财务情况说明书

民间非营利组织的财务情况说明书至少应当对下列情况作出说明：

① 民间非营利组织的宗旨、组织结构以及人员配置等情况；

② 民间非营利组织业务活动基本情况，年度计划和预算完成情况及原因分析，下一会计期间业务活动计划和预算等；

③ 对民间非营利组织业务活动有重大影响的其他事项。

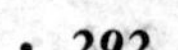

知识归纳

(1)民间非营利组织财务会计表是反映民间非营利组织财务状况、业务活动情况和现金流量等的书面文件。一般由会计报表、会计报表附注和财务情况说明书组成。民间非营利组织会计报表至少应当包括资产负债表、业务活动表、现金流量表。

(2)资产负债表是用来反映民间非营利组织某一会计期末全部的资产、负债和净资产情况的报表。该表采用账户式的结构,根据"资产＝负债＋净资产"这一会计恒等式编制而成。它是民间非营利组织最基本、最重要的报表;它是一种静态报表,项目应按反映财务状况的会计要素类别分项列示。

(3)业务活动表是反映民间非营利组织在某一会计期间内开展业务活动的实际情况。业务活动表是一定期间的收入与其同一会计期间相关的成本费用进行配比的结果,业务活动表体现了民间非营利组织的实际绩效,反映了民间非营利组织净资产的形成内容。

(4)现金流量表反映民间非营利组织一定会计期间内有关现金和现金等价物的流入和流出情况的报表。该表采用直接法编制而成,即按现金流入和流出的主要类别直接反映业务活动的现金流量。

独立思考

(1)什么是民间非营利组织的会计报表?它由哪几个部分组成?

(2)民间非营利组织如何编制资产负债表?

(3)民间非营利组织如何编制业务活动表?

(4)民间非营利组织如何编制现金流量表?

参考文献

[1]　赵建勇.政府与非营利组织会计.3版.北京:中国人民大学出版社,2017.

[2]　罗朝晖,牟涛.政府与非营利组织会计.2版.成都:西南财经大学出版社,2016.

最新制度变化